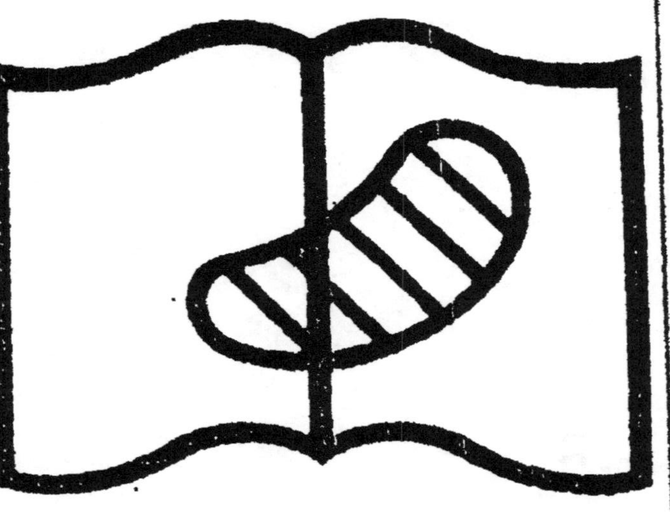

Couvertures supérieure et inférieure
partiellement illisibles

Début d'une série de documents
en couleur

EMMANUEL DE BROGLIE

Catinat

L'HOMME ET LA VIE

1637 - 1712

Victor Lecoffre

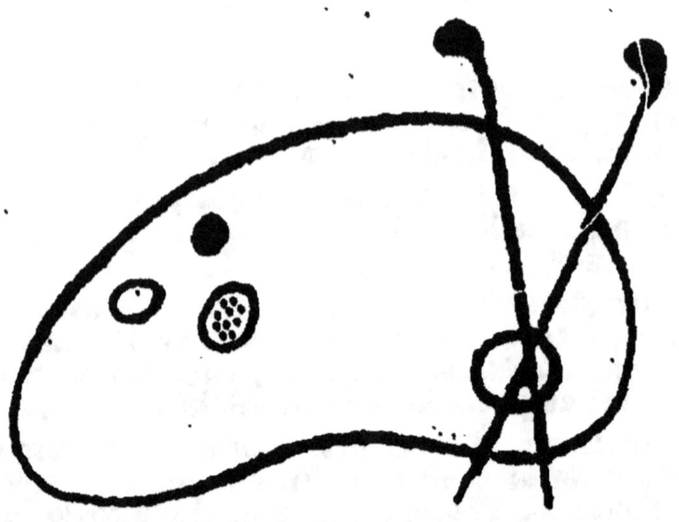

Fin d'une série de documents
en couleur

Gatinat

Catinat

EMMANUEL DE BROGLIE

Catinat

L'HOMME ET LA VIE

1637 - 1712

PARIS

LIBRAIRIE VICTOR LECOFFRE

RUE BONAPARTE, 90

1902

CATINAT

L'HOMME ET LA VIE
(1637-1712)

C'est une figure très originale, lorsqu'on l'étudie de près, que celle de Nicolas de Catinat, le vainqueur de la Staffarde et de la Marsaille. Le xviiᵉ siècle nous a laissé dans les mémoires et les correspondances, qui abondent sur cette époque, toute une galerie de portraits vivants et nettement dessinés. Tous les contrastes s'y heurtent, sous une apparente uniformité : aucune, parmi ces figures d'un passé, qui est déjà pour nos générations si fort le passé, n'a peut-être une physionomie plus particulière, plus caractéristique que celle de ce bourgeois de Paris, de ce « petit robin », comme on disait alors, devenu maréchal de France et arrivé ainsi par son seul mérite au premier rang de l'État. Resté aussi simple, aussi modeste après cette élévation, inouïe pour le temps, que s'il ne fût jamais sorti du quartier Saint-Jacques, Catinat ne ressemble à personne et l'on ne trouverait guère personne qui lui ressemblât. Illustre à son moment, aimé et admiré par tous les gens de bien et tous les gens d'esprit qu'il y avait alors à la cour et à la ville, par Mme de Sévigné comme par Fénelon, il est un peu oublié aujourd'hui, et sa renommée a eu à subir, dans l'histoire, des péripéties diverses et d'étranges changements. Exalté et porté aux nues par Voltaire dans le *Siècle de Louis XIV* et après lui par toute l'école philosophique qui en fit, sur la foi d'une parole de Mme de Maintenon au moins douteuse, sinon tout à fait fausse, une sorte de philosophe sous la cuirasse, le renom de Catinat pâlit beaucoup au début de ce siècle. Assez sévèrement traité comme général par les tacticiens modernes, le plus grand de tous, Bonaparte en tête, maltraité aussi par les publications des papiers militaires du xviie siècle où abondent les lettres et les mémoires de Feuquières, son ennemi personnel, qui l'avait déjà vivement attaqué dans ses mémoires, Catinat, tout en restant une des plus pures gloires de notre histoire militaire, n'en est pas moins aujourd'hui un peu dans l'ombre. On le salue en passant, avec un certain respect assez dédaigneux, mais on ne s'y arrête pas, et pourtant quand on y regarde de près, il n'est guère de caractère plus intéressant, plus individuel que le sien et qui mérite mieux d'être bien connu.

Un vaillant soldat, qui est à la fois un général de premier ordre et un véritable homme de bien, un sage détaché de tout, qui gagne des batailles et supporte, sans une plainte, la disgrâce et l'oubli, voilà ce qui ne se voit pas tous les jours, ce qu'on ne rencontre pas souvent, pas plus dans le passé que dans le présent. C'est la pensée qui me vint en lisant le portrait suivant de Catinat dans un curieux recueil de portraits sur la cour de Louis XIV en 1703, publié pour la première fois, il y a peu de temps, par la Société de l'histoire de France et que l'on me permettra de placer ici sous les yeux du lecteur, afin de justifier cette surprise.

« Le maréchal de Catinat, y est-il dit [1], n'est pas grand de taille, mais bien pris; brun de visage et de cheveux. Il paraît mélancolique, quoique d'un abord très facile. Il est honnête, doux, bon à tout le monde, point intéressé et faisant la guerre en véritable héros. Aussi grand capitaine pour l'exécution que propre dans le cabinet pour le conseil. Il ne sait point faire de faute dans une marche, dans un jour de bataille, ni en un siège de place. S'il n'a pas fait de grands progrès en Italie, ni sur le Rhin, ç'a été manque de troupes, et les fautes qui y ont été faites ont été contre son sentiment. En un mot, on ne voit point de général en France qui puisse l'égaler, quoiqu'il paraisse ne devoir plus servir. »

De pareilles louanges données à l'un des chefs de la guerre contre les Barbets par un auteur qui, tout porte à le croire, est un protestant ardent et traite ceux qu'il dépeint avec une sévérité parfois fort injuste, avait quelque chose de surprenant et qui éveil-

---

1. *Un recueil inédit de portraits et de caractères*, 1703, publié par M. de Boislisle (*Annuaire de la Société de l'histoire de France*, 1897, p. 206).

lait l'attention. Aussi l'idée nous vint-elle de rechercher avec soin si la réalité de l'histoire confirmait ou infirmait un portrait si louangeur.

Pour une fois peut-être, au lieu d'être obligé de casser le jugement, en le contrôlant, l'étude des faits en a démontré la vérité et plutôt convaincu l'auteur d'être resté en deçà de l'éloge mérité que de l'avoir outrepassé. Il y a donc, ce nous semble, un intérêt réel à connaître, autrement que par le jugement superficiel de l'histoire générale cette figure à la fois curieuse et attachante de Catinat. Grâce à une bienveillante communication, dont nous ne saurions nous montrer trop reconnaissants, nous avons pu consulter la correspondance en partie inédite du maréchal; elle nous aidera à rectifier sur bien des points les mémoires contemporains et, autant que faire se peut dans le demi-jour du passé, à rendre à la vérité toute son exacte physionomie. Il va de soi que nous n'essayerons même pas de faire ici une biographie complète, qui comprendrait avant tout une histoire militaire détaillée de Catinat ainsi qu'une appréciation théorique de ses talents et de ses actes. Personne n'aurait moins qualité que nous pour tenter l'entreprise. Une pareille prétention serait, de notre part, aussi ridicule que déplacée. La chose, du reste, n'est plus à faire, et ceux qui voudraient s'instruire en détail sur ce point n'ont qu'à recourir aux écrivains de l'art militaire, aux Jomini, aux Saint-Cyr et à leurs successeurs, comme à leur maître à tous, à Bonaparte, qui, dans ses mémoires et dans ses jugements sur les généraux d'autrefois, s'est montré aussi admirable théoricien et écrivain militaire qu'il avait été guerrier de génie. Ce que nous allons essayer dans les pages qui vont suivre, c'est uniquement de peindre l'homme chez Catinat, son caractère, ses vertus et ses grands côtés, comme aussi les faiblesses et les imperfections inhérentes à la nature humaine, même chez les meilleurs. Enfin, comme on disait autrefois, nous voudrions faire un *portrait* de cet homme célèbre, mais peu connu.

Pour atteindre ce but, nous ne nous astreindrons pas à une rigoureuse chronologie, pas plus qu'à un récit détaillé de tous les faits et de toutes les périodes de la vie de Catinat, cette étude sera avant tout une étude morale, si on veut bien passer le terme, beaucoup plus qu'une étude historique ou anecdotique, car tous les faits en seraient connus. Elle n'a, de plus, aucune prétention à aucun genre d'érudition.

Il se peut même, bien que nous n'ayons rien négligé pour la rendre exacte et ne rien avancer sans fondement, qu'on ne la trouve pas assez documentée, comme on le dit dans la langue pédantesque du jour.

Notre unique ambition est de faire revivre, ne fût-ce que très imparfaitement, une des physionomies les plus originales du passé. Peut-être ceux qui aiment l'histoire pour elle-même et pour les enseignements qu'elle donne, trouveront-ils qu'il y a profit à passer quelques instants en la compagnie du « Père La Pensée », comme l'appelaient ses soldats. On n'en rencontre pas tous les jours d'aussi bonne.

CHAPITRE PREMIER

—

Nicolas de Catinat de la Fauconnerie naquit à Paris le 1er septembre 1637 dans une maison de la rue de la Sorbonne, petite rue qui subsiste encore aujourd'hui et est très voisine de la rue Saint-Jacques.

Il était le onzième des seize enfants de messire Pierre de Catinat, conseiller du roi au Parlement de Paris, marguillier d'honneur de Saint-Benoît, et de dame Catherine-Françoise Poisle, dame de Saint-Gratien. Sa famille, originaire du Perche, était ancienne et considérée. Avant de venir à Paris, les Catinat avaient exercé des fonctions importantes dans leur province. Pierre de Catinat, « homme d'honneur, très capable, hors d'intérêt », dit un ouvrage du temps, devait mourir en 1674, doyen des conseillers au Parlement de Paris. Sa conduite dans le procès de Fouquet, alors qu'il n'était encore que conseiller à la grand Chambre, lui fit beaucoup d'honneur. Malgré tous les efforts du pouvoir, il se rallia à l'avis de M. d'Ormesson qui, adopté à une voix, sauva la vie à l'accusé.

La maison de la rue de la Sorbonne était un de ces intérieurs parlementaires, graves et austères, où les anciennes traditions et les vertus chrétiennes se maintenaient vivantes. Nicolas de Catinat en garda toute sa vie l'empreinte. Mais si le milieu où s'écoula sa première enfance était sévère, rigide même par certains côtés, il semble avoir été en même temps très uni et très affectueux, si l'on en juge par la tendresse des rapports, qui rattachèrent les uns aux autres les nombreux membres de cette famille patriarcale, jusqu'au terme de leur existence. La vivacité de l'amitié fraternelle que l'on verra régner entre les frères et les sœurs élevés en commun dans la maison de la rue de la Sorbonne et les souvenirs émus que Catinat en garda toute sa vie, font grandement l'éloge de l'éducation qu'il y reçut. On n'a, du reste, aucun détail précis sur cette éducation, l'usage n'étant pas encore de raconter dans le détail ce qu'on est convenu d'appeler la genèse des hommes illustres. Il faut donc se contenter de savoir que, suivant une coutume assez fréquente à cette époque, Nicolas de Catinat porta le nom de la Fauconnerie, d'une terre de sa famille, tandis que son frère aîné portait celui d'Arcy et son cadet celui de Croisilles, qu'il garda toujours. A la mort de son frère aîné, tué au siège de Lille, Nicolas de Catinat quitta le nom de la Fauconnerie pour reprendre le nom tout court de Catinat, que nous lui donnerons tout de suite, pour ne pas faire naître de confusion.

Catinat, issu d'une famille parlementaire, fut

d'abord destiné au barreau et on lui fit apprendre le droit, sans doute avec l'intention de le faire entrer plus tard au Parlement. Dans ce dessein, il fut envoyé à Tours auprès d'un oncle qui y exerçait la charge de lieutenant général au présidial et était en même temps abbé commendataire de Saint-Julien de Tours, abbaye qui passa successivement à deux frères et à deux neveux de Catinat. Ce fut là qu'il reçut son éducation de magistrat ; mais l'élève avait si peu de goût pour le droit et témoignait au contraire tant de dispositions pour le métier des armes, que le succès n'en fut pas brillant. Il lisait plus souvent Polybe, Plutarque ou Tite-Live, qu'il s'était procurés en cachette, que les livres de droit ou les coutumiers.

Aussi, lorsqu'il plaida sa première cause, Catinat la perdit-il, et si bien, qu'il jura de ne plus recommencer et de courir, sans plus tarder, une carrière plus aventureuse peut-être, mais qui lui convenait mieux. On raconte même, mais l'anecdote est si bien amenée par l'occasion, qu'elle laisse quelque doute, que, cherchant à se rendre compte de son échec, le jeune homme croyant prendre le Code Justinien, se trompa et ouvrit les *Commentaires de César*. La lecture, à laquelle il ne put s'arracher, achevée, son parti était pris pour toujours : il serait soldat et, cette fois, il saurait s'en tirer à son honneur. Il s'en retourna donc à Paris, et son père dut céder à un désir si nettement exprimé ; Catinat reçut la permission de rejoindre ses deux frères, d'Arcy et Croisilles, à l'armée. Il avait déjà vingt-trois ans. C'était débuter bien tard, surtout pour le temps, mais rien ne l'arrêta, et il commence dès lors à donner la preuve de cette fermeté tenace et patiente, singulier mélange de force et de calcul, qui seront les traits caractéristiques de sa nature et l'origine de sa fortune. On lui obtint une place de cornette au régiment de Bignon en 1660. C'était avoir le pied à l'étrier et sauter le premier pas, qui est si difficile à franchir. Mais, si l'on en croit ses biographes, Catinat à peine nommé, le maréchal de la Ferté, passant la revue du régiment, le fit casser comme étant de robe. Cette disgrâce, du reste, ne dura guère, le maréchal s'étant souvenu que son père avait un procès où le président de Catinat pourrait avoir une grande influence, se hâta de rétablir le jeune cornette dans son grade. Cette historiette, qui est dénuée de toute vraisemblance, car Catinat avait déjà deux frères sous les armes tout aussi bien de robe que lui, est répétée avec complaisance par toutes les anciennes biographies du siècle dernier. Leurs auteurs sont évidemment désireux de faire, dès le début, de Catinat une victime de l'état social qui, malgré les vices qu'il pouvait avoir et avait peut-être, n'empêcha pas le débutant de vingt-trois ans d'arriver, plus vite certainement qu'il ne l'eût fait aujourd'hui, aux grades élevés et ceci, certes, pour le plus grand bien du pays.

En 1664, les cornettes ayant été supprimés, Catinat fut nommé, par brevet royal, « aide des camps et armées du roi », grade assez difficile à définir et que l'on croit correspondre à celui d'adjudant. Cette nomination, dit le brevet, devait « témoigner au sieur Catinat la confiance que Sa Majesté prend en sa valeur, courage, expérience de la guerre, vigilance et bonne conduite, et en sa fidélité et affection à son service[1] ».

Tel était Catinat à ses débuts et encore ignoré, tel il sera toute sa vie, sans un écart, sans une défaillance. En 1665, il fut nommé lieutenant d'une compagnie de chevau-légers. C'est en cette qualité qu'il fit, en 1667, cette célèbre campagne de Flandre que Louis XIV commanda lui-même, ayant sous ses ordres Turenne et Vauban. Au siège de Lille, qui fut tant célébré par les poètes, Catinat chargea à l'attaque de la contrescarpe avec une valeur si brillante et une intrépidité si signalée, que le roi le remarqua, demanda son nom et le nomma lieutenant aux gardes.

Catinat d'Arcy, le frère aîné de Nicolas, fut tué à ce même siège de Lille. Il était capitaine aux gardes ; le roi voulut que la charge restât dans la famille, et Louvois la donna à l'autre frère de Catinat, Croisilles, qui était lieutenant dans la même compagnie ; mais celui-ci, qui aimait tendrement son frère et était de deux ans plus jeune, écrivit au ministre pour le prier de lui donner la compagnie. A son tour, Catinat, averti, demanda qu'elle fût conservée à son frère Croi-

1. *Mémoires* de Catinat, I, 176.

silles, qui, quoique son cadet, était son ancien et y
avait tous les droits. Cette lutte d'affectueuse générosité toucha le ministre, qui était un grand connaisseur d'hommes, et valut de sa part aux deux officiers
une estime et une confiance qui ne se démentirent
jamais. Le roi fut instruit de cet incident qui faisait
honneur aux deux frères, et il les loua publiquement.
Croisilles garda la compagnie, mais Catinat reçut
bientôt un dédommagement, car en 1670 il était
nommé capitaine aux gardes françaises. Ce fut en
cette qualité qu'en 1672 il se distingua au passage
du Rhin, où il fut le premier à passer le fleuve.

L'année suivante, il était blessé au siège de Maëstricht, en attaquant un ouvrage à corne. A Séneffe,
en 1674, Catinat fit des prodiges de valeur et se fit
remarquer à côté du grand Condé. Il y fut de nouveau grièvement blessé, et Condé lui écrivit, à ce
que rapportent les biographes, la lettre suivante,
souvent reproduite, que nous citons sans en garantir
l'authenticité. D'une telle main, c'était comme un
brevet de courage et une promesse de gloire : « Personne ne prend plus de part à votre blessure que
moi, il y a si peu de gens faits comme vous qu'on
perd trop quand on les perd. » Pendant la même
campagne Catinat se distingua encore en Franche-
Comté, où le régiment des gardes, qui comprenait
la compagnie placée sous ses ordres, avait été envoyé. Excités par la valeur intrépide et l'impertur-
bable sang-froid de leur capitaine, les soldats qu'il
commandait enlevèrent à l'arme blanche le fort

Saint-Etienne et la citadelle de Besançon, malgré la nombreuse garnison qui les défendait. En ce temps-là, la valeur personnelle, l'entrain dans l'attaque, n'étaient pas encore paralysés en grande partie par la portée et la puissance des armes à feu comme on ne l'a que trop vu de nos jours. Cette action d'éclat acheva d'attirer l'attention sur Catinat, et lui valut la réputation d'un officier d'avenir. Aussi, lorsqu'en 1675 le roi nomma le capitaine aux gardes major général d'infanterie, cette nomination, qui, pour un homme de trente-trois ans, bourgeois de naissance et n'ayant que dix ans de service, était une véritable faveur et le mettait pour ainsi dire hors pair, n'eut-elle guère de détracteurs.

Déjà, cependant, le caractère du jeune major général, ses qualités encore plus que ses défauts nettement marqués dès le début de sa carrière, le faisaient diversement juger et lui attiraient plus d'une critique, même plus d'un ennemi. Sa franchise, en effet, ne ménageait personne, et il était loin d'avoir la souplesse nécessaire à la vie du monde, aussi bien celle des camps que celle de la cour ou des salons. Louvois l'estimait, l'avait jugé à sa valeur, et le poussait, comme on dit, auprès de Louis XIV, qui ne perdit que tard, si l'on peut dire qu'il le perdit jamais tout à fait, sous l'influence de la flatterie et des heureux succès, ce don de discerner les hommes, indispensable aux souverains, dont il donna tant de preuves pendant son long règne. Mais d'autres ne s'accommodaient pas plus de la rapide carrière que de la rigidité de principes de ce petit homme de robe devenu soldat. L'austérité de sa vie, son intégrité, son mépris non dissimulé pour l'argent, comme son peu de considération pour les jeunes gens à la mode, qu'on appelait alors les *petits maîtres*, ne laissaient pas que de déplaire aux gens qui ne se souciaient nullement de l'imiter. On ne pouvait contester sa bravoure, son honnêteté ni ses talents militaires naissants, dont l'avenir seul pourrait donner la mesure ; on contesta son habileté, son adresse. La pureté de ses mœurs devint de la pruderie ; sa réserve devint de l'orgueil, de la raideur ; on en fit une sorte de censeur maladroit, impropre à commander les hommes, propre tout au plus à travailler dans le cabinet, et on ne se fit pas faute de le desservir auprès du roi. C'est ce que traduit assez vivement une épigramme du maréchal de la Feuillade contre Catinat, qui a été conservée et qui se place naturellement ici. La Feuillade, dont Saint-Simon a tracé des portraits si admirables de vie et de relief, mais d'une âpreté si implacable, était en tout l'opposé, le contraire même de Catinat. Le brillant courtisan qui devait, plus tard, être l'inventeur de cette fameuse place des Victoires, la flatterie par excellence de tout le règne, le militaire élégant, brave, téméraire même, que sa campagne contre les Turcs (1644) avait rendu un moment le héros des salons de Paris et des galeries de Versailles, ne pouvait ni aimer, ni comprendre la nature modeste et contenue, l'intelligence tenace, prudente et ferme du jeune officier que l'on commençait à appeler M. de Catinat, tout court. Or La Feuillade était colonel des Gardes, et lorsque Louis XIV voulut faire Catinat major du régiment des gardes, où il était capitaine, La Feuillade s'y opposa de tout son pouvoir, disant partout avec une liberté, peut-être une fatuité de grand seigneur, non tout à fait exempte de calcul : « On peut faire de cet homme un général, un ministre, un ambassadeur, un chancelier, mais non pas un major général des gardes. » Le roi qui, tout absolu qu'il était, n'aimait pas à contrarier ceux qui l'approchaient habituellement, n'insista pas et fit de Catinat un major général d'infanterie. Et voilà comment la malveillance de La Feuillade pour un officier qu'il n'avait pas su deviner empêcha Catinat d'être major général des gardes.

Mais ce léger dégoût, si c'en était un, servit plutôt à sa fortune en le mettant dans un poste où il fut plus en mesure de montrer et de faire apprécier ses talents et ses qualités. Il eût eu, sans doute, de la peine à les faire estimer à leur valeur par ces brillants officiers de cour qui venaient chaque année cueillir des lauriers sur les champs de bataille en risquant leur vie avec le plus impétueux courage pour aller ensuite se faire admirer à Versailles ou dans les salons de Paris.

Dans un régiment d'infanterie, il était mieux à sa place, il le comprit et ne se plaignit pas.

Les sarcasmes de La Feuillade ne firent, du reste, aucune impression sur l'esprit du roi qui voyait plus juste que son favori. Il donna successivement à Catinat divers commandements importants et entra dès cette année en correspondance chiffrée avec lui.

En 1677, Catinat fut fait brigadier et se distingua fort pendant la campagne si brillante que le maréchal de Luxembourg, le tapissier de Notre-Dame, fit en Flandre cette même année. A la prise de Valenciennes où une sortie de la garnison fut si vigoureusement repoussée que les assaillants entrèrent dans la place à la suite de ceux qu'ils repoussaient, Catinat arriva le cinquième à la tête des mousquetaires.

Mais là l'on voit déjà se dessiner la nature de l'homme et à quelle classe de soldats il doit appartenir. A peine maître d'une porte de Valenciennes et encore dans tout le feu de l'action, il fait respecter les maisons et empêche le pillage de la ville, qu'il force néanmoins à capituler en faisant couler le moins de sang possible. Tel il sera toute sa vie, sans aucune affectation de sensibilité, rude, inexorable même lorsqu'il croira que son devoir l'exige mais toujours maître de lui-même et n'agissant jamais que par sa conscience.

A la fin de cette campagne le maréchal d'Humières s'étant emparé de la place de Ghislain (11 décembre 1677), Catinat en fut nommé gouverneur. Dans la lettre où il lui annonce le choix que le roi a fait de lui, Louvois lui recommande de bien vivre avec un autre officier chargé de commander la cavalerie, M. de Quincy, homme d'esprit et de courage,

mais d'un caractère difficile et il termine ainsi[1] :
« Comme ses manières ne sont pas tout à fait polies,
Sa Majesté vous recommande de bien vivre avec lui
et de ne pas relever de petites choses dont un
homme moins sage que vous aurait peine à s'accom-
moder. Je ne vous dis point, continuait Louvois,
que Sa Majesté ne confierait point son argent à un
autre qu'à vous, étant fort persuadé que vous l'admi-
nistrerez de manière qu'elle aura tout sujet de s'en
louer; je lui en répondrais bien s'il en était besoin.
Je ne vous fais point de compliment sur l'établisse-
ment que Sa Majesté vient de faire pour vous,
parce que, apparemment, vous ne doutez pas que je
prenne une très grande part à tout ce qui vous
touche. » On voit par ces lignes quelle estime
Louvois professait déjà pour Catinat, dont il avait
mesuré, avec sa perspicacité ordinaire, et les qualités
morales et les talents militaires. A quelque temps
de là, il disait encore publiquement qu'il ne connaissait pas « un officier plus exact ni plus appliqué que
M. de Catinat[2] ».

De son côté, le roi était si satisfait de la conduite
de Catinat et goûtait déjà si fort le soldat comme
l'administrateur qu'il le témoignait en public. Il en
donna même une preuve éclatante lorsqu'à la paix
de Nimègues, en 1678, il lui confia le commandement de Dunkerque, l'une des villes fortes les plus

---

1. Dépôt de la guerre, vol. 534, f° 169, 173, le 6 décembre
1677.

2. Rousset, *Histoire de Louvois*, II, 482.

importantes, sinon la plus importante de la frontière. C'était là une marque non équivoque de la place que Catinat avait su se faire parmi les officiers les plus distingués et comme un gage assuré d'une brillante fortune que l'avenir ne devait pas démentir. Désormais Catinat est en première ligne. Il a vu de près Turenne, Condé et Luxembourg et a pu se former à leur école. Il s'est lié d'une étroite amitié avec Vauban. Louvois l'a vite discerné entre ses compagnons d'armes, et lui a voué, dès le début, une confiance et une estime qu'il gardera jusqu'à la fin. Louis XIV le connaît et l'estime à sa valeur. L'intégrité de sa vie, sa pureté de mœurs, son désintéressement, quelque chose de sérieux et de calme joint à une bonhomie souriante, voire même à une pointe de gaieté malicieuse, de promptitude à saisir le ridicule et à en rire, lui ont déjà, à cette première heure de sa carrière, acquis une considération et une autorité auxquelles sa situation ne lui donnait pas de droit. Tous les chemins lui sont donc ouverts; pour arriver au premier rang, il ne lui faut que les circonstances et la volonté de faire toujours et en toute occasion pour le mieux; il ne faillira jamais à cette condition, la fortune ne le laissera pas manquer des premières, et même les lui prodiguera, en attendant qu'elle les lui fasse payer par un de ces retours si ordinaires dans toute vie qui a son plein développement, qu'ils semblent comme une nécessité et une sorte d'indispensable contrepoids.

Mais, avant d'aller plus loin, retournons un moment

dans la vieille maison de la rue de la Sorbonne, où Catinat revenait toujours, dès qu'il le pouvait, avec une joie d'enfant, retrouver les siens et se retremper au sein des affections de famille, car sous une apparence froide, il cachait et garda une grande sensibilité, restant toujours le plus tendre des frères comme le plus fidèle des amis. C'était une fête pour lui, et il ne cherchait pas à le cacher, que de rentrer passer quelques jours dans le vieux logis familial, où l'aîné de ses frères, devenu à son tour président au Parlement et marguillier d'honneur de Saint-Benoît, habitait comme son père et son grand-père. Là aussi demeurait une des sœurs de Catinat, Françoise de Catinat, qui avait épousé Claude Pucelle, célèbre avocat au Parlement, dont un fils devait devenir plus tard un ardent janséniste. Trois autres sœurs étaient religieuses, deux au couvent de Saint-François, à Mortagne dans le Perche, et la troisième au monastère des Bénédictines de la Ville-Lévêque, à Paris. Avec elles aussi, malgré leur éloignement forcé, Catinat gardait les plus tendres rapports, et les noms de ses trois sœurs religieuses reviennent souvent dans ses lettres.

Ses sœurs, de leur côté, ne semblent pas lui avoir été moins vivement attachées; il est même obligé de modérer leur ambition, qui rêvait pour lui tous les succès, tous les honneurs, et c'est le soldat courant la carrière de la gloire qui prône la modération et l'humilité. C'était aussi rue de la Sorbonne que Catinat retrouvait son cher Croisilles, son frère cadet, qui, suivant l'usage du temps, porta jusqu'à sa mort le nom d'une terre, pour se distinguer des autres membres de sa famille.

Guillaume de Catinat, M. de Croisilles, comme on l'appelait, se voyant d'une santé délicate, peu faite pour les fatigues de la guerre, où cependant il s'était fait remarquer et avait reçu nombre de blessures, s'était de bonne heure retiré du service et vivait soit à Paris, soit à Versailles, lorsqu'il y allait faire sa cour, dans la société la plus distinguée. C'était un homme doux et aimable, d'un commerce agréable, bien élevé, poli, sachant ménager les amours-propres, fort attaché à ses amis, mais sans aucune ambition personnelle. Aussi eut-il vite réussi, sans bruit et sans ostentation, à se faire une place dans la société et même à la cour, où il réussit, chose rare, à se faire aimer de tous. « C'était [1], dit Saint-Simon, que l'on peut en croire quand par hasard il juge favorablement, un homme fort sage, fort instruit, fort judicieux qui avait beaucoup d'amis considérables, quoique fort retiré et fort homme de bien. C'était le conseil et l'ami de cœur de son frère. » Très lié avec Mme de La Fayette, avec Mme de Sévigné, qui le range parmi les causeurs d'esprit, Croisilles avait vécu, dès sa jeunesse, dans la meilleure société de Paris, et y avait acquis cette élégance de manières, ce charme d'une politesse raffinée et spirituelle, qui manquaient

____
1. Saint-Simon, Éd. Boilisle, VIII, 264.

à son frère, dont la nature plus forte et moins souple fut toujours plus à l'aise dans les camps que dans les salons.

Mais ce fut surtout dans la petite société des ducs de Beauvilliers, de Chevreuse et des quelques personnes choisies qui formaient une sorte de coterie très unie et très fermée au milieu même de la cour, que Croisilles élut domicile.

L'estime, l'affection, qu'on lui témoigna dans ce groupe d'élite, qui tenait à le rester, la rapidité avec laquelle on l'admit dans tous « les particuliers », font plus son éloge que tous les discours. Malgré son origine bourgeoise, la tendance marquée au jansénisme de plusieurs personnes de sa famille, Croisilles devint, en peu de temps, si bien un ami pour tous les membres du petit cénacle, que le duc de Beauvilliers voulut le faire nommer sous-gouverneur du duc de Bourgogne. Mais Croisilles, qui aimait son indépendance et connaissait bien la cour, déclina cet honneur et resta simplement un ami pour les deux ducs et leur société intime.

C'était là, en effet, autre chose qu'un mot, car rarement on vit, lorsque vint la fameuse affaire du quiétisme, plus de dévouement et de fidélité à l'affection, malgré la défaveur et le péril. L'abbé de Fénelon, alors encore dans tout le charme de la jeunesse et d'un esprit qui sortait pour ainsi dire de toute sa personne, était l'oracle de ce petit cercle. Croisilles séduisit le grand séducteur, comme Fénelon lui-même avait charmé Mme de Maintenon. Il devint son ami intime, et Fénelon l'appelle, dans ses lettres, « un précieux ami[1] ». Il était donc devenu, en peu de temps, un personnage à la cour : on le courtisait fort comme ayant l'oreille de Louvois. Mais comme son frère Catinat, pour qui il fut, tant qu'il vécut, un solide appui, il restait inébranlablement attaché au foyer paternel, où il venait le plus souvent possible se reposer et se retremper. Très voisin d'âge de Nicolas de Catinat, il n'avait que deux ans de moins que lui, Croisilles était non seulement lié avec lui comme avec un frère aîné avec qui on a été élevé, mais l'intimité la plus confiante, l'affection la plus tendre, les unissaient. Tout était commun entre les deux frères ; la carrière de celui qui avait continué le métier des armes était devenue l'affaire propre, la chose de celui qui avait dû y renoncer, et, tant que Croisilles vécut, Catinat n'eut pas à s'occuper de ses affaires ; il avait, à la lettre, un autre lui-même, tout placé pour y veiller, et qui ne s'endormait pas. C'était encore Croisilles qui s'occupait de la modeste fortune que son frère avait reçue comme lui en héritage de ses parents, et qui gérait le domaine de Saint-Gratien, échu en partage à Catinat, et l'objet, dès la première heure, d'une sollicitude de propriétaire épris de son domaine, qu'on s'étonne de rencontrer chez un soldat en pleine activité. Si Croisilles s'en occupe, Catinat lui laisse toute liberté d'agir et le prie sans cesse de se regarder comme chez lui dans son domaine.

1. Fénelon, *Corr. gén.*, III, 505.

Les lettres trop rares de Catinat qui ont été conservées sont, pour la plupart, écrites à ce frère de prédilection et tout empreintes d'une cordialité et d'un laisser-aller rares à cette époque, ou du moins qui allaient devenir rares et témoignaient d'un abandon et d'un charme dans les rapports de famille qu'on n'est pas accoutumé à attribuer à ces graves intérieurs parlementaires, où le jansénisme allait recruter ses principaux adeptes. Les deux frères se tutoient, et ce tutoiement auquel Catinat ne voulut jamais renoncer, même lorsqu'il fut arrivé au faîte des honneurs, donne à leurs rapports une familiarité fort originale pour l'époque. « J'ai bien de la joie, écrit-il un jour à Croisilles, de voir que tu te trouves bien de l'air de la campagne. Fais hardiment et librement à Saint-Gratien tous les accommodements qui te peuvent faire plaisir. C'est une dépense qui sera autant à ma satisfaction qu'à la tienne, comptant que toi et moi ne font qu'un ; tu peux t'en assurer[1]. »

Mais, si doux que fût pour Catinat le séjour de la rue de la Sorbonne et les longues causeries avec son frère, si agréables qu'il trouvât les ombrages de Saint-Gratien, il ne pouvait en jouir longtemps.

---

1. *Mémoires de Catinat*, I, 171. — L'ouvrage publié en 1820, par Bernard Le Bouyer de Saint-Gervais sous le nom de *Mémoires de Catinat*, n'est autre chose qu'une compilation faite d'après les papiers personnels de Catinat et les pièces conservées aux archives du ministère de la guerre. Bouyer de Saint-Gervais, dont la famille était alliée à celle de Catinat, avait eu communication des papiers conservés maintenant à la Bibliothèque nationale sous la rubrique « Papiers de Cati-

Louvois ne l'y laissait que le temps d'apparaître et était bien décidé à tirer de lui tout ce qu'il avait jugé pouvoir en tirer pour la gloire du roi et le bien de l'État. Catinat lui-même, encore dans toute l'ardeur et tout l'entrain de la jeunesse, n'aspirait qu'à l'action et se dépensait sans compter.

En 1679, il fut employé à une mission secrète, qui lui fit mettre le pied pour la première fois en Italie, le futur théâtre de ses succès comme aussi de ses revers. Il ne s'agissait pas de moins que de l'enlèvement par la force d'un ministre du duc de Mantoue dont le roi avait à se plaindre. Il est assez piquant de voir que la première mission importante confiée au sage Catinat ait été une aventure dont les détails romanesques ont l'air empruntés à une aventure de cape et d'épée.

Pignerol était à la France depuis 1632. Le roi, ou plutôt Louvois, dont c'était un des plans favoris, voulait s'emparer de la forteresse de Casal et dominer ainsi complètement le Piémont, comme s'il eût eu un instinct prophétique des périls qui viendraient à la France de ce côté. Casal appartenait au duc de

nat », et les Archives de la guerre lui avaient été ouvertes. Aussi la plupart des documents qu'il cite sont-ils authentiques et donnent seuls du prix à l'ouvrage en question. Sa composition a été successivement attribuée à Grimoard, l'auteur des *Mémoires de Tessé*, dont il reproduit des passages entiers, puis à Augier, littérateur du commencement du siècle. En réalité, il est l'œuvre de Bouyer de Saint-Gervais. Nous aurons soin, du reste, d'indiquer exactement la provenance des pièces que nous citons.

Mantoue et il ne semblait pas difficile de venir à
bout, par l'argent, de sa résistance à la volonté
impérieusement exprimée de son puissant voisin, le
roi de France.

Tout parut d'abord aller à souhait. Un des ministres du prince, habilement sondé, fit ou du moins
se vanta de faire accueillir les ouvertures de la
France par son maître. Le comte Mattioli négocia
ainsi la cession de Casal à la France et vint même,
en 1678, à Versailles, sous un déguisement et dans
le plus profond mystère, conclure le marché. Louvois, se croyant sûr de son affaire, envoya Catinat,
en décembre de cette même année, à Pignerol, où
il dut se rendre également sous un déguisement,
être enfermé comme un prisonnier d'État, ne voir
qui que ce soit ni être vu de personne et attendre
qu'on lui remît la place de Casal entre les mains,
afin d'en prendre possession au nom du roi. Il était
à peine arrivé à Pignerol et y subissait son empri-
sonnement fictif qu'un courrier, venu de Savoie,
apprend à Louvois qu'il a été dupe d'un intrigant,
que Mattioli n'avait aucun pouvoir, qu'il a agi sans
le consentement du duc de Mantoue, qu'il a menti
avec une rare impudence et même livré le secret de
la négociation aux alliés impériaux et espagnols
qui viennent de faire enlever le chevalier d'Asfeld,
chargé, par la France, de l'échange des ratifications.
Furieux de se voir ainsi joué et voulant à tout prix
empêcher cette entreprise manquée de devenir ridicule, Louvois ne songe qu'à une chose, à tirer une

prompte et rapide vengeance de cet affront, avant qu'il n'ait eu le temps de s'ébruiter.

Excité par les ordres de la cour, l'abbé d'Estrades, ministre du roi à Turin, se mit aussitôt à l'œuvre. Averti du séjour de Mattioli à Turin, il l'attira à un rendez-vous mystérieux en apparence pour renouer l'affaire et pour écouter ses explications. L'imprudent Mattioli se laissa à son tour si bien duper qu'il monta dans le carrosse de d'Estrades pour aller au lieu du rendez-vous, sans s'apercevoir qu'on le menait dans une auberge située sur le territoire français, à la frontière. En traversant une rivière débordée, Mattioli travailla même de ses mains à rétablir le pont sur lequel passait la route. Arrivés au lieu du rendez-vous, Mattioli et d'Estrades trouvèrent Catinat, à qui on avait fait la leçon. On s'enferma dans une petite pièce isolée pour y conférer. Tout à coup, au milieu de la soi-disant conférence, des dragons, cachés dans la pièce à côté, envahissent la chambre, saisissent le malheureux Mattioli, qui est bâillonné, garrotté et transporté sans autre forme de procès à la citadelle de Pignerol, où il fut enfermé, si bien qu'on n'entendit plus jamais parler de lui et que sa trace disparaît complètement. Aussi est-il devenu, avec toute apparence de raison, le plus vraisemblable des personnages que l'on a identifiés avec le fameux Masque de fer, qui fut transféré de Pignerol au château de l'île Sainte-Marguerite et de là à la Bastille, où il mourut. Quoi qu'il en soit du véritable Masque de fer, nous ne pouvions passer sous silence cette première mission confidentielle, dont l'exécution fut remise à Catinat. Il est difficile de ne pas la qualifier du nom de guet-apens, et cette manière de se faire ainsi justice soi-même, sans crier gare, parce qu'on a la force de le fa're, ne peut guère s'admettre. L'on comprend qu'à la longue, ces façons d'agir aient irrité et réuni tout le monde contre celui qui s'en servait. Catinat ne se posait pas de pareilles questions. Homme de discipline et d'obéissance militaire avant tout, il accomplissait les ordres donnés sans les discuter, comme un bon officier qui n'a pas qualité pour donner son avis. Plus tard, lorsqu'il en aura conquis le droit, il saura au besoin parler franc et résister lorsqu'il le faudra. Cette singulière expédition, qui tenait plus de la police que de la guerre, terminée et enlevée avec autant de vigueur que d'habileté, Catinat s'en retourna à Longwy, dont il avait été nommé gouverneur (mai 1679). L'année suivante, il passa au gouvernement de Condé et en 1681, à celui de la ville et de la citadelle de Tournai. Partout il se conduisit si bien et satisfit si fort Louvois que, cette même année, il fut nommé maréchal de camp, ce qui le plaçait parmi les officiers supérieurs. Il avait quarante-quatre ans et avait mis vingt et un ans à parcourir tous les grades inférieurs, s'élevant par son seul mérite et malgré son origine bourgeoise, qui n'aidait pas à lui ouvrir les portes, si elle ne les fermait pas comme on l'a trop répété. Mais il n'était déjà plus à Tournai lorsqu'il fut fait maréchal

de camp. Louvois l'avait envoyé en Italie, cette fois
pour une mission militaire et diplomatique plus digne
de lui et qui allait lui fournir l'occasion de montrer
qu'il était capable d'autre chose que d'exécuter
habilement les hautes œuvres de Louvois.

CHAPITRE II

—

Dans les derniers jours de juillet 1681, Catinat reçut à Tournai, où il commandait, le billet suivant de Louvois : « Monsieur [1], le service du roi désirant que vous fassiez incessamment un voyage pareil à celui du commencement de l'année passée, je vous en donne avis, afin que, prétextant quelque affaire de famille, vous mandiez à vos amis en Flandre, que monsieur votre frère vous a obtenu votre congé pour deux mois, et qu'en effet vous partiez pour vous rendre entre ci et douze ou quinze jours, sous mystère, à Fontainebleau, où je vous entretiendrai et vous remettrai les ordres du roi de ce que vous aurez à faire. Je vous dirai cependant que j'espère que vous réussirez mieux au voyage que vous ferez ensuite, que vous n'avez fait au précédent. »

Cette mystérieuse affaire, pour laquelle le redou-

1. Dépôt de la guerre, vol. 656, f° 332, le 22 juillet 1681.

table ministre mandait Catinat, avec son impérieuse brièveté, n'était autre que la prise de possession de Casal, cette fois destinée à un meilleur succès que deux ans auparavant. La négociation manquée par la fausseté de Mattioli, fausseté si rudement châtiée du reste, n'avait pas été abandonnée. L'abbé Morel, résident du roi à Mantoue, l'avait, au contraire, reprise et menée à bien avec autant d'intelligence que de mystère. Aidé par l'abbé d'Estrades, ministre de France à Turin, et par la duchesse de Savoie douairière, qui, brouillée avec son fils, s'appuyait sur la France pour retrouver du crédit, Morel réussit cette fois à faire aboutir l'entreprise. Mais, instruit par l'expérience, il prit ses sûretés et garda un profond silence.

La citadelle de Casal dut être livrée aux troupes du roi contre une somme de 20.000 écus d'or, lesquels seraient comptés aux ministres du duc de Mantoue seulement le jour où la place recevrait garnison française et pas avant. Le duc cédait à la France uniquement la citadelle et non pas le château ni la ville de Casal ; mais une fois entré, on comptait bien s'emparer du reste et la suite montra que, cette fois, on s'apprêtait à rendre au maître de Mattioli la monnaie de sa pièce. Le marquis de Boufflers, qui commandait en Dauphiné, dut tenir des troupes prêtes, munies de vivres et d'armes. Au jour fixé, il traverserait rapidement, dans le Montferrat, la distance qui séparait Casal de la frontière française et jetterait Catinat avec une garnison dans cette forterosse d'avant-poste, qui allait surveiller toute l'Italie septentrionale et tenir le Piémont en échec. Voilà ce que Louvois dit à Catinat dans cet entretien secret où il le conviait le 22 juillet 1681.

Catinat, qui avait sans doute sur le cœur son échec précédent, ne se le fit pas dire deux fois. Ayant fait sans bruit ses préparatifs de départ, il ne laissa rien transpirer de la mission qu'on lui confiait et partit au jour fixé, incognito et sans escorte. Le 3 septembre, après avoir traversé toute la France à grandes journées, en dissimulant partout son passage, logeant où il pouvait et couchant même dans « des fours à plâtre » pour mieux se cacher, il arrivait à Pignerol. Là, suivant ses instructions, il fut enfermé sous un déguisement et tenu pour un prisonnier de marque. Le gouverneur de la place, M. de Saint-Mars, avait été dûment averti du rôle qu'il avait à jouer. « Je suis arrivé ici le 3ᵉ du mois, écrit[1] Catinat lui-même, avec une bonne humeur toute militaire, et j'y serais même arrivé le 2ᵉ, sans les mesures que j'ai prises avec M. de Saint-Mars pour y entrer secrètement. Je m'y fais appeler Guibert, et j'y suis comme un ingénieur qui a été arrêté par ordre du roi, parce que je me retirais avec quantité de plans des places de la frontière de Flandre, M. de Saint-Mars me tient ici prisonnier dans toutes les formes, néanmoins avec une profusion de figues d'une grosseur et d'une bonté admirables. Cela joint

_____

1. Dépôt de la guerre, vol. 764, pièce 2, le 6 septembre 1681.

à la porte par où il a plu à Sa Majesté de me faire voir que j'en sortirais, me fait souffrir ma détention avec une bien facile patience. »

Le brevet de maréchal de camp, qu'il n'avait pas encore reçu, et le gouvernement de Casal qu'on lui promettait, c'était là la porte dont il parlait et qui devait le faire sortir fort agréablement de sa captivité. Elle ne dura pas moins de vingt-quatre jours, pendant lesquels Boufflers réunit quelques troupes, destinées à servir comme de trompe-l'œil et à masquer la vente de Casal derrière une feinte violence contre le duc de Mantoue.

Le 27 septembre 1681, Boufflers était à Pignerol à la tête de 6 régiments de cavalerie, 6 régiments de dragons et 12 bataillons d'infanterie. Trois jours après, il arrivait devant Casal à la tête de la cavalerie, tandis que Catinat amenait de son côté l'infanterie. C'était un trajet de 23 lieues environ pendant lequel « Son Altesse Royale Madame la duchesse de Savoie (d'intelligence dans cette négociation) avait eu le soin de faire trouver à chaque endroit où ces troupes campaient toutes sortes de vivres, de rafraîchissements et de fourrages en abondance et avec un ordre admirable [1] ».

Le 30 septembre, à deux heures de l'après-midi, Boufflers entrait dans la citadelle par une porte que l'on avait démurée pour faire un passage ayant l'air d'une brèche et recevait ladite citadelle des mains du

---

1. *Mémoires* de Catinat, I, 234.

marquis de Caurian, gouverneur pour M. de Mantoue. » Ce[1] pauvre marquis de Caurian, écrit Boufflers à Louvois, jetait de grands soupirs en lisant l'ordre de M. de Mantoue et en voyant sortir la garnison. En vérité, ce lieu est un beau poste et bien digne de la grandeur du roi. » Le lendemain, Catinat entrait dans Casal, avec ses 16 bataillons d'infanterie, et s'y installait. Boufflers s'en retournait en Dauphiné, en lui laissant 4 régiments de cavalerie et 4 régiments de dragons.

Le tour était joué, le duc de Mantoue avait eu en apparence la main forcée, tandis qu'on lui remettait en secret 100.000 pistoles d'Espagne, qui convenaient fort à son trésor, et Casal était à la France. Or le même jour à quatre heures de l'après-midi, presque à la même heure, les troupes du roi de France entraient à Strasbourg et Boufflers pouvait écrire à Louvois ces lignes qu'on ne peut lire aujourd'hui sans un sentiment d'amère tristesse : « Quel jour pour toute l'Europe que le 30 septembre 1681, et quel point de gloire pour le roi et pour vous. » Cette prise de possession simultanée de ces deux places situées aux deux frontières opposées de la France, fit, en effet, une profonde impression en Europe dont elle excita vivement les méfiances tout en portant au plus haut point le prestige de Louis XIV, « la gloire du roi », comme on disait. « J'ai donné, écrit[2] Catinat dans une lettre de Lou-

1. Dépôt de la guerre, vol. 664, pièce 21, le 30 septembre 1681.
2. *Mémoires* de Catinat, I, 232.

vois, à un curé proche de Valence, un des imprimés
des articles de la reddition de Strasbourg, qui me dit
en causant avec lui, qu'il fallait avouer que le roi
est un grand prince et qu'il lui paraissait n'y avoir
pas eu, depuis Charles-Quint, un plus grand personnage dans le monde et répété deux ou trois fois,
« Casal et Strasbourg en un même jour et presque à
la même heure ! » On voit qu'à l'occasion et lorsque
la vérité l'exigeait, Catinat savait louer ce qui méritait de l'être et se montrer bon courtisan. Mais s'il
savait applaudir aux succès de son maître, on le voit
aussi, dès ce début, diplomate assez peu souple et
général rigide observateur de la discipline. « Les
troupes [1] que j'ai conduites, dit-il à Louvois le lendemain de son entrée à Casal, ont passé sans aucun
désordre. J'ai réparé généralement toutes les plaintes
pour 6 écus. Je vous avoue que, passant dans un pays
si plein de toutes choses, j'ai été surpris que cette
grande obéissance ait subsisté pendant quatre jours
sans châtiment exemplaire. »

Catinat fut moins heureux, ou, du moins, eut plus
de peine à réussir dans la négociation dont il fut
chargé avec le duc de Mantoue, aussitôt après son
entrée dans la citadelle de Casal.

Louvois n'entendait pas, en effet, en rester là ; il
voulait que le château de Casal nous fût également
livré, et que nous pussions mettre garnison dans la
ville, afin d'être maîtres d'établir nos quartiers
d'hiver dans le Montferrat. Il fallait faire consentir

1. Dépôt de la guerre, vol. 664, pièce 23, le 2 octobre 1681.

le duc de Mantoue à cette extension de concession, qui n'était nullement contenue dans le traité conclu, si même elle ne lui était pas absolument contraire. Catinat devait essayer de faire passer la chose en douceur. C'était là une mission difficile et un abus de la force, qui ne lui convenait guère. L'on voit bien au ton de ses lettres qu'il s'y prêtait uniquement par soumission et les blâmait intérieurement. Mais homme d'obéissance militaire avant tout, il partit immédiatement pour Mantoue, afin d'obéir aux ordres de Louvois et de persuader au duc qu'il était de son intérêt de céder aux impérieuses exigences du roi. Il ne sut évidemment pas bien plaider une cause qui ne lui plaisait qu'à moitié, car il commença par échouer complètement. Il raconte son insuccès au ministre dans une longue dépêche assez embarrassée, où ses sentiments personnels se trahissent malgré lui par les éloges qu'il donne à ceux avec qui il a eu à traiter, c'est-à-dire au duc de Mantoue qui s'est montré inébranlable et en a appelé, non sans vivacité, à la *sacrosainte* parole du roi et à ses ministres qu'il a trouvés incorruptibles.

« J'ai trouvé[1] ces gens-ci tout autrement que je n'avais pensé ; j'espérais beaucoup de la permission d'offrir de l'argent ; à quoi ils m'ont paru fort insensibles, et toutes les offres qui ont tendu à cela ont été très mal reçues. Il y a de l'esprit et de la fermeté dans leurs sentiments. Ils se sont regardés comme

1. *Mémoires* de Catinat, I, 227, 230.

des hommes perdus et déshonorés, s'ils paraissaient
si promptement consentir à une entière dépouille de
leur maître. Il faut que ce soit le temps qui fournisse
les occasions d'obtenir ce que Sa Majesté désire. Ces
raisons si subtiles et si pressantes, sans leur donner
de relâche, n'ont pu leur paraître qu'un prétexte pour
les opprimer. »

Mais Louvois n'était pas homme à se déconcerter
pour si peu, et les scrupules de Catinat ne lui firent
évidemment aucune impression, car il le malmène
assez vertement dans une lettre du 2 janvier suivant,
lui ordonne de faire prendre possession du château et de mettre garnison dans la ville de Casal
afin d'y faire hiverner les troupes.

Devant un ordre positif, il n'y avait qu'à obéir, et
comme Catinat avait la force en main, il fit plier
l'opposition du duc de Mantoue et de ses ministres.
Mais il sut le faire avec ménagement. A force de
prudence, de bons procédés, il évita tout éclat, ce
dont tout le monde lui sut bon gré. Aussi reçut-il,
au mois de février 1682, les patentes de gouverneur
des armes, de la citadelle, du château et de la ville
de Casal.

Le marquis de Gonzague, qui continuait à y commander pour le duc de Mantoue, n'eut jamais qu'à
se louer du gouverneur que le roi de France imposait
à Casal. Catinat resta six ans à Casal sans avoir
une difficulté avec M. de Gonzague. Il mettait ses
soins à faire respecter la plus stricte discipline,
maintenant les mœurs et la décence avec vigueur,

mais sans aucune ostentation. Sa modération, son désintéressement, son amour de la justice, lui eurent bientôt attiré l'estime et l'affection de la population, dont il s'occupait avec une vigilance remarquable jusqu'à faire venir des faiseurs de tours et des danseurs de corde pour la divertir. Austère pour lui-même et chrétien comme on l'était alors dans les paroisses pieuses de Paris, il ménageait avec soin les sentiments religieux de ces populations si catholiques. Un mois avant le carême, il alla en grand appareil, entouré de deux cents officiers, rendre visite à l'évêque de Casal et lui demander la permission pour la garnison française de faire gras quatre fois la semaine ; et tous les ans il renouvelait cette démarche publique. Ferme, du reste, et intraitable sur ses droits, repoussant toute ingérence, même ecclésiastique, lorsqu'elle n'était pas justifiée, il répondait simplement à ceux qui s'en étonnaient : « Je veux rester autant que possible dans nos mœurs. » Aussi Catinat ne tarda-t-il pas à avoir une grande situation à Casal et à Turin, où on l'appréciait fort.

Louvois prenait de plus en plus confiance en lui et écrivait au gouverneur de Casal de ces longues dépêches, mi-parties chiffrées, mi-parties au clair, si remarquables par la netteté des vues d'ensemble, et cette précision dans les moindres détails qui révèlent un si puissant esprit. Le ministre, qui savait bien à qui il avait affaire, l'employait à tout, avec cette singulière absence de ménagements, qui est encore

une marque commune aux grands hommes. C'est
ainsi qu'il dut par son ordre travailler à réconcilier
Madame Royale, duchesse douairière de Savoie,
Marie-Jeanne-Baptiste de Savoie Nemours, veuve du
duc Charles-Emmanuel avec son fils le jeune duc de
Savoie, Victor-Amédée II. Cette princesse, ardente
et ambitieuse, avait longtemps gouverné son fils
même lorsque, cessant d'être régente, elle lui eut en
apparence remis le pouvoir, et elle ne pouvait se
résigner à abdiquer son autorité. De là naissaient
des brouilles incessantes entre la mère et le fils. La
duchesse eût voulu marier le jeune prince à l'héri-
tière du royaume de Portugal, ce qui l'aurait obligé
à lui confier le gouvernement du duché de Savoie
pendant qu'il eût été régner sur ses nouveaux États.
La résistance obstinée du duc, qui ne se révéla qu'au
dernier moment et donna déjà la mesure de son peu
de franchise, avait fait échouer la combinaison et
complètement brouillé la mère et le fils. Catinat,
quoiqu'il ne fût pas encore un personnage bien considérable, dut, sur l'ordre réitéré de Louvois, travailler
avec le ministre de France à les réconcilier. Son
intervention fut heureuse et aboutit au résultat désiré.
Mais ce ne fut sans doute pas en suivant les instructions de Louvois, sur la conduite à tenir vis-à-vis du
duc de Savoie, lorsqu'il écrivait avec une brutalité
voulue dont le ton fait involontairement penser aux
grandes colères de Bonaparte : « Parlez [1] ferme,

____

1. Dépôt de la guerre, vol. 776, le 23 février 1686.

parlez durement à ses ministres afin qu'ils rendent vos discours à leur maître, épouvantez, menacez. » De quelque façon qu'il s'y prît, Catinat réussit dans sa délicate mission. La duchesse de Savoie rendit, au moins en apparence, ses bonnes grâces à son fils, et celui-ci fit payer intégralement la pension de la duchesse sa mère dont elle se plaignait très vivement d'avoir été privée. « Cela [1] s'est passé, écrivait Catinat à Louvois, avec des manières très agréables et très obligeantes de la part de M. le duc de Savoie, et les parties ont paru parfaitement contentes l'une de l'autre. » Catinat sut si bien s'y prendre que la duchesse de Savoie lui conserva toujours de la reconnaissance de son intervention et que, de son côté, Victor-Amédée, qui ne tarda pas à épouser la fille de Monsieur, le frère de Louis XIV, lui en sut également bon gré. C'est, du moins, ce que font croire les lettres que lui écrivent la mère et le fils. Celui-ci va même jusqu'à signer « Votre meilleur ami ».

. Il est vrai que, malgré sa jeunesse, ce prince, célèbre pour sa dissimulation, savait déjà jouer un rôle et feindre des sentiments qu'il n'éprouvait pas. La nature franche et loyale de Catinat fut d'abord trompée par l'apparente indécision et les tergiversations du prince : il le jugea faible, incapable dans la conduite des affaires et ne devina pas en lui l'adversaire redoutable, puis l'allié plus redoutable

---

[1]. Dépôt de la guerre, vol. 776, 25 mars et 7 avril 1686.

encore auquel il aurait affaire et dont il aurait dans la suite tant à souffrir. Il écrivait à Louvois, le 3 mars 1686, que le duc de Savoie lui semblait incapable de « réduire les affaires dans sa tête de manière à s'en pouvoir expliquer avec certitude et à prendre une bonne et assurée résolution [1] ».

Ce fut en 1686 que, pour la première fois, Catinat commanda en chef et put se montrer. L'occasion, malheureusement, fut la triste guerre du duc de Savoie contre les hérétiques vaudois des vallées du Piémont, connue sous le nom de guerre des Barbets.

Excité par Louis XIV qui venait de mettre à exécution la fameuse révocation de l'édit de Nantes et eût voulu que toutes les puissances catholiques suivissent son exemple, Victor-Amédée révoqua tous les privilèges accordés depuis des siècles aux Vaudois et les somma ou de se convertir ou d'émigrer [2]. Poussées à bout, ces malheureuses populations, composées de paysans paisibles et attachés à leur sol, refusèrent d'obéir et finirent par se révolter.

Les Vaudois, qu'on ne tarda pas à nommer les Barbets, à cause des longues barbes de leurs ministres, firent preuve dès le début de la révolte d'un courage, d'une ténacité, parfois même d'un héroïsme que l'on n'avait pas soupçonné et ce qu'on

---

1. Dépôt de la guerre, 776, le 7 avril 1686.

2. Les Vaudois étaient une petite secte hérétique, d'une origine très ancienne, que l'on croit remonter aux Albigeois et dont il est très difficile de définir les doctrines. Réfugiés dans les vallées du Piémont, les Vaudois y vivaient paisiblement, fort soumis et très attachés à leur prince.

avait cru ne devoir être qu'un mouvement populaire
devint vite une véritable guerre de religion, accompagnée de toutes les cruautés et des misères ordinaires en semblable cas. Le duc de Savoie, qui
n'avait agi que poussé par Louis XIV, réclama l'aide
des Français, et Catinat dut lui porter secours avec
toutes les troupes qui tenaient garnison dans Casal.
Il était à la fois trop rigoureux observateur de l'obéissance militaire pour hésiter un moment à se charger
de cette pénible tâche d'aller écraser les malheureux
Vaudois, et trop homme de son temps pour avoir
quelque doute sur la légitimité de l'entreprise. On le
lui a reproché, sans songer assez que, l'eût-il voulu,
il n'avait pas autre chose à faire et ne pouvait rien
faire d'autre que d'obéir. La joie de commander seul
et d'avoir une occasion de se faire connaître fut vive,
du reste, il faut l'avouer, et étouffa tout autre sentiment [1] : « Je ne saurais rien dire, Monseigneur, pour
vous exprimer mes sentiments sur l'honneur que
vous m'avez procuré d'un si beau commandement.
Je ne songe qu'à m'en bien acquitter, pour mériter avec quelque justice cette marque de votre estime ! »

Mais même dans ce premier moment d'exaltation
naturel chez un soldat qui sent sa valeur et croit
trouver l'occasion de la montrer, la modération
native de son âme se fait jour. Avant de se mettre en
campagne, il fit venir trois des principaux chefs des

1. Dépôt de la guerre, 776, le 5 mars 1686.

Vaudois et les exhorta à la soumission, en leur représentant les maux affreux qu'ils allaient encourir. Ses efforts échouèrent devant l'inébranlable fermeté des Vaudois qui lui répondirent avec le plus calme courage, suivant les anciennes biographies de Catinat, « qu'ils aimeraient mieux mourir que de changer leur manière de prier ».

Une fois la lutte engagée, elle fut menée avec une vigueur et une décision qui justifièrent la confiance qu'on avait en lui. Malheureusement elle fut aussi conduite avec une rigueur impitoyable, où l'on reconnaît bien la main de Louvois. Cette fois encore Catinat ne pouvait qu'obéir, et la seule façon de modérer les ordres implacables du ministre était de peindre en détail la désolation de ces malheureuses vallées, comme il le fait dans ses lettres avec une insistance assez significative :

« Ce pays est parfaitement désolé, écrivait-il (9 mai); il n'y a plus du tout ni peuple ni bestiaux. Les troupes ont eu de la peine par l'âpreté du pays; mais le soldat en a été bien récompensé par le butin. M. le duc de Savoie a autour de 8.000 âmes entre ses mains. J'espère que nous ne quitterons point ce pays-ci, que cette race de Barbets n'en soit entièrement extirpée. J'ai ordonné que l'on eût un peu de cruauté pour ceux que l'on trouve cachés dans les montagnes, qui donnent la peine de les aller chercher, et qui ont soin de paraître sans armes lorsqu'ils se voient surpris étant les plus faibles. Ceux que l'on peut prendre les armes à la main et qui ne sont pas tués passent par les mains du bourreau [1]. »

Cette triste guerre qui, malgré l'énergie et le courage des Vaudois, ne mérite guère ce nom, tant les forces étaient inégales, finit, comme Catinat l'avait prévu, par l'écrasement et la dispersion des révoltés, mais non par leur soumission. Avec une précision, une sûreté de coup d'œil, qui faisaient deviner ses talents, Catinat conduisit sa petite armée tout le long d'une de ces vallées du Piémont appelée la vallée de Saint-Martin, où les insurgés s'étaient massés et se défendaient avec l'énergie du désespoir. Il balaya tout devant lui et alla donner la main au duc de Savoie qui venait à sa rencontre de l'autre côté. En quelques semaines l'affaire fut ou sembla finie : tout ce qui avait échappé aux armes des soldats était ou prisonnier ou en fuite. Un grand nombre de Barbets s'échappa à la faveur du brouillard grâce à la connaissance du pays. Catinat retourna à Casal et Victor-Amédée à Turin, laissant les malheureuses vallées ruinées et dépeuplées, mais non soumises. Les Français devaient bien s'en apercevoir, quelques années plus tard, lorsqu'ils revinrent sur le même terrain combattre le même duc de Savoie, cette fois adversaire de Louis XIV et se servant contre lui de ces mêmes Barbets pardonnés et redevenus ses fidèles sujets, malgré leur invincible attachement à leur culte. Ce jour-là, nous le verrons plus loin, Catinat dut s'apercevoir, s'il ne

1. Dépôt de la guerre, 776, le 9 et le 25 mai 1686.

l'avait pas fait plus tôt, de la faute qu'avait commise la politique violente de Louvois et qu'il avait dû exécuter. Dans toutes les guerres d'Italie, l'armée française trouva sur ses flancs une nuée d'insaisissables ennemis, de vrais francs-tireurs, qui la poursuivaient sans relâche, sans qu'on pût jamais les atteindre. « On peut détruire les habitations des Barbets, écrira plus tard Catinat, on ne détruira jamais les Barbets. » Telle fut, sans doute, la conclusion qu'il tira de cette campagne, dont il ne peut en aucune façon être rendu responsable et où on ne peut guère lui reprocher d'avoir mis toute l'ardeur d'un chef de guerre qui fait ses premières armes. Peut-on, du reste, s'étonner qu'il l'ait jugée avec les idées de son temps et non avec celles du nôtre ; ce serait se montrer plus sévère que ses contemporains même protestants qui, dans les nombreux portraits et pamphlets où ils ne ménagent ni Louis XIV, ni ses conseillers, n'ont jamais reproché la guerre des Barbets à Catinat.

Il n'y eut d'autre rôle que celui d'un soldat obéissant et remplissant à la lettre les ordres qu'il reçoit, là se borna sa part dans ce triste et lugubre épisode. Nul ne saurait en attacher le souvenir à son nom sans manquer à l'équité historique, qui est due à tout le monde, aux uns comme aux autres.

A la fin de 1686, Catinat rentrait à Casal, comblé de compliments par son « meilleur ami », le duc de Savoie, qui lui donnait même son portrait enrichi de diamants. Quelques semaines après, il recevait une lettre de Louvois, tout entière de sa main, pour lui annoncer l'heureux succès d'une opération chirurgicale que le roi venait de subir, de cette grande opération que Saint-Simon a raconté à la postérité sans lui épargner le plus petit détail.

Catinat répond, avec cette bonhomie joyeuse qui se retrouve souvent dans ses lettres, à la nouvelle de la guérison du roi : « J'en [1] ai, de bon cœur, célébré la joie à souper avec bonne compagnie de notre garnison. S'il m'arrivait de boire souvent comme je l'ai fait ce jour-là, je recevrais bientôt une correction sur mon dérèglement ».

Il s'occupait avec ardeur à remettre en état les fortifications fort délabrées de Casal, lorsqu'à la fin du mois de décembre 1687, lui arriva subitement l'ordre de se rendre à l'autre extrémité de la France pour y prendre le commandement de la ville de la province du Luxembourg que Boufflers venait de quitter. C'était un poste de confiance, un avant-poste comme Casal, mais où l'on avait affaire à d'autres ennemis qu'aux Barbets. « Le gouvernement [2] de Luxembourg, lui disait Louvois en lui annonçant le choix que le roi venait de faire de lui pour commander cette place, s'étend non seulement dans la ville, qui est la plus belle place de l'Europe, mais encore, dans ce qui était, du temps des Espagnols, la province de Luxembourg, qui a plus de 20 lieues de long sur autant de largeur.

1. Sainte-Beuve, VIII, *Lundis*, 430.
2. Bibliothèque nationale, f. fr. 7887, f° 43.

« ... Je vous voyais avec peine en un lieu où la faiblesse des Espagnols ne pouvait donner lieu à aucun mouvement, au lieu qu'il ne peut y en avoir qui ne commence pas par le côté où le roi veut vous employer, ce qui marque en même temps la satisfaction que Sa Majesté a de vos services et la pensée de vous mettre en état de lui en rendre de nouveaux. Vous ne doutez pas, je m'assure, de la part que je prends à la joie que cette lettre vous donnera, etc.

« DE LOUVOIS » (*sic*).

Catinat traversa rapidement la France et, sans prendre le temps de s'arrêter dans sa chère maison de la rue de la Sorbonne, se rendit droit à son nouveau commandement. Arrivé à Luxembourg le 8 février 1688, il y entra le soir, à pied, enveloppé dans son manteau, sans être attendu ni avoir annoncé son arrivée pour éviter « toutes les cérémonies, qui n'étaient pas de son goût à cause de la peine et de la dépense qu'il appelait inutiles ». A peine installé comme gouverneur, il visite en détail les hôpitaux, les magasins, les quartiers de troupes, voyant tout par lui-même et se faisant présenter chacun. Puis il parcourt les environs de la place, rassemble la noblesse des alentours et la traite magnifiquement, enfin n'épargne ni peine ni argent pour rendre la domination française agréable à tous, aux grands comme aux petits.

Son désintéressement et son équité lui eurent vite

acquis la considération universelle. Aussi, l'année suivante, fut-il fait lieutenant général et autorisé à lever deux régiments, l'un de dragons, l'autre d'infanterie qui, suivant l'usage du temps, portèrent tous deux son nom. D'après la singulière organisation de l'époque, bien qu'officier général, il n'en fut pas moins colonel des deux régiments de Catinat.

Mais Louvois n'entendait pas le laisser moisir dans son gouvernement de Luxembourg, et en cette même année 1688, il dut aller prendre sa part du siège de Philisbourg, qui fut alors si célèbre et tant chanté par les poètes. Vauban prit la place après vingt-quatre jours de tranchée ouverte sous les yeux du fils de Louis XIV, le grand Dauphin, qui y faisait ses premières armes. Pendant ce siège, qui fut difficile et mit le sceau à la réputation de Vauban, Catinat se distingua d'une façon toute particulière. Bravant le péril avec la plus froide intrépidité, il attira tous les regards. Quand il était à la tranchée, disaient les soldats, la besogne avançait du double, et c'est alors, s'il faut en croire les anciennes biographies, qu'ils lui donnèrent le surnom de *Père la Pensée*, qui lui est resté et qui convient si bien à sa nature calme et réfléchie. Mais le *Père la Pensée* savait, lorsque l'occasion le demandait, témoigner de la plus brillante valeur et en remontrer aux plus hardis. A la tête des grenadiers, il emportait les ouvrages avancés avec un élan auquel rien ne résistait : frappé d'une balle morte, il tombait sans connaissance et était emporté par ses soldats qui, le croyant mort, ne cachaient pas leur désolation. Une autre fois, les assiégés firent pendant la nuit une si vigoureuse sortie, que nos troupes commençaient à plier. Catinat se trouva être de garde ; voyant le péril, il s'élança, l'épée à la main, à la tête du régiment d'Auvergne, ramena les soldats qui pliaient, et chargea les ennemis avec tant de vigueur qu'il les força à se retirer dans la place.

Pendant cette charge d'une furie toute française, Catinat reçut une balle dans la tête, qui perça son chapeau, mais ne lui fit qu'une blessure légère, la grande perruque du temps qu'il portait, comme tous ses contemporains, ayant amorti le coup. Le chapeau troué du *Père la Pensée* devint aussitôt l'objet de la curiosité des soldats, qui eussent voulu le conserver. Mais Catinat, et ici on retrouve bien l'homme, fit immédiatement disparaître le trophée de son courage. Le roi, qui lui témoignait déjà une confiance particulière, instruit de cette belle conduite, voulut avoir de sa main des nouvelles du siège. Louvois lui écrit avec une bonne humeur qui ne lui est pas ordinaire.

« J'étais [1] un peu scandalisé de n'avoir point de vos nouvelles, lorsque j'ai reçu la lettre que vous avez pris la peine de m'écrire le 6 de ce mois. Je vous prie de continuer à m'écrire tous les jours, et de m'expliquer, le plus en détail que vous pourrez, tout ce qui se sera passé, Sa Majesté ayant une fort grande

1. *Mémoires* de Catinat, I, 265. Dépôt de la guerre 824, 12 octobre 1688.

foi à vos relations, et me les ayant demandées souvent ; sur quoi, je vous avoue que j'étais assez
embarrassé pour lui répondre. Je vois bien l'apparence que le roi voudra que vous leviez un régiment
d'infanterie sous votre nom dans le pays de Luxembourg, et il pourrait même arriver que Sa Majesté
vous ordonnerait d'en lever un de dragons. »

Après la fin du siège de Philisbourg, Louvois
chargea Catinat d'aller mettre à contribution les
pays de Liège, de Limbourg. « Faites de rudes exécutions dans le pays de Limbourg, lui disait le
ministre ; mettez le feu dans les lieux qui ne voudront
pas payer les contributions ; le meilleur moyen de
faire retirer chez eux les habitants du pays de Liège,
de Limbourg et des environs de Maëstricht, c'est
d'envoyer par les derrières mettre le feu à leurs
villages[1]. » Loin de s'en tenir à la lettre de ces instructions barbares, qui n'ont d'autre excuse que les
usages courants d'une époque encore très dure,
Catinat s'appliqua à en tempérer partout l'application. Lorsqu'il lui fallait avoir recours à la rigueur
pour faire exécuter ses ordres, il avait soin de ne
faire mettre le feu qu'à un bâtiment isolé, loin des
villages et d'où l'incendie ne pût se communiquer.
C'était avoir beaucoup d'attention aux devoirs de
l'humanité, pour l'époque. Les populations lui en
surent un gré infini, qui en dit long sur les coutumes
militaires du temps. Les contributions rentrèrent

1. *Mémoires pour servir à la vie de Catinat*, par le marquis
de Créquy. Paris, 1775, p. 74.

sans difficulté : c'était tout ce que voulait le terrible ministre qui se tint pour satisfait, et Catinat put recevoir dans la *Gazette de Hollande*, peut-être un peu à trop bon marché, ces louanges qu'on ne lui accorderait sans doute plus aujourd'hui aussi facilement : « La province de Juliers a eu le bonheur que les troupes fussent commandées par ce général; si c'eût été tout autre, tout le pays aurait été brûlé. »

La brillante conduite de Catinat au siège de Philisbourg sous les yeux du Dauphin et à côté de Vauban acheva de le mettre en lumière et de le désigner pour un commandement en chef. Ce suprême et périlleux honneur n'allait pas tarder. Il avait cinquante et un ans, avait passé par tous les grades depuis celui de cornette jusqu'à celui de lieutenant général, il était mûr pour l'action et il va passer au premier rang.

CHAPITRE III

—

Pendant que Catinat faisait parler de lui au siège
de Philisbourg, sous les yeux du Dauphin, ses amis
de Versailles ne laissaient pas dormir la bonne
volonté du roi à son égard. Il en avait beaucoup à
ce moment décisif de sa carrière et des mieux placés
pour avancer sa fortune, comme on disait. Son frère
Croisilles l'avait fait entrer, nous l'avons dit, dans
le petit cénacle des ducs de Beauvilliers et de Chevreuse, que charmait l'abbé de Fénelon dans tout l'éclat
enchanteur de la jeunesse, du talent et de la vertu.
Mme de Maintenon, dont la faveur était arrivée à son
apogée, régnait là aussi avec ce même art discret,
qu'elle mettait à cacher son pouvoir sur un plus vaste
théâtre. La maréchale de Noailles, le président Le
Pelletier, M. de Croissy, le frère de Colbert, faisaient
également partie de ce groupe singulièrement choisi
et fermé, qu'on jalousait et que la médisance n'épargnait pas. La querelle du quiétisme n'était pas encore
venue disperser à tous les vents cette aimable réu-

nion, qui formait un petit monde à part dans le grand monde de Versailles. Catinat, avec sa physionomie austère, un peu rude même, ses manières simples, mais assez gauches qui n'avaient rien de la bonne grâce de l'homme du monde, se serait trouvé assez dépaysé dans ce milieu raffiné, si son ferme bon sens et l'élévation naturelle de son caractère ne lui eussent appris à n'être déplacé nulle part et mis de niveau avec les plus élevés. Ce qui, du reste, fait grand honneur aux esprits distingués dont nous parlons, c'est l'estime qu'ils professèrent tout de suite pour Catinat. Sous l'écorce rugueuse du soldat, on devina vite dans « le petit cénacle » les talents du général et la noblesse d'âme de l'honnête homme. Il avait, du reste, dans la conversation de la chaleur et parfois du mordant, quelque chose d'expressif et de parfaitement naturel dans la vivacité. Ce qui faisait dire à Fénelon, si bon juge en pareille matière : « Il parle mieux que nous n'écrivons. » Catinat put donc de bonne heure compter sur l'appui et le crédit de ceux qui composaient ce groupe choisi, pour la plupart gens qui avaient l'oreille du roi. C'était là se montrer très perspicace et il faut avouer qu'en appréciant à sa valeur Catinat, le chimérique abbé de Fénelon se montrait bon connaisseur d'hommes. Aussi appuyé d'une part sur la société qui entourait le duc de Beauvilliers et de l'autre sur la constante protection de Louvois, Catinat avait une forte position à la cour et était sûr d'avoir des défenseurs auprès du roi en cas de besoin. Il n'avait pas encore, du reste, de ces adversaires, qu'amène toujours le succès et qui deviennent si vite des ennemis : mais ils n'allaient pas tarder à venir et à lui faire chèrement payer la facilité de ses débuts.

En 1690, Victor-Amédée II, le duc de Savoie, qui jusque-là était resté, du moins en apparence, l'allié de la France, lassé des impérieuses exigences du roi et de la hauteur que Louvois mettait à les exprimer, commença à jouer ce double jeu, qu'il joua toute sa vie et qui consistait à se tourner alternativement, au mépris de tous les engagements pris, du côté où il espérait tirer le plus de profit. Nonobstant la parole donnée, il traita secrètement avec les adversaires de la France et entra dans la ligue d'Augsbourg. C'était prendre rang parmi nos ennemis et se déclarer prêt à faire la guerre à son allié de la veille.

La cour de France fut vite instruite de ce changement de front au milieu d'une guerre engagée et au mépris des traités existants. Il ne surprit guère ceux qui avaient appris à connaître le jeune duc de Savoie ; mais on comprend qu'il irrita très vivement Louis XIV, blessé dans son orgueil de se voir ainsi bravé par un voisin qu'il s'était toujours plu à considérer comme un vassal. Il fallait lui faire promptement expier son audace et le ramener dans le devoir. Catinat venait de passer près de quatre ans sur la frontière d'Italie, il avait fait la guerre en Italie même de concert avec le duc de Savoie, qu'il s'agissait de châtier, nul ne paraissait donc mieux désigné que lui pour aller commander l'armée qui allait être

opposée à notre nouvel ennemi. Louvois n'eut pas
de peine à persuader le roi et à lui faire agréer la
nomination du gouverneur de Luxembourg comme
chef de l'armée, qui devait aller en Piémont combattre celui qui, la veille encore, se disait l'ami et
l'allié de la France.

Nicolas de Catinat, le fils du président au Parlement de Paris, était donc passé tout à fait au premier
rang et attirait tous les regards. Il allait commander
une des armées destinées à combattre la ligue
d'Augsbourg et avoir l'occasion de se montrer sur
un grand théâtre. Avant de le faire voir dans l'action,
il faut dire quelques mots sur l'impression qu'il
produisit de son temps comme commandant et
comme administrateur. Dès le premier jour où il
commanda en chef, Catinat se montra remarquable
par sa fermeté, sa vigilance et aussi par une intégrité, une probité scrupuleuse dans le maniement
des deniers de l'État qui étaient fort rares, il faut
bien le dire, et que ses contemporains louent à l'envi.
Pas un écu des contributions que les usages de la
guerre autorisaient à lever sur les territoires
occupés, n'entra jamais dans sa bourse, il ne recevait
aucun présent, aucune de ces indemnités de guerre,
que les généraux du temps ne se faisaient guère
d'ordinaire aucun scrupule d'accepter pour épargner
aux villes ou aux bourgades le pillage et l'incendie.
Il en était de même pour les fournitures militaires,
jamais il ne fut seulement soupçonné d'avoir eu pour
les intendants aucune de ces complaisances qui

n'étaient pas toujours gratuites. Catinat sortit de l'armée sans s'être enrichi en aucune façon, n'ayant rien ajouté à la modeste fortune qu'il avait reçue de son père. Si son intégrité fut parfaite pendant les longues années où il fut à la tête des troupes, sa fermeté et sa vigilance ne furent pas moindres. Il s'occupait de tout avec une précision et une activité remarquables, veillant au bien-être du soldat, à sa nourriture, à son habillement, sans jamais se lasser ni se relâcher, sachant bien quelle importance ont les plus petits détails en pareille matière et combien l'on peut plus attendre et plus demander à des soldats, bien nourris et bien vêtus. Mais, en revanche, sa rigueur pour le maintien de la discipline était inflexible. Il exigeait, dit un écrivain militaire distingué, l'observation de la plus rigoureuse discipline. Comme préservatif contre les suites du désœuvrement, il cherchait d'abord à occuper ses troupes; il sévissait ensuite rudement contre les fautes. Il faisait pendre les déserteurs et les maraudeurs. On trouve même cette singulière réflexion dans l'un de ses historiens : « On pendait trop à l'armée du maréchal de Catinat. »

La licence dans les armées allait alors à l'extrême, les ordres de Louvois pour la réprimer étaient positifs ; d'ailleurs, Catinat voulait à tout prix arrêter le mal, et c'est pour cela qu'il fit des exemples. Sévère pour les cas graves, il se montrait indulgent pour les petites fautes [1]. Aussi, malgré sa rigueur,

1. *Portraits militaires*, par le colonel de La Barre Duparcq, p. 295.

était-il très aimé de ses soldats, et les populations ennemies, qui étaient exposées aux misères de la guerre, se réjouissaient-elles lorsqu'elles savaient que Catinat commandait les Français. S'il accomplissait en effet les ordres qu'on lui donnait pour les contributions de guerre et les destructions, qui étaient encore du droit de la guerre et pratiquées par tous les belligérants, il s'appliquait à ne jamais les dépasser, et les réduisait même de son mieux, Lorsqu'il lui fallait brûler un village, il avait soin, on l'a vu plus haut, de faire seulement brûler une maison isolée, afin de pouvoir épargner le reste. Les églises et les couvents étaient épargnés avec soin partout où les ordres de Catinat étaient respectés ; et, lorsque la licence des troupes s'en affranchissait, il s'efforçait de son mieux d'en réparer les excès, et en punissait sévèrement les auteurs. Un couvent de religieuses ayant été ainsi forcé par les troupes devant Saluces, Catinat, averti, accourt en toute hâte et fait conduire sous bonne escorte toutes les religieuses ainsi que leurs pensionnaires au palais épiscopal de la ville auquel il donne une garde suffisante pour le mettre à l'abri de toute insulte. Les traits de ce genre sont nombreux dans sa vie et expliquent la réputation d'humanité qui s'attacha à son nom tant qu'il servit, réputation qui nous étonne un peu lorsque, dans les récits de ses campagnes, on voit revenir si souvent la mention de pillages et d'incendies. Mais, quand on remarque l'extrême insouciance des autres généraux de ce temps pour le sort des malheureuses populations qu'ils pressuraient sans pitié, on comprend mieux comment la rude mais exacte discipline maintenue dans les troupes commandées par Catinat, l'exécution parfois dure, mais toujours ordonnée et raisonnée, des châtiments et des représailles qu'autorisait alors l'usage général, lui valut et lui mérita de « passer[1] pour le plus humain entre les généraux du xviie siècle ». C'était beaucoup d'y regarder en semblable matière alors qu'on y regardait si peu, et c'est ce que Catinat fit toujours avec autant de conscience que de zèle tant qu'il fut à la tête des armées. « Que de bénédictions Notre-Seigneur versera sur vous, écrivait-il un jour à un de ses officiers, d'avoir vécu jusqu'à présent avec une si bonne discipline. Toutes bonnes choses paraissent dans cette conduite à l'égard de la charité et de l'esprit du service[2]. »

A la fin de mars 1690, Catinat partit pour Casal, en apparence pour reprendre le gouvernement de cette place, et recommencer la lutte contre les Barbets, mais en réalité pour prendre le commandement des troupes que Louvois amassait en Dauphiné, et à leur tête envahir la Savoie, si le duc ne se rendait pas à l'ultimatum du roi. Il commença par demander le libre passage à travers le Piémont pour aller attaquer les Espagnols dans le Milanais, la liberté de ravitailler Pignerol et de faire une expédi-

---

1. *Hist. de Louvois*, par Rousset, IV, 24.
2. *Le Comte de l'Isle et ses correspondants*, par L. de Beaurepaire, Caen, 1891, p. 43.

tion dans les vallées du Piémont où les Vaudois continuaient à braver le roi, cette fois avec la tolérance tacite du duc de Savoie, tolérance qui allait bientôt devenir une entente ouverte. Inaugurant alors cette politique à double face, qu'il continuera à pratiquer toute sa vie, et dont il eut l'art de savoir tirer profit à travers toutes les circonstances bonnes ou mauvaises, Victor-Amédée se montra d'abord plein de déférence pour les ordres que Catinat lui transmettait. Il promit un libre passage et l'envoi de troupes piémontaises qui, toujours annoncées, se gardèrent bien de venir. Catinat mettait dans ces négociations et dans son rôle de diplomate la même prudence que nous le verrons porter dans les opérations militaires : il hésitait à pousser à bout le duc de Savoie, dont sa bonne foi naturelle l'empêcha de reconnaître tout de suite les calculs et la duplicité.

Ses instructions étaient de plus fort confuses. Louvois voulait aller de l'avant et écraser le duc de Savoie sans lui laisser le temps de se reconnaître. Le roi, au contraire, encouragé par Croissy, le fils de Colbert, qui était resté ministre, et travaillait ouvertement à la paix, penchait pour la modération et les atermoiements. De là, une sorte d'indécision, qui troublait fort Catinat et lui attirait les remontrances de Louvois, habitué à être compris à demi-mot. Catinat avait de plus reçu ses instructions directement, et il ne devait les communiquer à personne, pas même au ministre du roi à Turin,

M. de Rébenac, frère de Feuquières, l'auteur des
Mémoires, que nous allons voir plus loin jouer un si
grand rôle dans la vie militaire de Catinat. Cette
réserve vis-à-vis du représentant du roi à Turin ne
rendait pas la tâche de Catinat plus facile et l'exposait
à bien des reproches. Mais Louvois ne s'inquiétait
pas pour si peu, il lui disait crûment dans une lettre
du 20 mars[1] : « Si, dans la suite, M. de Rébenac
venait à vous faire des reproches du peu d'ouverture
que vous avez eue avec lui, vous devez lui dire que
vous n'aviez pas en ce temps vos instructions, et que
vous êtes persuadé que Sa Majesté a voulu qu'il
jouât auprès de M. le duc de Savoie le rôle de bon
soldat pendant que vous feriez celui d'un mauvais,
afin que le chagrin de ce qui se passe ne retombant
point sur lui, il pût demeurer en état de rester plus
agréablement auprès de M. le duc de Savoie qu'il ne
ferait si ce prince pouvait croire qu'il eût eu part à
ce qui s'est passé. »

La politique agressive de Louvois l'emporta du
reste bientôt dans l'esprit de Louis XIV et triompha
de ses hésitations. Sans recevoir toutefois encore
l'ordre de tout rompre et de commencer les hostilités
en cas de refus, Catinat dut exiger du duc de Savoie,
comme garantie de sa bonne foi et de sa volonté de
tenir ses engagements, la remise des places de Verceil et de Verrue et surtout de la citadelle de Turin.
C'était demander les clefs du pays et le mettre, en

____

1. Dépôt de la guerre, 1.006, pièce 11, le 20 mars 1690.

quelque sorte, dans la dépendance des Français.
Devant une pareille exigence, exprimée cette fois
avec une netteté qui devait le faire réfléchir, Victor-
Amédée dissimula encore et fit montre d'une soumission qui ne trompa personne. On savait fort bien,
à Versailles comme au camp de Catinat, qu'il était
en pleine négociation avec les alliés, et que ces
négociations, entamées dans un voyage à Venise
durant le carnaval, venaient d'aboutir. Le duc n'attendait qu'une bonne occasion pour lever le masque :
c'est cette occasion que, à Versailles, on hésitait
encore à lui fournir. Nous n'essaierons pas d'entrer
dans le détail des pourparlers qui s'échangèrent
pendant près de trois mois entre Casal et Turin et
qui mirent Catinat, plus soldat que diplomate, dans
un véritable désespoir[1]. Pris entre Louvois, qui
trouvait qu'il n'agissait pas assez vigoureusement,
et la lettre de ses instructions, qui réservaient toujours une chance d'accommodement, harcelé par
M. de Rébenac, qui, devinant qu'on ne lui disait pas
tout, se faisait fort de ramener le duc de Savoie, ne
cachait pas son dépit et lui faisait parfois de véri-

______

1. On peut lire, dans le quatrième volume de l'*Histoire de
Louvois*, de Camille Rousset, le récit détaillé de ces négociations
entre la cour de Savoie et le général français improvisé diplomate de par la volonté du puissant ministre. Les perplexités
de Catinat, les algarades qu'il reçoit de Louvois, qui lui reproche
de ne pas suivre à la lettre les instructions qu'il n'a pas données
et reconnaît, du reste, ses torts avec franchise, les plaintes et
les gémissements de M. de Rébenac, dont à Versailles on ne
tient aucun compte, tout cela forme un tableau piquant et
animé, tracé de main de maître, et qui n'est pas à refaire.

tables scènes, il lui fallut toute sa patience et toute son énergie pour l'empêcher de tout compromettre par un coup d'éclat. « L'affaire [1] avec M. de Savoie, disait-il, a pensé me faire tourner l'esprit par la quantité de dépêches différentes qu'elle m'a attirées. C'étaient autant d'ordres différents, mais qui ne se détruisaient point assez les uns les autres pour qu'on puisse regarder le dernier comme un testament détruisant tous les précédents. J'ai perdu le sommeil et le manger pour trouver les moyens de me conduire sans manquer. J'aimerais mieux mourir que d'être comme j'ai été sept ou huit jours. Mais, enfin, j'ai pris un esprit de raison; j'ai encore une lettre à essuyer de M. de Louvois et je m'en tiens quitte. » L'esprit droit et net de Catinat ne pouvait suivre toutes les souplesses de son adversaire, le duc de Savoie, qui ne cherchait qu'à gagner du temps et arrivait à ses fins en l'accablant chaque jour de nouvelles propositions. Mais il est difficile de faire un crime au brave soldat de ce genre d'infériorité vis-à-vis de son antagoniste, lorsqu'on voit celui-ci écrire de sa main à Catinat une lettre où il s'engageait formellement à livrer aux Français les citadelles de Turin et de Verceil, au moment où il se préparait à les défendre et armait Turin de façon à pouvoir résister à toute attaque. C'est ce que dit lui-même Catinat au terrible Louvois lorsque, les négociations ayant échoué définitivement, il répond aux reproches

1. *Mémoires* de Catinat, I, 169.

du ministre, excité par M. de Rébenac : « Mon ' frère,
lui écrivait-il, m'a mandé la conversation dont vous
l'avez honoré sur la conduite que j'ai tenue. Je suis
bien touché, Monseigneur, de la bonté que vous y
avez fait paraître, et que Sa Majesté et vous soyez
mal satisfaits. Plusieurs de vos lettres, que j'ai
reçues, me le confirment. Vous pouvez juger, Monseigneur, de l'abattement où cela me met ; je vous
assure que je suis dans un état à recevoir plutôt des
consolations que des reproches, dans la douleur que
je ressens d'avoir déplu au roi et à vous. » Puis,
passant au reproche d'avoir ajouté trop de foi aux
paroles du duc de Savoie, il continuait, avec vivacité,
en parlant de la lettre autographe du prince : « Je
vous avoue, Monseigneur, que cette lettre m'a sus-
pendu. C'est un cas qui n'a pas été prévu dans vos instructions et sur lequel il a fallu que je prenne mon
parti. Si j'eusse pris celui de vivre hostilement,
nonobstant une offre si positive faite au roi par ce
prince, et que ses mauvaises intentions, aidées de ces
prétextes d'hostilités, l'eussent fait manquer à ce qui
est si positivement promis par sa lettre, je ne doute
point qu'il ne m'eût été reproché d'avoir gâté une
affaire faite, pour n'avoir pas su bien me conduire,
car, enfin, Monseigneur, il est difficile de s'imaginer
qu'un duc de Savoie promette une chose au roi, par
une lettre écrite de sa main, avec intention de n'en
rien faire. C'est une affaire entièrement manquée,

1. Dépôt de la guerre, 100, 9, 10 juin 1690, pièce 108.

comme je me suis donné l'honneur de vous écrire. Je suis le médecin qui ai eu du soin du malade qui est mort, et M. de Rébenac est celui qui dit que, si on lui eût fait de tels remèdes, il se porterait bien. J'y ai fait du mieux que j'ai pu penser, sans déroger à mes intructions. »

Victor-Amédée ne songeait, en effet, qu'à amuser la France et à donner ainsi aux troupes que la ligue d'Augsbourg devait lui envoyer, le temps d'arriver. Aussi ne répondit-on à ses protestations, sans cesse renouvelées, qu'en lui donnant, à la fin de mai 1690, un délai de huit jours pour accepter les demandes posées par le roi. Le duc de Savoie essaya encore de se dérober, mais cette fois il était trop tard ; les ordres de la cour, que Catinat avait cru devoir encore consulter, tant il craignait les conséquences d'une décision hâtive, lui enjoignirent, dans les premiers jours de juin 1690, de marcher en avant et d'ouvrir les hostilités.

Alors commença pour Catinat cette première campagne d'Italie, qui devait le rendre célèbre et qu'il sut mener, comme on l'a dit, avec la précision et l'habileté d'un grand joueur d'échecs ; « guerre toute politique, dit également Saint-Beuve, où l'on voulait forcer le duc de Savoie à sortir de la ligue et non pas l'écraser ». Il ne fallut pas moins de six ans et de deux victoires éclatantes pour atteindre ce but, mais il fut atteint et tout l'honneur en revient à Catinat. Nous n'essaierons pas de faire ici le récit détaillé des campagnes de Catinat en Piémont. Il ne manque pas d'ouvrages où les lecteurs qui seraient curieux de s'instruire à fond sur ce sujet trouveront tout ce qu'ils peuvent chercher sur le détail des opérations militaires et les critiques fondées ou non qui leur ont été opposées. Nous nous bornerons à remettre en mémoire, dans leur ensemble, les principaux faits de ce qui forme les grandes années de Catinat, en nous efforçant toujours d'y montrer sa personne et en ne nous servant des faits que pour la mettre en pleine lumière.

Dès le début des hostilités, Catinat se montra tout entier : il déploya des qualités supérieures de fermeté, de prudence, qui, s'alliant avec une résolution tenace et, une fois la décision prise, avec une rare vigueur dans l'exécution, sont les grands côtés de son caractère. Mais aussi avec une certaine lenteur, une hésitation dans les débuts, comme une sorte de scrupule dans le parti à prendre, une crainte de rien risquer qui en forment les lacunes et les ombres.

Sans se hâter, avec un calme parfait, Catinat, à la tête d'une armée qui paraîtrait bien peu nombreuse aujourd'hui, commença en mai 1690 ses opérations contre le duc de Savoie. Au lieu de courir sus à l'ennemi qui était dans un grand désarroi ainsi qu'on le lui a très vivement reproché, même après le succès définitif, il se borna à évoluer lentement et à mettre ses troupes en marche de Pignerol vers Saluces, comme s'il eût voulu s'emparer tout d'abord de cette place. Faisant ravager les pays qu'il traversait, ainsi que le voulait encore l'usage de la guerre, et comme

Louvois le lui ordonnait sans cesse, envoyant brûler les « cassines » du duc de Savoie et de M. de Saint-Thomas, son premier ministre, il commença sa marche vers Saluces avec une lenteur méthodique qui étonna ses adversaires et qu'ils prirent pour de la timidité. Dans l'armée française même, on ne se faisait pas faute de le blâmer, et à Versailles, on n'y comprenait rien, on ne cessait de le pousser en avant. Sans se troubler, Catinat continuait à s'avancer lentement, prenait bien en main ses troupes, mettait chaque officier à la place qui lui convenait le mieux, nourrissait bien ses soldats, soignait ses malades, dont l'armée était pleine et laissait dire les dénigrants qui n'y manquaient pas non plus. Le marquis de Feuquières, l'auteur des Mémoires, servait sous ses ordres et commençait dès lors contre son supérieur cette critique acharnée et infatigable qu'il consignera dans des mémoires qui sont restés. Catinat, sans témoigner ni humeur ni trouble, tenait ferme à son plan et s'avançait lentement vers Saluces, comme s'il eût été incapable de tenter une entreprise plus considérable et s'il eût craint de rencontrer le duc de Savoie. Il écrivait à Louvois avec une modestie qui n'est pas dépourvue de grandeur : « Nous allons donner [1] à la fortune ce qu'il faut lui donner pour subsister en Piémont et y prendre des postes ; l'on ne peut rien établir de certain là-dessus, parce que les événements dépendent de l'occasion. »

[1]. B. N. f. fr. 11,225, fᵒ 86.

Devant cette apparente timidité, Victor-Amédée s'enhardit, sortit de Turin et, l'ardeur de la jeunesse l'emportant, conçut l'idée d'attaquer seul les Français, sans attendre les secours promis par les alliés, afin d'avoir aussi seul la gloire du succès. C'était ce que voulait le général français, plus fin cette fois que le rusé renard de Savoie. Il ne l'empêcha pas de s'approcher, n'usant même pas de tous ses avantages, afin de laisser l'ennemi se prendre au piège.

Ceci se passait aux premiers jours d'août; or, pendant les marches et contre-marches qui, en ce temps, précédaient toujours un engagement général, arriva de Versailles une dépêche de Louvois annonçant à Catinat la nouvelle de la victoire de Fleurus, gagnée par Luxembourg le 1er juillet sur les alliés, un postscriptum de la main de Barbezieux annonçait sur la même feuille de papier la nouvelle d'une bataille navale gagnée par Tourville sur les Anglais le 10 juillet devant Dieppe. Ces deux nouvelles venant à la fois furent reçues avec transport par les troupes auxquelles on s'empressa de les communiquer. Le duc de Savoie, qui ne savait rien encore de la défaite des alliés, s'avançait toujours avec une audace un peu présomptueuse peut-être, mais pleine de courage, pour barrer à Catinat la route de Saluces. Dans l'armée française, on ne comprenait rien à l'apparente inertie du général et l'on commençait à s'inquiéter. Un officier, venant annoncer à Catinat que les ennemis se montraient toujours plus nombreux, s'attira de lui cette fière réponse : « Je ne vous

demande pas combien ils sont, mais où ils sont. » Le
17 août, voyant que son adversaire avait donné dans
le panneau et ne pouvait plus lui échapper, Catinat
retourne brusquement sa petite armée et offre au duc
de Savoie la bataille alors qu'il n'est plus en état de
la refuser.

Le 18 août, toutes ses dispositions prises avec un
ordre et une précision parfaite, Catinat livra au duc
de Savoie le combat connu sous le nom de bataille
de la Staffarde, parce qu'il eut lieu près de l'abbaye
de ce nom, en vue de Saluces. Le duc de Savoie se
croyait dans une position inexpugnable. Il avait fait
la faute d'appuyer ses troupes sur un bois, et des
marais qu'il croyait infranchissables les protégeaient
à droite et à gauche ; un ruisseau couvrait son front.
Mais Catinat, ayant fait reconnaître les marais, on
trouva qu'on pouvait avec un peu d'élan facilement
les franchir. Aussi le matin du combat, au lever du
jour, partant à cheval pour donner ses derniers
ordres, se croyait-il sûr du succès et témoignait-il d'un
entrain qui ne manque pas son effet sur des troupes
françaises. Voyant M. Bouchu, l'intendant de l'armée,
en train de déjeuner sur l'herbe avec quelques officiers : « Adieu, Monsieur Bouchu, lui cria-t-il tout
joyeux, adieu, je m'en vais battre Son Altesse Royale. »
Et il battit, en effet, complètement le duc de Savoie,
mais après une lutte acharnée, où, chez le général
en chef plein de prudence, se retrouva toute la fougue
du jeune soldat de Séneffe et de Philisbourg. L'affaire
fut, en effet, des plus chaudes et dura six heures. Les

Piémontais, excités par la présence de leur souverain qui leur donnait vaillamment l'exemple, se défendirent avec un courage et une ténacité qui leur fit le plus grand honneur.

Mais rien ne put résister à l'impétuosité des troupes françaises, qui finit par renverser tous les obstacles. L'infanterie et la cavalerie rivalisèrent de zèle. Avec cette gaieté qui est héréditaire chez le soldat français, on riait des chevaux de frise dont les Piémontais avaient couvert leurs côtés, et on les enlevait au pas de charge, en échangeant des quolibets. Les dragons commandés par M. de Grancey ne pouvant traverser à cheval le marais qui couvrait l'aile gauche de l'ennemi, mettent pied à terre, traversent comme ils peuvent, à moitié à la nage, le marécage et les fondrières, et apparaissent subitement couverts de boue et de roseaux sur le flanc des Piémontais. M. de Grancey, racontent les Mémoires militaires du temps, « se mit dans la boue jusqu'au ventre et passa appuyé sur un laquais qui fut tué en lui donnant la main. Lorsqu'il fut au-delà du marais, il cria aux soldats : « Je vais bien voir si je suis aimé »; à ces mots chacun le suivit et passa malgré l'incommodité de l'eau et le feu des ennemis[1]. »

Déconcertés par cette attaque imprévue d'un côté où ils se croyaient à l'abri, les ennemis lâchent pied et cèdent à la charge impétueuse de la brigade de Grancey. Catinat était partout, ranimant les uns,

1. Collection des Mémoires sur l'histoire de France, t. LIX, p. 279.

louant les autres, « prenant grand soin à faire panser
les blessures, sans songer à lui-même », aussi calme
que s'il eût été à la manœuvre, aussi intrépide que
s'il eût eu sa réputation de bravoure à établir. Un
moment, voyant un régiment qui hésitait et qui commençait à plier, il mit pied à terre et l'épée à la main
le ramena en avant avec une vigueur qui emporta
tout. Il reçut deux coups de feu dans ses habits, sans
s'en apercevoir, une forte contusion au bras droit et
eut un cheval tué sous lui. Enfin, dans cette journée,
l'une des plus belles de sa vie, il se montra tel qu'il
était et déploya toutes ses qualités, ce mélange de
bravoure intrépide et de prudence froide, de calcul
dans les résolutions et d'élan dans l'exécution qui
forment sa physionomie propre.

Le succès, un moment disputé, fut complet. On
prit neuf pièces de canon, quatorze drapeaux, près
de quinze cents prisonniers, « tout le bagage généralement, et même, lit-on dans une relation du
temps, les papiers du duc de Savoie, qui s'est
sauvé à Turin dans une chaise roulante. Il ne se
peut rien de plus complet que cette victoire. Toute
l'infanterie ennemie a été taillée en pièces, on
a pris les officiers de marque. » Les Italiens per-
dirent près de 4.000 hommes et les Français de
1.500 à 2.000. Le soir même encore dans tout le feu
de l'action, Catinat envoie au roi un récit de l'événement qui est remarquable par la simplicité, la modération du ton et le soin extrême que dès les premières
heures et encore tout chaud du combat, si on nous

passe le terme, il prend de ne pas se mettre lui-même en scène. Il nomme tous les officiers qui se sont distingués et « qui ont fait au-delà de ce qu'on pouvait faire », loue sans réserve le courage des troupes, rend justice à la belle défense des ennemis, « qui se sont retirés avec assez de fermeté », conduits à ce qu'il croit par le prince Eugène de Savoie. Mais de lui-même, de ce qu'il fait, de ce qu'on lui doit, il n'est pas question. Sa modestie est si grande qu'on a raconté, au sujet de cette première relation du combat de la Staffarde, qu'en l'entendant lire à Versailles, quelqu'un demanda si Catinat était présent à la bataille. Cette historiette, qui peint vivement l'effet produit par le soin mis par le général à s'effacer personnellement, n'a du reste aucune vraisemblance, car le récit de la bataille est tout le temps fait directement par Catinat lui-même et à la première personne. Il se termine par ces paroles qui méritent d'être citées : « L'affaire[1] a été assurément difficile et opiniâtre, les troupes ont presque toutes agi et chargé... les troupes y ont assurément fait de manière à donner beaucoup d'estime pour elles aux ennemis... Je ne puis manquer dans cette relation à rendre les bons offices que plusieurs des particuliers et même des troupes méritent dans cette occasion où tout le monde s'est bien employé. Je dois à leur bonne volonté et à leur secours la gloire qui peut retomber sur moi dans ce combat. » Deux jours plus

1. Dépôt de la guerre, 1010, pièce 44, le 20 août 1690.

tard, Catinat envoie à la cour une relation plus soi-
gnée, mais c'est dans le premier jet, un peu abrupt,
qu'il se peint le mieux lui-même avec son désintéressement et sa modestie naturelle. Les amis de Versailles craignirent même que le roi ne fût choqué du
peu de soin pris par Catinat à rédiger sa relation.
Mais il n'en fut rien et dès que le roi eut reçu la nouvelle de l'heureux succès de ce premier engagement
avec les troupes piémontaises, il écrivit à l'heureux
vainqueur les lignes suivantes tout entières de sa
main :

> « Versailles, ce 22 août 1690.

« L'action[1] que vous venez de faire me donne
tant de joie, que je suis bien aise de vous le dire moi-
même, et de vous assurer que je vous sais le gré
qu'elle mérite. Elle n'augmente point l'estime que
j'avais pour vous, mais elle me fait connaître que je
ne me suis point trompé lorsque je vous ai donné le
commandement de mon armée. Je souhaite que vous
continuiez comme vous avez commencé et de trouver les occasions de vous marquer les sentiments que
j'ai pour vous.

> « Louis. »

Catinat répond courrier par courrier ; cette fois il

---

1. *Mémoires* de Catinat, I, 135. Le fac-simile de la lettre
royale est reproduit dans cet ouvrage. Aux Archives de la
guerre, on lit à cette même date, dans le volume 1007 : « On
doute qu'il y eût une minute de cette lettre, le roi l'ayant
écrite de sa main. »

avait sans doute plus soigné son style, car l'original de sa main, écrit sur le verso de la lettre du roi, a été conservé dans ses papiers et il est corrigé à plusieurs endroits. Voici sa lettre où, si je ne m'abuse, se retrouve sous la respectueuse déférence d'un sujet heureux d'avoir satisfait son souverain en servant son pays, la fierté simple de quelqu'un qui se sent de niveau avec toutes les faveurs qu'on peut lui accorder.

« Sire [1], je croyais savoir jusqu'où pouvait aller ma joie lorsque les troupes de Votre Majesté ont gagné la bataille contre celles des ennemis; j'en ai ressenti une que je ne connaissais point encore en recevant la lettre que Votre Majesté m'a fait l'honneur de m'écrire, où elle a bien voulu se servir de termes qui m'assurent de sa satisfaction et de son estime. J'ose assurer Votre Majesté que j'ai reçu tant de grâces d'elle, que j'ai toujours eu l'esprit plus occupé de m'en rendre digne que d'en mériter des nouvelles, Je suis, Sire, avec tout le zèle et le profond respect que je dois, etc. »

A la cour et à Paris, la joie fut grande et le nom de Catinat, déjà populaire, devint tout à coup presque glorieux. Dans la bourgeoisie et la robe, dont il sortait et dont il se glorifiait de sortir, l'enthousiasme fut général, chacun vantait la « belle », la « grande » action que Catinat venait d'accomplir. « Il va remettre la robe en honneur », écrit Bussy à Mme de Sévigné [2],

<hr>

1. *Mémoires* de Catinat, I, 135.
2. *Lettres* de Mme de Sévigné. Ed. Hachette, 1862, IX, 576.

et l'on commençait à répéter, dans les conversations du palais comme dans les ruelles de la paroisse Saint-Benoît : « Pourquoi ne le fait-on pas maréchal de France ? » Quant au héros de la journée de la Staffarde, il restait aussi modeste après le succès qu'avant l'événement, et ses lettres à Louvois ne respirent aucune exaltation, aucun enivrement des premières fumées de la gloire.

Voici un passage d'une lettre datée du 23 août, le lendemain de la bataille, qui est particulièrement édifiant à cet égard.

« Si [1] les ennemis se fussent tenus à Villefranche et que le château de Saluces eût été défendu comme comme il le pouvait être, nous tombions dans toutes les difficultés que j'avais prévues et qui avaient de grandes suites, mais *l'étoile du roi* a voulu qu'ils se soient tirés de leur poste, croyant en avoir choisi un bon. J'ai eu une grande vivacité à profiter de cette conjoncture, n'y ayant que ce moment à prendre pour assurer l'honneur des armes du roi en Italie. »

Cette expression de *l'étoile du roi* revient souvent sous la plume de Catinat et peint vivement l'état d'esprit de l'époque, cette confiance dans l'heureuse issue de tout ce qu'entreprenait Louis XIV, qui était à elle seule un si grand élément de succès et que les revers mêmes ne parvinrent pas à détruire.

Saluces se rendit le lendemain de la Staffarde ; les magistrats vinrent en corps en remettre les clefs à Catinat, qui y mit garnison au nom du roi.

1. B. N. f. fr. 11, 224, f° 103.

La victoire, remportée par Catinat, ne put malheureusement pas porter tous ses fruits à cause de l'affaiblissement où elle laissa les troupes françaises déjà peu nombreuses avant le combat. Le général vainqueur eût voulu marcher en avant et, se laissant pour une fois emporter par l'ardeur que lui causait son succès, il ne rêvait rien moins que la prise de Turin, qui eût fini la guerre d'un coup. Cette fois, c'est Louvois qui doit le rappeler à la réalité des choses et l'empêcher de risquer un échec dont l'effet eût été de tout compromettre. Aux demandes de Catinat, qui, voyant sa petite armée décimée par les maladies, réclamait avec vivacité des renforts, il répond tristement : « Le[1] roi sait bien que pour faire la guerre en Piémont avec avantage, il faut être maître de Turin ; mais, pour faire une pareille entreprise, il faudrait au moins avoir vingt mille hommes de pied et soixante ou quatre-vingts escadrons, un équipage considérable d'artillerie et faire des dépenses que, dans le temps présent, il est difficile de soutenir. Il n'est pas possible de juger présentement si Sa Majesté pourra faire cet effort-là l'année qui vient et dans d'aussi grosses affaires que celles qui se passent présentement, il faut se contenter d'aller au jour la journée, dans l'espérance que quelque conjoncture favorable pourra rendre les choses plus faciles. »

Dès la fin de septembre, Catinat reçut l'ordre de rentrer en Dauphiné et d'y prendre ses quartiers

1. Dépôt de la guerre 1.007, 18 septembre 1690, pièce 60.

d'hiver. Il fallut bien se résigner, mais auparavant, il prit plusieurs places du Piémont : Raconis, Cérisoles, célèbre par la victoire des Français en 1544, Barges, et d'autres encore qu'il mit seulement à contributions. Bibiano et La Luzerna, dont il s'empara également, furent moins heureuses et furent brûlées, d'après les ordres précis de Louvois, La Luzerna renfermant une maison de plaisance de Victor-Amédée, auquel le roi voulait faire mesurer l'étendue de sa colère. Enfin Catinat trouva moyen de finir la campagne par un brillant fait d'armes, qui donna à réfléchir au duc de Savoie, en venant pour ainsi dire souligner sa défaite à la Staffarde. Au milieu de sa marche en arrière, alors qu'on le supposait déjà rentré par Briançon sur le territoire français, il fait subitement faire volte-face à ses troupes, traverse rapidement les Alpes au col de la Fenestre, malgré les neiges et la glace qui commençaient, et apparaît tout à coup devant Suse. Cette place de guerre, qui fermait l'une des entrées du Piémont et que cela seul rendait très importante, n'était pas en état de défense. Catinat le savait, instruit qu'il en était par ses espions, et c'est ce qui l'avait encouragé à risquer ce hardi coup de main. Suse était investie, le 11 octobre, le 13 elle capitulait, et Catinat entra dans la place à la tête de ses troupes, sous les yeux mêmes de Victor-Amédée qui, averti trop tard, ne put arriver que pour la voir capituler. Ce brillant succès, qui causa une vive impression à Turin, où l'on s'était refusé à croire à la possibilité même de l'entreprise, tant elle paraissait hasardeuse, termina dignement cette campagne si glorieuse pour Catinat.

La garnison de Suse sortit avec les honneurs de la guerre, que Catinat lui accorda afin d'en finir plus vite, avant que la saison ne le forçât lui-même à aller prendre ses quartiers d'hiver et à abandonner son entreprise. Cette modération ne faisait pas le compte de Louvois qui, avec sa vivacité ordinaire, lui reprocha d'avoir, en cette occasion, « fort[1] mal servi le roi ». Il trouvait aussi que le général avait trop ménagé le pays et n'avait pas fait rentrer les contributions assez sévèrement. Quand on lit, cependant, les récits de la campagne et qu'on voit à chaque instant revenir la mention de « cassines » détruites, de villages brûlés et mis à sac, on ne peut s'empêcher de trouver, au contraire de Louvois, que les mœurs militaires étaient encore bien dures, pour ne pas dire sauvages. « Il[2] faut absolument dévaster cinq ou six gros villages. Ce sont peuples continuellement sous les armes ; cette ruine les châtiera », écrit un jour Catinat. Mais ces rigueurs ne suffisaient pas à Louvois, au terrible homme d'État, qui lui reprochait sans cesse de ne pas être assez rude dans ses exécutions. Catinat savait, du reste, à qui il avait affaire, et les brusqueries, voire même les brutalités du puissant ministre, n'étaient pas faites pour le surprendre. Il ne s'en émouvait pas autrement et continuait son chemin,

1. *Mémoires* de Catinat, I, 168.
2. B. N., f. fr. 12.224, f° 11.

« faisant de son mieux », comme il le disait lui-
même avec une pointe de naïveté enfantine qui ne
messied pas chez un général qui vient de remporter
un brillant succès. Louvois, de son côté, l'avait jugé
à sa valeur et ne lui gardait pas rancune d'une indépendance qui étonne toujours ceux qui ont le pouvoir;
il continua jusqu'à sa mort à être son plus solide
appui auprès du roi. Mme de Maintenon, qui passe
cependant pour avoir desservi Catinat, bien que l'on
n'en ait jamais eu aucune preuve, témoigne elle-même
de la faveur dont il jouissait alors, par ce billet daté
du 10 octobre, au moment où la petite armée commandée par Catinat allait prendre Suse, au grand
effroi de toute la Lombardie.

« 10 octobre 1690.

« Vous[1] n'avez pas de peine à croire, Monsieur,
que j'ai une grande joie de l'avantage des armes du
roi, en Italie; mais vous me feriez une grande injustice, si vous doutiez que je ne sentisse ce qui vous
regarde. Votre état est fort heureux, Monsieur;
vous rendez un service important à l'État, vous
donnez au roi une marque très essentielle de votre
reconnaissance et vous augmentez votre gloire par
ce qu'il y a de plus éclatant; croyez que personne ne
vous estime ni ne vous honore davantage que votre
très humble et très obéissante servante,

« MAINTENON. »

1. *Mémoires* de Catinat, I, 381.

Il y avait quelque vingt-cinq ans que, dégoûté d'une profession pour laquelle il ne se sentait pas fait, le fils du président au Parlement de Paris avait résolument embrassé le métier des armes et s'était juré de s'y faire un nom. Il pouvait maintenant se dire sans vanité qu'il avait su justifier ce que, sans doute, on avait appelé autour de lui son coup de tête : personne n'y avait perdu à ce coup de tête, ni l'État, ni sa famille, ni lui-même, et, décidément, le modeste Catinat eût été en droit de penser que le jour où il avait échangé la robe du magistrat contre la cuirasse du soldat était un jour heureux pour la France comme pour lui. Mais, si on le pensait, si on commençait à le dire autour de Catinat, il n'avait garde d'en faire autant. Sachant supporter les premiers succès avec le même calme qu'il mettra plus tard à affronter les revers, il donne, dès les débuts de la partie brillante de sa vie, des exemples de cette sagesse qui, « comme née avec lui, suivant l'expression d'un discours célèbre de Massillon, l'accompagna toute sa vie sans jamais nuire à son mérite ou à sa fortune [1] ».

1. Massillon, *Discours pour la bénédiction des drapeaux.*

CHAPITRE IV

—

LE BATON DE MARÉCHAL
(1690-1693)

Les campagnes qui suivirent celles où Catinat
avait remporté le grand succès de la Staffarde furent
particulièrement rudes et pénibles, plus pénibles
peut-être pour cet esprit mesuré et réfléchi qui n'aimait pas à rien risquer, que pour tout autre. Il avait
en face de lui l'armée du duc de Savoie, qui, cette
fois, tout le faisait croire, était dirigée par le prince
Eugène : des deux côtés des troupes rangées s'agi-
tait une nuée de Barbets qui, rentrés dans leurs
vallées du gré de celui qui les en avait fait sortir, faisaient cruellement expier aux soldats français tous
les maux qu'ils en avaient soufferts. De plus, pour
nous servir d'une expression chère à Catinat, l'échiquier sur lequel la guerre se passait était un terrain
montagneux, lorsqu'il n'était pas la montagne elle-
même, et comme fait exprès pour les embuscades et
les surprises. Il fallait songer à tout, avoir l'œil
partout et ne pas se laisser prendre en faute sous
peine d'en être immédiatement puni. C'est aussi,

comme le dit très bien Sainte-Beuve, la période
ascendante de son talent et le moment où ses qualités de prudence et de décision calculée se font le
mieux voir et sont le mieux à leur place.

Le duc de Savoie qui cherchait toujours à gagner
du temps et à garder un pied dans les deux camps
n'avait pas, du reste, cessé un seul jour ses négociations, sincères ou non. Elles avaient toujours pour
lui l'avantage d'empêcher la cour de Versailles de
pousser tout à l'extrême et d'entretenir l'espoir
d'une paix particulière possible avec la Savoie, qu'on
y désirait fort, parce qu'elle eût singulièrement sim-
plifié la lutte contre la ligue d'Augsbourg. Trop
avisé pour ne pas user de tous ses avantages sans en
perdre aucun, Victor-Amédée ne cessa pas, pendant
toute la durée de la guerre et l'on peut presque dire
le jour même où il se battait de sa personne contre
les Français, d'entretenir avec eux d'incessantes
négociations, tout en se réservant de ne les faire
aboutir qu'à l'heure où cela lui conviendrait.

Dès la fin de novembre 1690, profitant de l'envoi
de prisonniers qui étaient échangés, il fit faire des
ouvertures à Catinat qui les transmit aussitôt à
Louvois. Celui-ci fit la sourde oreille, ne trouvant
pas les propositions assez nettes. A la fin de décembre
nouvelle démarche du duc de Savoie par l'intermédiaire d'un de ses aumôniers, l'abbé de Cumiane.
Le duc faisait cette fois des offres positives assez
avantageuses pour que Catinat crût devoir les
communiquer au ministre dans une longue lettre tout

entière de sa main[1] : « Je n'ai rien à vous dire, Monseigneur, disait-il en terminant, sur le caractère de ce prince plein de finesse, de dissimulation et d'artifice. Je dirai seulement que l'abîme d'affaires où il s'est plongé peut lui avoir donné l'envie d'en sortir. Toute sa cour et son pays veulent un accommodement avec la France. » Au fond le duc de Savoie ne voulait cette fois encore que gagner du temps. Aussi demanda-t-il avant toute chose un armistice de trois mois qui lui aurait fourni le temps de faire passer des renforts dans le comté de Nice et de fortifier Montmélian. Louvois, flairant le piège, ne voulut accorder que quinze jours d'armistice avant de conclure le traité, ce qui fit immédiatement tout rompre. Dans une de ces dépêches si fortes et si lumineuses, comme il sut en écrire jusqu'à la veille de sa mort, Louvois envoyait à Catinat, en parlant du duc de Savoie, ces paroles si remarquables par leur étonnante perspicacité et par leur rare mélange de modération et de fermeté que, bien qu'elles ne se rapportent pas directement à Catinat, nous ne pouvons résister au désir de les citer, tant elles nous ont paru caractéristiques.

« Sa Majesté[2], disait-il, verrait avec plaisir un sincère retour de M. le duc de Savoie; et comme la quantité d'ennemis qu'elle a sur les bras l'empêche de faire passer en Italie des forces assez considérables pour faire de grandes conquêtes, elle regar-

1. Dépôt de la guerre 1010, f° 273, 27 décembre 1690.
2. Dépôt de la guerre 1369, pièces 1 et 7, les 2 et 6 janvier 1691.

derait comme un grand avantage de pouvoir mettre sa frontière de ce côté-là hors d'état d'être attaquée et serait bien aise de pouvoir renforcer ses armées des troupes destinées à la défendre de ce côté. En même temps, Sa Majesté fait réflexion au mauvais esprit de M. le duc de Savoie auquel elle croit qu'il ne faut se fier que de bonne sorte et qu'il faut plutôt agir avec lui avec défiance que de toute autre manière... Rien n'est plus désirable, ajoutait-il quelques jours plus tard à propos d'un traité à conclure, que cette affaire heureusement conclue; mais elle deviendrait mortelle si M. le duc de Savoie, ayant mauvaise intention, parvenait à vous tromper. Le remède, c'est de rompre toute négociation dès que vous verrez que l'on ne marchera pas de bonne foi. »

Celui à qui s'adressait ce ferme langage était digne de l'entendre et d'en être l'interprète. En notifiant la décision de sa cour, Catinat répondait fièrement aux envoyés du duc qui protestaient de leur sincérité : « Toute la justice que je vous puis faire dans cette affaire, c'est de croire que l'on vous trompe ; mais comptez que cela ne s'étendra pas jusqu'à moi. »

La campagne de 1691 débuta mal, par un échec devant la forteresse de Veillane, dont on dut abandonner l'attaque. Les biographes de Catinat rejettent toute la faute sur Feuquières, qui, ayant vivement conseillé l'entreprise désapprouvée par son chef, finit par l'emporter. Chargé de son exécution, il aurait fait manquer l'affaire en voulant en avoir seul l'honneur et arrivant volontairement trop tôt sur les lieux.

Le marquis de Feuquières, s'il faut en croire tous les auteurs contemporains, tous les Mémoires du temps, était un homme de beaucoup d'esprit et un très bon militaire. Mais il avait un caractère détestable, envieux, aimant à nuire et à faire du tort, enfin ce qu'on est convenu d'appeler un mauvais coucheur. Tant qu'il fut au service, il ne cessa de déchirer ses supérieurs et de les dénoncer à la cour. Quand il se retira, n'ayant pu, malgré ses mérites, arriver aux grades supérieurs, il se consola en écrivant des Mémoires fort estimés des connaisseurs au point de vue militaire, mais où il continua à dire du mal de tout le monde et à détruire de son mieux toutes les réputations. Lorsqu'à la fin de 1690, il fut nommé gouverneur du poste avancé de Pignerol, Catinat connaissait bien son homme et savait qu'il écrivait à Versailles des lettres où il ne le ménageait pas. Aussi se mit-il aussitôt avec lui sur ses gardes. Mais inquiet, agité, désireux avant tout de se distinguer, Feuquières comptait bien profiter de son poste de confiance pour faire quelque action qui attirât l'attention sur lui. Il commença par écrire lettre sur lettre à Catinat pour lui proposer chaque jour une autre expédition, que celui-ci repoussait avec raison. Enfin il finit par le faire consentir à une entreprise sur Venigliano (en français Veillane), place assez importante, non loin de Pignerol, qu'il se disait sûr de pouvoir enlever. Catinat accepta le projet, à la condition de diriger lui-même l'entreprise. Ce n'était pas le compte de Feuquières, qui voulait en avoir le mérite. Lorsque le jour fixé pour l'opération, 27 janvier 1691, Catinat qui venait de Suse et qui devait rencontrer son lieutenant à une heure fixe, se présenta devant la place au moment convenu, il trouva les troupes commandées par Feuquières en déroute et l'entreprise manquée. Pensant enlever la chose à lui seul, Feuquières était parti trop tôt à dessein afin de recueillir aussi seul l'honneur du succès. Tout ce que Catinat, plus désolé que surpris, put faire fut de couvrir la retraite et de l'empêcher d'être une déroute. Ce qui n'empêcha pas Feuquières de rejeter toute la faute sur Catinat et de l'en accuser formellement dans ses Mémoires. Personne ne le crut, pas plus à Versailles qu'à l'armée d'Italie. Catinat aurait pu le perdre et il lui suffisait de mander à la cour le détail de l'affaire pour obtenir justice. Il se garda bien de le faire, et, avec la générosité qui lui était naturelle, il se contenta d'écrire à Louvois : « Nos[1] rendez-vous par conventions de lettres et réponses de M. de Feuquières étaient de partir le 26 à l'entrée de la nuit pour arriver à Veillane le 27 au point du jour, s'il était possible. La connaissance de l'espace du chemin à peu près égal pour l'un et pour l'autre faisait juger de la justesse du rendez-vous. M. de Feuquières, au lieu de partir à l'entrée de la nuit pour

____

1. Dépôt de la guerre, 1079, pièce 73, 29 janvier 1691.

arriver à Veillane, est parti à midi de Pignerol pour être assuré d'arriver au point du jour. Voilà, Monseigneur, la raison qu'il m'en dit, cela a empêché la justesse de nos rendez-vous, n'ayant pu de mon côté arriver que sur les huit heures à vue de Veillane. » Catinat termine en disant simplement et sans revenir sur le manque de parole de Feuquières. « Voilà, Monseigneur, le détail de notre affaire qui donnera matière à la gazette de Hollande sur la levée du siège prétendu de Veillane et la contrainte où ils publieront qu'ils ont mis M. de Feuquières de se retirer à Suse. » A son frère, il parle avec plus d'ouverture, mais toujours avec une grande modération dont Feuquières eut fort à se louer, car elle l'empêcha de porter les conséquences de son imprudence.

A Gap, le 10 février 1691.

« Celle-ci [1] est pour répondre à deux des tiennes, l'une du 9 et l'autre du 12, dont le principal contenu regarde M. de Feuquières. Tu me rends compte, par ta dernière, de la conversation que M. l'Archevêque de Sens a eue avec l'abbé de Feuquières, et de celle que tu as eue avec M. le duc de Duras et M. l'Avocat. Par le dire de ce dernier, il paraît visiblement que la gazette est du cru de la maison ; mais ce qui me surprend plus que tout, c'est que M. de Feuquières ose dire qu'il n'a jamais pensé à l'affaire

1. B. N., f. fr. 7887, f° 184.

de Veillane, et que l'événement ne l'a point surpris. Par parenthèse, fais réflexion avec quelle avidité il a voulu arriver à cette affaire et la commencer. Il m'en écrivit six ou sept lettres aussi pressantes l'une que l'autre, et surmonta la répugnance que j'avais pour cette entreprise, par une dernière, où il m'en pressa plus que par les autres et finit sa lettre comme un homme rebuté de proposer, il me dit que c'était la dernière fois qu'il m'en parlait : MM. de Larray et du Plessis en seraient de bons témoins, à qui j'ai communiqué ses lettres et fait connaître le peu de goût que j'avais pour cette entreprise, laquelle je réduisais au faubourg, sauf à faire plus, si cela était praticable. J'en ai écrit de cette manière à M. de Louvois ; et de toi à moi, je n'étais induit à cette action que parce que j'appréhendais que M. de Feuquières ne lui eût fait paraître cela si faisable, qu'il aurait pu paraître que je n'eusse pas eu assez de vivacité à incommoder les ennemis dans leur quartier. Si j'avais gardé ses lettres, je me ferais grand plaisir de les envoyer à M. de Rébenac avec un compliment honnête ; mais qui diable peut songer à un pareil procès.

« Il me semble que je te mets assez de papier en main pour que l'on connaisse que l'affaire de Veillane était assez de son goût et que c'est bien une franche imposture, que tout ce qui se publie de contraire là-dessus. Si ce n'est qu'il faut se tenir à portée de servir avec les gens que le roi donne, et qu'il ne faut pas que nos antipathies nuisent à son service, je l'aurais rudement saucé dans cette affaire ; car tu peux compter que tous les artifices que tu m'as mandés ne m'ont pas surpris. »

L'échec devant Veillane fut, du reste, vite réparé par la prise sans coup férir du comté de Nice, dont la citadelle se rendit en cinq jours de siège. Cette entreprise, que Catinat avait proposée à Louvois, fut préparée avec une précision dans les moindres détails et un secret remarquables. Catinat, pour masquer ses vues, allait constamment à Briançon, comme s'il se disposait à descendre par là en Piémont ; pendant ce temps, on préparait tout pour entrer dans le comté de Nice. Louvois se faisait envoyer jusqu'au modèle des chemises et des « coiffes » de nuit qui étaient préparées pour les soldats.

Quand tout fut prêt, Catinat, tournant subitement le dos à Briançon, entra dans le comté de Nice, prit Villefranche et alla camper sur les bords du Var.

Le duc de Savoie, qui ne voyait pas d'artillerie avec les troupes françaises, ne bougea pas. Mais les canons, embarqués en Provence, arrivèrent deux jours après l'infanterie, et la ville de Nice se rendit le 26 mars 1691. Quelques jours plus tard (3 avril), le château de Nice capitula également, après quelques opérations de siège où Catinat s'exposa plus qu'il n'aurait dû. « Il paraît à tout le monde, écrivait un intendant à Louvois, que M. de Catinat s'expose trop, ayant manqué, hier, deux fois d'être blessé de coups de mousquet, dont un lui effleura le justau-

corps et un autre lui donna auprès du pied [1]. »
C'était une brillante entrée de jeu et une porte
ouverte sur l'Italie entre nos mains.

Le roi en témoigna sa satisfaction dans une lettre
très aimable, tournée avec cette bonne grâce fami-
lière qu'il savait si bien employer.

Au camp, devant Mons, le 9 avril 1691.

« Vous [2] continuez à me si bien servir que je suis
bien aise de vous témoigner la satisfaction que j'en
ai. Je connais l'importance de la prise de Nice et,
par conséquent, la grandeur du service que vous
venez de me rendre. Croyez qu'on ne peut être plus
content que je suis de vous et que je serai bien aise
de vous le témoigner de manière que nous puissions
être contents tous deux ; en attendant, croyez qu'on
ne peut pas avoir plus de confiance et d'estime que
j'en ai pour vous.

« Louis. »

Catinat répond par les lignes suivantes, où l'on
trouve de nouveau, sous sa plume, cette expression
de l'étoile du roi qui devait fort agréer à l'orgueil de
Louis XIV.

« Sire [3], l'on met peu du sien quand on a l'honneur
de commander des troupes sous une étoile aussi

1. Rousset, *Louvois*, IV, 455.
2. *Mémoires* de Catinat, II, 11.
3. *Mémoires* de Catinat, t. II, 11.

heureuse que celle de Votre Majesté. Elle a bien voulu néanmoins me donner de sa main des marques de satisfaction sur le service que je viens de lui rendre dans le comté de Nice. C'est un honneur qui ne m'aveugle point, mais qui me fait connaître jusqu'où va la bonté de Sa Majesté pour me témoigner qu'elle est persuadée de l'attachement et du zèle avec lequel je suis, Sire, de Votre Majesté, etc. »

Louvois espérait porter un coup mortel à la ligue en frappant ainsi le duc de Savoie, et il ne cessait d'exciter Catinat.

« Faites[1] voir à ces peuples, lui écrivait-il, que c'est de gaieté de cœur que ce prince leur attire tous les maux qu'ils souffrent... Vous pouvez en toute liberté, lui disait-il encore, faire ce que vous jugerez de plus utile au service du roi. »

Avec une ardeur un peu fiévreuse, comme s'il eût eu un secret pressentiment de sa fin prochaine, le grand ministre multipliait les lettres, les dépêches, et il envoyait des plans de campagne où se retrouve bien sa marque. C'est ainsi que, cent neuf ans avant le passage du Saint-Bernard, par le jeune général Bonaparte, Louvois eût voulu que Catinat fît passer une partie de ses troupes par cette voie, en triomphant de toutes les difficultés, afin d'envahir le Piémont, pour ainsi dire, par ses derrières et le prendre entre deux feux. Le projet était audacieux et habile; s'il eût été exécuté, on eût peut-être vu, un siècle

1. Dépôt de la guerre 1077, pièce 166, 27 avril 1691.

plus tôt, la campagne de Marengo. Mais Catinat, qui était sur les lieux, qui connaissait bien son armée et ce qu'on lui pouvait demander, jugea l'entreprise inexécutable et le dit sans détour au terrible ministre. Louvois ne s'entêta pas dans son plan, qu'il fit cependant étudier avec une certaine insistance, mais il n'obligea pas Catinat à risquer le sort de la campagne pour une entreprise très douteuse, dont il ne pouvait de loin mesurer toutes les difficultés.

Au lieu de risquer tout en tentant le passage des Alpes, Catinat alla s'emparer de Veillane, qu'on avait manquée au début. Le 3 mai, il prit cette place ; après quoi les troupes françaises allèrent brûler le château de Rivoli, une des résidences favorites du duc de Savoie. « C'est un dommage, écrit Catinat, dont M. le duc de Savoie se doit prendre à lui-même, puisqu'il fait servir ses maisons pour établir des troupes et nous faire la guerre[1]. »

Au siège de Veillane, Catinat s'exposa de nouveau en personne, au milieu de la mêlée, et ne se ménagea pas plus qu'un débutant qui veut faire ses preuves. Le roi lui en fit faire des remontrances par Louvois, qui lui écrit : « Sa[2] Majesté a été informée que vous vous êtes exposée considérablement à l'attaque du château de Veillane, elle m'a commandé de vous dire qu'elle vous défend de vous exposer de même dans de pareilles occasions, ne

1. Dépôt de la guerre 1077, 2 juin 1691, pièce 194.
2. Dépôt de la guerre 1077, 8 juin 1691, pièce 211.

convenant point qu'un homme comme vous, dans des affaires de cette nature, soit mis hors d'état de lui continuer vos services. » Croisilles n'épargne pas non plus les reproches à son frère sur son peu de prudence. Catinat se défend dans une lettre assez caractéristique.

Au camp de la Gora, proche Villepion,
le 17 juin 1691.

« J'ai [1] reçu ta lettre du 8, longue de trois grandes pages et demie, où tu me fais une leçon à laquelle je ne trouve rien à redire, et j'entre très bien dans toutes les raisons que tu me mandes ; cependant, je te dirai qu'il me semble qu'on a aggravé le fait de Veillane.

« Je t'avouerai, pourtant, que j'aurais pu un peu retarder de me porter en avant ; je t'assure que je n'y fais d'autre attention que de faire réussir ce que l'on entreprend, et je juge en cela parfaitement bien de mon esprit. Il faut pourtant que je t'avoue que M. de Louvois m'a fait une petite correction là-dessus dans une de ses lettres que j'ai reçue hier et m'y parle de la part du roi. Je te réponds que j'y songerai bien sérieusement, car je comprends qu'étant chargé de toutes les notions des affaires de ce pays, et qu'étant dans la suite de cette guerre, que, sans être un fort habile homme, ce serait un contre-temps pour le service du roi s'il m'arrivait quelque acci-

1. B. N., f. fr. 7889, f° 186.

dont qui m'empêchât d'agir. Une si bonne raison me fait bien voir le tour que l'on donnerait, si je venais à être blessé dans une occasion où l'on pourrait me blâmer d'une impatience qui ne doit point convenir au poste que j'ai l'honneur d'occuper. Tu vois bien que j'entends raison. »

A la fin de sa lettre, Catinat parlait à son frère des préparatifs faits pour le siège de la place forte de Coni, dont la prise devait, dans sa pensée, ouvrir une porte sur le Piémont, en nous assurant une base d'opération par les communications avec la Savoie. L'entreprise, quoique combinée avec toutes les précautions requises, eut une malheureuse issue. M. de Bullonde, le plus ancien des officiers généraux présents à l'armée, ne sut ni la diriger, ni résister aux avis de Feuquières qui, de nouveau, voulait s'emparer de la place avant l'arrivée de Catinat pour en avoir tout l'honneur. Mal conseillé par Feuquières, que le bruit public accusa d'être cause de l'échec, Bullonde s'engagea imprudemment, sans être en force, croyant enlever la place avec la main. Mais, reçu par une canonnade très nourrie et bien dirigée, harcelé par des nuées de Barbets, semblables à des moustiques qui s'introduisaient partout, débordé par un ennemi plus nombreux que lui, l'officier français, malgré un courage que personne ne contesta, perdit la tête et leva précipitamment le siège en abandonnant canons et blessés. Les renforts envoyés par Catinat au premier avis arrivèrent pour voir nos troupes se retirer, et durent imiter, à leur grand regret, une retraite qu'on ne pouvait plus empêcher. Le coup fut très rude pour Catinat, qui avait tout combiné avec sa prudente précision ordinaire. Dans la lettre où il raconte l'événement à son frère, son amertume contre Feuquières perce malgré qu'il en ait; mais, une fois cela dit, il se tait, et le nom de son adversaire, qui, cependant, ne le ménageait pas et ne l'a pas ménagé dans ses Mémoires, ne se trouve plus sous sa plume. Il ne prend même pas la peine de formuler lui-même son avis sur les causes et les auteurs de l'échec; c'est son secrétaire Hébrail, un nom singulier pour le temps, qui raconte ainsi l'événement à Croisilles.

Si l'on veut juger le procès sur pièces, on peut aller chercher dans les Mémoires de Feuquières les défenses de ceux qu'on accusait. Ceci n'est ni dans notre rôle ni dans notre compétence; nous voulions seulement montrer Catinat pour la première fois aux prises avec les revers, et, leur faisant tête, dès le début, avec un calme et une hauteur déjà très remarquables.

« Au camp de la Gora, le 1er juillet 1691.

« Le siège [1] de Coni est levé; ceux qui commandaient ont si mal exécuté les ordres et si mal pris leurs mesures, que non seulement le siège a été levé, mais, que sur une terreur, car on ne peut nommer cela autrement, ils ont laissé à la tranchée une

1. B. N., f. fr. 7887, f° 201.

pièce de canon, des outils, des armes, et à la muni-
tion trois cents sacs de farine, et soixante blessés
dans les Récolets, où ils étaient, parmi lesquels il y
a plusieurs officiers, et toute cette précipitation
sans voir les ennemis. M. de Saint-Sylvestre y arriva cinq heures devant le secours conduit par M. le
prince Eugène; il trouva cette belle besogne faite.
M. de Bullonde jette une partie de tout cela sur
M. de Feuquières, et M. de Feuquières sur M. de
Bullonde; la vérité est que ces messieurs ont très
mal exécuté les ordres jusqu'au dernier moment;
car le dernier qui a été envoyé marquait positivement de se poster de manière à soutenir la tranchée,
que M. de Saint-Sylvestre était parti avec un gros
corps, et que l'armée y marcherait incessamment.
Ces ordres, reçus à temps, n'ont point empêché le
beau dessein de s'en aller. M. de Feuquières dit que
le soir le conseil fut tenu, et résolut de soutenir la
tranchée; qu'il s'offrit même de le faire avec quatre
bataillons, et que M. de Bullonde se pouvait poster
de manière à le soutenir et l'empêcher d'être entamé
par les ennemis, à cause de la situation du terrain;
et que, quoique cette délibération eût été prise,
M. de Bullonde, sur les dix heures du soir, donna
ordre de se retirer et de se mettre en marche. M. de
Feuquières est accusé d'être cause de l'attaque en
plein jour de la contrescarpe qui est le principe de
tout ce désordre. Enfin, depuis le commencement
jusqu'à la fin, ils ont tous deux tort : l'un, de n'avoir
pas exécuté les ordres qu'on lui donnait, et l'autre

par des conseils malicieux ou qu'on prétend tels, qui n'ont été que trop suivis. Je vous arrange tout ceci selon le peu de temps que j'ai à vous le mander. Monsieur est en bonne santé, au chagrin près de cette affaire-là.

« HÉBRAIL. »

La contrariété que cet échec devant Coni causa à Louvois, déjà malade et de plus en plus irritable, fut si vive qu'elle hâta, crut-on, sa fin (15 juillet 1691).

Cette mort si soudaine, que rien ne faisait prévoir et qui causa sur les contemporains une si vive impression immortalisée par la plume de Mme de Sévigné, était pour Catinat, comme pour l'État tout entier, une perte irréparable dont les conséquences allaient se faire sentir chaque jour davantage. A travers les brusqueries, les brutalités même parfois qu'il ne lui épargnait pas plus qu'à tout autre, Louvois était pour Catinat un soutien et un ami; il avait jugé à fond, avec son coup d'œil d'une si étonnante perspicacité, les talents de premier ordre et la généreuse ambition que celui-ci cachait sous une réserve un peu hautaine souvent prise pour de l'indifférence; il le soutenait, l'encourageait, le forçant, par les éloges comme par les blâmes qu'il lui adressait parfois avec une franchise qui était comprise, à sortir de lui-même.

Catinat perdait en Louvois, à la fois un appui solide et un stimulant toujours en éveil, qui l'excitait constamment et jetait en lui le ferment dont sa nature un peu lente avait besoin. Rien ne remplaça pour lui la bienveillance hargneuse de Louvois, si on nous passe le terme, qui ne lui laissait pas un moment de répit, les réprimandes parfois injurieuses qui le piquaient au vif et le forçaient, pour ainsi dire, à mettre en jeu toutes ses facultés pour le plus grand bien du « service du roi ». Le calme majestueux de Louis XIV qui entra aussitôt en correspondance régulière avec les généraux, prenant, au moins dans les débuts, pour lui-même la place laissée vide par la mort de son ministre, n'était pas faite pour tenir lieu auprès de Catinat des perpétuelles excitations que Louvois lui prodiguait. La sérénité dont le roi ne se départait jamais, et qui sera une de ses forces lorsque sonnera l'heure maintenant prochaine des revers, le laissait trop libre de céder à la pente naturelle de son caractère et à trop vouloir réduire la guerre à une partie d'échecs, où tous les coups sont prévus.

Ni Barbezieux, le fils de Louvois, qui remplaça officiellement son père pendant quelque temps sans avoir aucun de ses mérites, ni plus tard Chamillart, qui ne fut jamais, en réalité, qu'un commis chargé de l'expédition des affaires, n'eurent l'autorité nécessaire pour forcer Catinat à sortir de sa réserve naturelle autrement qu'à coup sûr. Chamlay qui, sous le titre modeste qu'il ne voulut jamais quitter de maréchal des logis aux camps et armées du roi, devint depuis la mort de Louvois le conseiller militaire intime du roi, une sorte de ministre de la guerre *in petto*, toujours consulté et le plus souvent écouté, était lui-même, malgré ses mérites réels, ses connaissances et sa consciencieuse droiture, loin d'être un de ces esprits vigoureux qui savent imposer aux autres, avec leurs idées personnelles, l'énergie de les mettre à exécution. C'était plutôt un homme de la même nature, de la même trempe que Catinat, qui, lors d'une des fréquentes missions de Chamlay en Italie, le qualifie très justement « d'homme de vues, de capacité et d'un bon esprit et parfaitement instruit des intérêts du roi [1] ». Mais ce n'était plus là l'impétueuse volonté de Louvois, ni ses incessantes excitations qui étaient si utiles à la prudence méthodique de Catinat : elle lui fera défaut dès le début, mais surtout plus tard lorsqu'il aura à agir d'accord avec le duc de Savoie et à compter avec sa mauvaise foi, au lieu d'avoir à les combattre en face comme à l'heure actuelle.

La campagne de 1691 s'acheva, comme elle avait commencé, par des marches, des sièges et des assauts. Catinat ne put sauver Carmagnole, d'où une garnison française, exposée seule en avant, dut se replier après une belle défense. Mais de ce léger revers, il sut, malgré le mauvais état de ses troupes et leur infériorité vis-à-vis de celles des ennemis commandées par le duc de Savoie et le prince Eugène, tirer un brillant avantage. Feignant d'être hors d'état de résister, il recula assez précipitamment

1. *Mémoires* de Catinat, II, 265.

et inspira de nouveau à ses adversaires une présomptueuse confiance. Le duc de Savoie, trompé par de faux rapports, s'avança à marches forcées vers Suse qu'il croyait pouvoir reprendre en poursuivant les troupes de Catinat qui avaient l'air de se retirer. Le général français, sans se troubler et laissant dire à ses côtés, continua sa marche en arrière jusqu'à ce qu'il vit son adversaire bien engagé dans le panneau. Laissant alors les troupes qu'il commandait, qui étaient fatiguées, il entre brusquement lui-même dans la place de Suse et à la tête de sa garnison il prend tout à coup l'offensive et fait cruellement expier au duc de Savoie son imprudente témérité. Battant l'une après l'autre toutes les colonnes de l'ennemi qui, séparées les unes des autres, s'avançaient sans précaution, il les força à se retirer en désordre, et faillit même s'emparer de la personne du duc de Savoie et de celle du duc de Bavière, qui, montés sur un clocher d'où ils regardaient les opérations, eurent à peine le temps de s'enfuir en hâte pour ne pas être faits prisonniers. Le duc de Savoie, trompé dans son attente, abandonna brusquement son entreprise contre Suse, rentra en Piémont et ne reparut plus de toute la campagne. « Tout ceci, dit simplement au roi Catinat, s'est assez bien passé... Les ennemis ont reconnu la vigueur de notre infanterie ; elle m'a fait un sensible plaisir, parce qu'elle répercute les discours fastueux de M. le duc de Bavière. Je demande à Votre Majesté la permission de distribuer 100 pistoles de gratification aux grenadiers qui ont commencé l'attaque et ont entamé l'affaire[1]. »

Après ce brillant fait d'armes, qui fit le plus grand honneur à la décision et au coup d'œil du général français et effaça la chute de Carmagnole, Catinat s'empara de Montmélian et établit ses troupes dans de solides quartiers d'hiver.

Pendant toutes ces campagnes, au milieu des affaires et des responsabilités d'une guerre difficile qu'il dirigeait seul, et qui lui avait coûté, comme il le disait lui-même, plus d'une nuit d'insomnie, Catinat reste en correspondance régulière avec sa famille, qu'il n'oubliait jamais, et dont il n'était pas oublié.

Le président de Catinat et Croisilles étaient à Paris ses correspondants attitrés et veillaient avec soin à tout ce qui pouvait l'aider dans sa périlleuse mission, comme à le mettre en garde contre les intrigues de cour. On l'avertissait de tout, aussi bien des éloges et des compliments, que des critiques ou des attaques; on lui signalait les fautes contre la politesse, les manquements aux usages dont, en soldat toujours un peu rude, il se rendait parfois coupable. L'union entre les trois frères était complète et vraiment touchante par la vérité des sentiments et la simplicité de leur expression. Les lettres de Catinat ont été en partie conservées : il les faisait souvent recopier par son secrétaire Hébrail, en qui il avait une grande confiance et en gardait alors les brouil-

1. *Mémoires pour servir à la vie de Catinat*, par le marquis de Créquy, Paris, 1775, p. 115

lons corrigés et écrits de sa main. Croisilles, de son côté, conservait avec soin les lettres de son frère. C'est ainsi que, malgré bien des lacunes, cette correspondance nous est en partie arrivée. Catinat se peint à son insu tout entier dans ces pages, qui n'étaient destinées qu'aux yeux d'un frère, et où il parle à cœur ouvert avec une pleine liberté, mais toujours aussi avec cette réserve un peu hautaine dont il ne se défit jamais. Voici, par exemple, une épître où il se justifie de très bonne humeur du reproche que son frère Croisilles lui avait fait de n'avoir pas envoyé de compliments à M. de Pomponne. Louis XIV venait, en effet, de faire rentrer celui-ci au conseil après une passagère disgrâce, due à son soupçon de jansénisme, disgrâce que la plume de Mme de Sévigné a rendue célèbre. La lettre est datée du camp de Saluces, le 29 septembre 1691 [1].

« Je n'ai reçu qu'aujourd'hui ta lettre du 15. J'ai été bien surpris de voir ce que me mandait Mme de La Fayette sur M. de Pomponne; j'ai été des premiers à faire mes compliments à monsieur son fils, et fus le premier qui débitait la nouvelle qu'il était revenu dans le conseil. Je l'envoyai dire à M. de Feuquières, et même je te dirai que parlant à M. le marquis de Pomponne de ce changement arrivé dans sa maison, que, plaisantant avec lui, je lui dis que ce n'était pas une mauvaise chose pour un bon mariage; je t'assure de bonne foi que sans avoir

1. *Mémoires* de Catinat, I, 171.

l'honneur d'être connu de lui, son retour m'a donné de la joie, parce que je sais par sa bonnne réputation que c'est un homme de bien et d'honneur ». Quelques jours après, Catinat, que les petits commérages de salon préoccupaient évidemment plus que de raison, écrit de nouveau à Croisilles :

« Au camp de Saluces, octobre 1691.

« J'ai eu[1] une pensée depuis que je t'ai écrit en réponse d'une de tes lettres, par laquelle, au moyen de Mme de La Fayette, tu as su que M. de Pomponne croyait que j'eusse une médiocre considération pour monsieur son fils et que je ne lui eusse pas fait de compliments sur son retour dans le ministère. Rien n'est plus faux, mais je me défie que c'est un artifice de M. de Fouquières, qui est le premier homme du monde pour pareille manigance et supercherie. Nous ne sommes guère bien ensemble : parlos-en à Mme de La Fayette, peut-être éventeras-tu que c'est une pièce de M. de Feuquières. J'ai reçu aujourd'hui par l'ordinaire ta lettre du 3, avec celle de M. le duc de Beauvilliers qui est un compliment tout des plus honnêtes, en réponse de la lettre que j'ai eu l'honneur de lui écrire. C'est une grande satisfaction que d'avoir affaire à un homme juste et plein d'honneur.

« Je te répéterai que je n'ai nul lieu de me repentir de la conduite que j'ai tenue. Je n'en aurais pas d'autre, si cela était à recommencer. Les affaires

1. B. N. f. fr. 7887, f° 247.

difficiles, et dont le succès a quelque chose de fâcheux, laissent toujours beaucoup à raisonner, et la bonne conduite que l'on y tient est peu connue et peu pénétrée. Il faut que ce soit des gens du métier et qui suivent bien une affaire. Adieu, mon cher frère. »

La façon dont Catinat explique et justifie sa conduite pendant cette campagne de 1691, qui avait maintenu tout en état et préservé les résultats de la Staffarde grâce à une prudente temporisation dont on allait bientôt recueillir les fruits, est particulièrement remarquable. Elle peint l'homme tout entier avec son genre de talent et ce qui lui manquait. Au moment d'aller prendre ses quartiers d'hiver et sentant bien que l'on jugeait sévèrement sa conduite pendant cette campagne 1691 à Versailles et à Paris, il écrit encore avec une pointe de dédain un peu mélancolique :

« Au camp devant Saluces le 6 octobre 1691.

« Notre[1] campagne n'est pas brillante, mais je te réponds qu'elle a été difficile et qu'il a fallu bien prévoir des choses pour qu'elle ne fût pas dangereuse, ou au moins d'être obligé de sortir bien plus tôt du Piémont.

« Les gens de bien, d'honneur, bons juges en pareil cas et témoins de tout ce qui s'est passé, me feront peut-être plus d'honneur que je n'en mérite, par l'approbation qu'ils donneront à ma conduite. Ceux qui en jugeront malicieusement et superficielle-

1. B. N. f. fr. 7887, f° 245.

6*

ment, n'étant touchés que des événements heureux, diront ce qu'ils voudront et quantité de choses mal arrangées qui pourraient se détruire par maintes et bonnes raisons et sans réplique. Je crois que M. de Feuquières pourra bien jouer des siennes et faire valoir des sentiments fondés sur des raisons bonnes pour ceux qui ne voient pas les choses. En tout cas tu peux t'assurer que ce sont sentiments qui lui sont particuliers et sans approbation de ceux qui en ont pu et dû juger. Le public lui rend une justice que tu ne saurais croire, sans aucune cabale ni complot assurément; personne n'a de commerce familier avec lui et ceux qui pourraient être séduis par son esprit s'en défendent comme d'un engagement qu'ils veulent éviter. »

Il faut encore citer presque en entier la dernière lettre que Catinat écrit à son frère Croisilles à la fin de cette rude campagne. Il y revient avec une insistance qui prouverait peut-être qu'il était, sans le savoir, plus sensible qu'il ne le croyait aux déboires d'amour-propre que lui avait attirés la longue et ingrate campagne de 1691 : la vivacité des sentiments donne même parfois une certaine couleur à sa manière d'écrire le plus souvent assez terne et un peu lourde, mais toujours, il n'est que juste de le reconnaître, d'un naturel parfait et sans aucun apprêt.

« Au camp proche de Suse, le 31 octobre 1691.

« J'ai [1] reçu hier ta lettre du 20, par laquelle j'ai vu que tu as reçu celle que je t'ai écrite pour te marquer les soupçons que j'ai eus que c'était un artifice de M. de Feuquières que la lettre que le marquis de Pomponne avait écrite à monsieur son père. Il était si éloigné que j'eusse manqué à lui faire compliment sur le retour de monsieur son père et même d'en témoigner publiquement de la joie, que ce ne peut être qu'un véritable artifice, qui n'a pu partir du marquis de Pomponne. Tu as bien connu déjà que c'est le marquis de Feuquières qui a donné cours à ce faux bruit que tout le monde était brouillé dans notre armée. Jamais rien n'a été publié avec moins de fondement ; il a voulu faire croire par là que les cervelles étaient renversées dans l'armée et diminuer le blâme de l'aversion publique qu'il s'est attirée, qui est à un point que tu ne saurais t'imaginer à laquelle, quoique peut-être avec malhabileté et imprudence, je n'ai en rien contribué.

« Il a eu un mérite dans cette campagne, c'est d'avoir maintenu l'union dans la pensée que l'on a eue qu'il voulait brouiller les gens et que c'était lui qui avait fait courir le bruit que tout le monde était aux épées et aux couteaux. Je ne sais point jusqu'où a pu aller le mal qu'il m'a voulu faire. Je crois que je suis trop bon, car je ne manque pas d'armes pour

1. B. N. f. fr. 7, 887, f° 249.

lui en faire et le percer à jour; mais je n'aime pas y entrer en lice de dénonciateur contre un homme de qualité, à qui j'ai souhaité cent fois et de bon cœur un autre caractère d'esprit, qui méritât la confiance d'un homme qui n'a que de sentiments droits et d'honneur sur ce qui regarde le service et son prochain. On ne peut presque pas croire un mot de tout ce qu'il dit. Je n'ai jamais vu un homme moins incommodé d'une vérité.

« Si je t'entretenais au coin du feu de notre campagne, j'aurais bien du plaisir de te faire toucher au doigt et à l'œil ma conduite et les prévoyances que j'ai eues sur ce qui pouvait arriver, et comme il a fallu charrier droit pour faire aller la campagne aussi loin qu'elle a été sans exposer tout le gros des affaires.

« Je ne sais quel jugement fera le public de cette campagne, mais je t'assure qu'à la suivre de près, j'ai plus de mérite que de celle de l'année passée. La fortune en a décidé l'année dernière et, si j'ose le dire, la bonne conduite à celle-ci. Je crois que j'en recevrai plus de louanges chez nos ennemis que parmi nous, car je sais bien les discours qu'ils tiennent là-dessus. Je te parle confidemment, comme à mon frère, et tu crois bien que je ne m'étale pas de cette manière en public. M. de Saint-Sylvestre, qui est un bon cœur et un de mes amis, me faisait encore, il n'y a que deux jours, le même reproche qu'il m'a fait plusieurs fois : que j'étais trop modeste, que je ne faisais pas assez valoir cette campagne et ce qui venait de se passer, que j'en étais la dupe. Je lui ai répondu qu'il fallait se laisser juger, que les campagnes heureuses sautaient aux yeux, que les autres demandaient trop de discours en public pour en faire connaître le mérite. Comme j'ai tenu le roi dans le courant de cette campagne et que j'ai pu en donner des idées à M. de Chamlay et de la nature de cette guerre, Sa Majesté me paraît très contente de la conduite que j'ai tenue. Voilà bien l'entretenir. »

La campagne suivante (1692) ne fut pas beaucoup plus brillante, pour parler comme Catinat. N'ayant pas assez de forces pour prendre l'offensive, il dut se maintenir, d'après les ordres mêmes de la cour, sur une défensive serrée, qui convenait bien à ses dispositions naturelles. Tout l'effort de la guerre se porta sur le Rhin et la frontière du Nord et de l'Est, où se livra la célèbre bataille de Steinkerque. L'absence de Louvois commençait, du reste, à se faire sentir ; Barbezieux, qui avait remplacé son père, ne le valait sous aucun rapport et était un homme de cour bien plus qu'un administrateur. Tout se ressentait dans les différentes armées, que la France entretenait alors à ses deux extrémités, de la disparition subite de celui dont l'activité prodigieuse, l'esprit de précision jusque dans les moindres détails et l'ardeur infatigable, avaient su jusque-là faire face à la coalition des forces de presque toute l'Europe, liguée contre nous. Louvois de moins, les différentes portions de ce vaste cercle allaient se disjoindre et tirer chacune de son côté. L'autorité du roi, qui grandissait chaque jour, pouvait bien suffire pour maintenir au moins les apparences de l'unité, mais non pour porter également la vie et l'activité sur tous les points à la fois. Plus l'impulsion donnée par Louvois diminuerait, plus aussi s'apercevrait le vide qu'il laissait après lui, sans que ni Barbezieux ni, plus tard, Chamillart pussent seulement prétendre à le combler. Catinat et l'armée qu'il commandait furent les premiers à en ressentir les effets.

Les troupes peu nombreuses, mal nourries, mal équipées, étaient notoirement inférieures à celles que les alliés leur opposaient. Tout l'effort de la France devant se porter en Flandre, où le roi alla en personne, Catinat se maintint strictement en 1692 sur la défensive, grâce à laquelle il sauva toutes les places importantes, que nous occupions, mais qui n'empêcha pas le duc de Savoie de prendre la citadelle d'Embrun et de faire une incursion sur le territoire qui effraya tout le Dauphiné. Une maladie, la petite vérole, qui vint à point paralyser Victor-Amédée et l'obligea à la retraite, appuya les manœuvres du général français, qui dut se borner à exécuter strictement les ordres du roi. On lui reprocha vivement alors et on a blâmé depuis cette obéissance rigoureuse que ses ennemis, et Feuquières ne s'en fit pas faute, appelèrent de l'inertie. Mais les brillants succès de la campagne suivante, que trop de hâte eût certainement compromise, nous semblent avoir fait justice de ce reproche, ou au moins en diminuent beaucoup la portée. Catinat, avec son calme ordinaire, suivait son chemin et laissait dire.

Il écrit à son frère Croisilles :

Au camp d'Aspre, le 7 septembre 1792.

« Je[1] t'écris par commodité de la main d'un secrétaire. Je viens de recevoir ta lettre du 4, par laquelle tu me mandes les nouvelles que tu as reçues de Flandre. Les armées prennent là un chemin qui leur fera promptement bien des malades. L'on est dans la véritable saison pour que cela arrive.

« Ce mouvement de la grosse armée de M. le prince d'Orange ne me persuade point encore qu'il veuille faire un siège ; mais je crois qu'il veut prendre des établissements pour réserver les quartiers que nous prenions pendant l'hiver de ces côtés-là. Il faut que cela finisse bientôt. De grosses armées pareilles à celles-là ne peuvent pas être ensemble fort avant dans le mois d'octobre.

« La petite vérole de son Altesse Royale sort fort bien, et il n'y a plus nul accident à craindre. J'ai appris par tant d'endroits que Madame Royale et Madame la Duchesse Royale étaient arrivées le 5, à deux heures après midi, à Embrun, et avec tant de circonstances, que je n'en doute point. Par toutes ces nouvelles que je puis apprendre, il paraît que les ennemis repasseront bientôt en Piémont, et que ce

1. B. N. fr. 7887. f° 272.

sera lorsque son Altesse Royale sera en état d'être transportée.

« Je me tiens toujours dans la même situation qui est fort bonne pour être à portée de tous, et dangereuse pour les ennemis, s'ils mouvaient leurs derrières en s'avançant plus avant dans notre pays. »

Toutes les lettres de Catinat sont sur ce ton de calme parfait, durant toute cette laborieuse campagne qu'il sent cependant sévèrement jugée par le public. Mais ce n'est pas là ce qui peut le troubler, du moment qu'il ne croit pas en conscience mériter ces critiques. Fondée ou non dans le cas présent, cette façon de se mettre ainsi imperturbablement au-dessus de l'opinion ne manque pas de grandeur. Il écrit encore à son frère sans témoigner la moindre agitation.

A Pignerol, le 26 septembre 1692.

« Je suis[1] arrivé hier ici, chez notre ami d'Herleville, où je demeurerai jusqu'à demain que mon équipage arrivera… Les troupes ennemies sont toutes repassées en Piémont du côté de Coni. Nous n'avons pas eu d'avis qu'il en soit encore passé en deçà de Saluces. Cependant, selon tous ceux que l'on reçoit, ils doivent marcher du côté de Pignerol, mais nous ne savons point encore à quelle portée ils s'en approcheront.

« Palfy est toujours campé à Buonviage, à une

1. B. N. f. fr. 7887, f° 276.

lieue et demie de Pignerol. Il a fait couper quelques vignes sur le finage de cette place, et il semble qu'ils se font une grande utilité de nous diminuer la quantité de vin que l'on pouvait recueillir. Nos ennemis s'attachent plus qu'à l'ordinaire à empêcher qu'il ne nous vienne des vivres et des commodités du Piémont.

« Ils sévissent contre hommes, femmes et enfants qu'ils trouvent sur les chemins qui approchent de Pignerol. »

Le général français se sentait, du reste, compris du roi, qui ne lui ménageait pas les approbations et lui écrivait :

« Monsieur[1] Catinat, j'ai reçu les deux lettres que vous m'avez écrites du 5 et du 6 de ce mois, par l'ordinaire qui vient d'arriver; vous ne perdez aucune occasion de celles que vous croyez qui peuvent être utiles au bien de mon service, je vois une application continuelle par les ordres que vous donnez, et les détachements que vous faites pour occuper les passages par où les ennemis pourraient venir, ou par où vous pourriez aller à eux. »

Une preuve assez étrange de la situation dont Catinat jouissait alors à la cour, malgré le peu d'éclat imposé à ses opérations, se trouve dans la singulière entreprise de ses amis de Versailles qui eurent alors l'idée de le marier, malgré ses cinquante-sept ans bien sonnés, et lui firent faire des propositions en

1. *Mémoires* de Catinat, II, 91-92.

règle par Croisilles. A des ouvertures directes venant de très bon lieu, le vieux soldat répond avec une ironie un peu bourrue qui n'est pas dépourvue de piquant et qui dut divertir ses illustres protecteurs. Voici les passages qui ont trait à cette singulière négociation, qui étonne au milieu des détails militaires sur les marches, les contre-marches et les subsistances des troupes.

« Au camp du mont Genèvre, le 5 août 1692.

« Je[1] t'écris par commodité de la main d'un secrétaire, pour répondre à ta lettre du 29. Je te confirmerai par celle-ci que je me porte fort bien. Je t'ai déjà mandé que j'ai reçu le quinquina...

. . . .

» Tu me mandes par cette lettre que M. Le Pelletier t'a fort pressé pour me marier. Je t'avoue que je ne saurais me résoudre à y penser ; je me sens une liberté dans l'esprit, dont je suis fort amoureux, et à laquelle ce lien porterait une grande atteinte. Je me fais vieux, et je me trouve même assez défiguré. Ma foi, mon ami, je crois qu'il faut que je continue à vivre comme j'ai vécu. »

Et quelques semaines après, il écrit de nouveau :

« Défais-moi[2] des propositions de mariage, et laisse-moi la liberté ; j'appelle assurément liberté que d'être garçon.

1. B. N., f. fr. 7887, f° 270.
2. B. N., f. fr. 7887, f° 273, 6 sept. 1692.

« Je[1] t'adresse à cachet volant la réponse que je fais à Mme la duchesse de Noailles sur les propositions de mariage qu'elle me fait. Je ne trouve rien à redire, sur ce qu'elle me mande, et je n'ai contre cette affaire qui certainement serait sortable et avantageuse, qu'une ferme résolution de ne me point enchaîner dans les liens du mariage, lequel j'envisage sans aucun plaisir ni satisfaction future, et j'y vois cent occasions de troubler un repos d'esprit dont je jouis. Toutes les considérations que l'on peut me représenter là-dessus me sont connues; mais, en vérité, elles regardent plutôt les successeurs que les vivants. »

Si Catinat n'était pas tendre pour lui-même et se maintenait volontairement dans une sorte de stoïcisme assez rude, il ne comprenait pas que tout le monde ne lui ressemblât pas, et il n'aimait guère faire pour les autres les sollicitations d'emploi ou de faveur déjà fort usitées alors. A ce propos, il faut citer encore un passage où il essaye de se dérober aux demandes d'appui d'un de ses neveux qui voulait acheter une charge de premier président à Grenoble. Il résiste avec assez mauvaise grâce, il faut l'avouer mais avec une fermeté qui lui fait honneur, à ce qui ne lui paraît ni fondé en raison, ni utile en fait, mais une simple satisfaction de vanité assez puérile.

« Je[2] te renvoie une lettre de mon neveu Pucelle, dans laquelle tu verras ce qu'il me mande au sujet de

1. B. N., f. fr. 7887, f° 274, 13 sept. 1692.
2. B. N., f. fr. 7887, f° 277, 26 sept. 1692.

la première présidence de Grenoble. Je n'ai pas bien pu comprendre, par sa lettre, si M. le Chancelier lui a fait parler obliquement sur cet emploi. J'incline cependant à croire que non, suivant le contenu entier de sa lettre.

« M. Bouchu, qui est très particulièrement de mes amis, m'a entretenu sur la poursuite qu'il faisait de cet emploi pour son oncle, premier président de la Chambre des comptes de Dijon. Ne prévoyant point les vues que pouvait avoir mon neveu sur un pareil emploi, je n'ai pu que l'écouter et lui témoigner beaucoup de désir qu'il réussît dans ce qu'il souhaitait. Cette confidence qu'il m'a faite, et reçue de ma part comme son ami, me paraît une grande contrainte pour moi de faire aucune démarche là-dessus sans lui avoir parlé. Il me semble qu'il aurait grand sujet de se plaindre de moi à son égard, de me trouver en son chemin après s'être ouvert à moi sans que je me fusse ouvert à lui. Il est allé à Grenoble joindre M. de Vauban. Il a dû en partir le 25 pour me rejoindre, et je l'attends le 27 ou le 28 du courant. La surveille que nous nous sommes séparés au camp de la Bessée, il m'a parlé avec quelque déplaisir qu'il avait reçu avis que cet emploi était destiné à un autre de ses parents proches, qui a eu ses habiletés pour y réussir. Tu vois bien que toute bienséance demande que je parle à M. Bouchu là-dessus, pour qu'il ne croie pas que j'ai fait le fin avec lui, caractère que j'abhorre, et dont même je suis chatouilleux sur la réputation.

« Je ne connais en aucune manière M. le Chancelier, hors d'avoir prêté serment entre ses mains pour le gouvernement du Luxembourg. Dans le peu de commerce que cela me donna avec lui, il me parla avantageusement de toi, t'ayant connu par des affaires de Mme de Noailles, au sujet du marquis de Rothelin. Tu peux voir sur cette affaire, sans que j'y sois commis avec M. Bouchu, M. Le Pelletier, le ministre; tu verras ce qu'il t'en dira. Cela te pourrait servir de guide, non seulement en ce cas, mais en tout autre qui peut regarder les pensées que pourrait avoir mon neveu de changer d'emploi. Je crois ces emplois de premier président de dépense et d'un médiocre revenu et je ne vois pas que ce soit une route bien solide pour avoir quelque chose de mieux. Je ne dis pas cela pour en détourner mon neveu, mais cependant cela mérite réflexion à un père de famille, qui souvent, par ces sortes d'emplois éloignés qui ont peu de relations à la cour, s'éloignent plutôt du crédit qu'ils n'en approchent. »

Au mois de mars 1693, avant l'ouverture de la campagne, que l'hiver interrompait toujours en ces temps-là, Louis XIV fit une promotion de sept maréchaux de France[1]. Cette promotion fut un événement, tant par le nombre que par le nom de ceux qui y étaient compris. Nicolas de Catinat fut parmi les élus, et le choix d'un simple bourgeois pour recevoir la plus éminente de toutes les dignités ne fut pas ce qui lui donna le

___

1. C'étaient le comte de Choiseul, le duc de Villeroi, le marquis de Joyeuse, le comte de Tourville, le duc de Noailles, le marquis de Boufflers et Nicolas de Catinat.

moins de retentissement. Donner le bâton, comme on disait, c'est-à-dire mettre à la tête de l'armée et de l'État, à un fils d'une famille parlementaire, qui n'était même pas de la grande robe du parlement de Paris, c'était là une distinction tout à fait exceptionnelle, une de ces justices éclatantes rendues au mérite personnel indépendamment de toutes les circonstances extérieures, comme le grand roi savait en rendre à l'occasion, avec une habileté instinctive à ménager l'opinion, qui explique peut-être plus qu'on ne le croirait son universelle et persistante popularité, malgré ses fautes et ses revers. Appeler Catinat, mon cousin, et le faire passer le premier devant tout le monde, c'était non seulement couronner les services et le mérite, mais flatter les instincts d'égalité qui germaient de toutes parts et leur donner une satisfaction pratique, qui en adoucissait l'amertume. Il y avait là une compréhension de l'état social et de la marche des idées qu'on n'a peut-être pas assez remarquée chez celui qu'on s'est habitué à regarder comme l'incarnation vivante de la monarchie absolue. Le défaut complet de cette intelligence pendant le trop long règne de son successeur et ses suites si déplorables font, si l'on veut bien y regarder de près, mieux comprendre la marche des choses et rendre à Louis XIV une justice qu'on ne lui a pas toujours rendue.

Quand il écrivait à Catinat le billet suivant, pour lui annoncer qu'il lui accordait la plus éminente dignité de l'Etat, il faisait plus encore que de récompenser les succès et les talents d'un militaire de premier ordre, il faisait, instinctivement, si l'on veut et sans bien s'en rendre compte, mais réellement une œuvre sociale et contribuait à cette fusion des différentes classes en une unité vivante qui firent si longtemps et la force et la puissance de la monarchie comme de la nation.

> « Versailles, le 27 mars 1693.

> « Les¹ services que vous me rendez me sont si utiles et agréables que je crois ne pouvoir mieux vous le témoigner qu'en vous faisant maréchal de France. Vous pouvez en prendre la qualité et en recevoir les honneurs. Vous en prêterez le serment quand le bien de mes affaires vous permettra de vous rendre auprès de moi.

> « Louis. »

A ces lignes si significatives dans leur royale brièveté était joint un brevet de maréchal de France, qui relatait en détail tous les services rendus à la France par « le sieur Nicolas de Catinat », sans oublier la campagne de l'année précédente, si ingrate en apparence, si attaquée, à laquelle le roi rendait publiquement justice avec une bonne foi pleine de hauteur et de désintéressement. Ce qui augmentait encore le prix de la faveur royale, c'était la bonne grâce que le roi mettait à la témoigner, bonne grâce

1. *Mémoires* de Catinat, II, 114.

à laquelle on est toujours fort sensible de la part d'un prince, et dont Louis XIV savait user avec un art inconscient qui manquait rarement son effet. C'est ainsi que le lendemain du jour où il expédiait à Catinat la lettre officielle pour lui annoncer le bâton, comme on disait, il finissait une dépêche sur les affaires militaires par ces quelques lignes, qui certes, durent doubler encore, aux yeux de Catinat, le prix de sa nouvelle distinction :

« Vous[1] recevrez une petite lettre de moi par un courrier que je vous ai dépêché, que je crois qui vous fera plaisir. Je vous assure que j'en ai eu beaucoup à vous l'écrire.

« Versailles, 28 mars 1693. »

On peut juger de la joie et de l'étonnement de Catinat, que ce comble de faveur, bien que prévu par ses amis de Versailles, prenait malgré tout au dépourvu, tant il était inouï et contraire aux usages établis. Son émotion se peint à merveille dans sa réponse écrite « d'inspiration », au reçu même de la missive du roi. La profondeur de son émotion et de sa reconnaissance se devinent sous la forme un peu rude et embarrassée du style, où se trouvent pourtant, comme le dit Sainte-Beuve, « des expressions heureuses et naturellement trouvées ».

1. B. N., f. fr. 7888, f° 11.

« A Oulx, le 1er avril 1693.

« Votre [1] Majesté a donné un témoignage de sa puissance et de sa bonté en me faisant maréchal de France ; c'est une élévation qui ne me fera que mieux connaître qui je suis, et d'où elle m'a tiré. Cette grâce si grande et si distinguée dont elle vient de m'honorer donne un exemple qui doit élever les sentiments et le courage de tous ceux qui ont l'honneur de la servir. J'ai assurément reçu, Sire, cette nouvelle avec tout le trouble de joie qu'elle mérite, et je ne puis exprimer à Votre Majesté combien l'on est agité de sentiments d'obligation et de reconnaissance, quand on reçoit une pareille marque de l'honneur de son estime et de son affection.

« Je suis, Sire, etc. »

Le bâton donné ainsi à Catinat fut une sorte d'événement à la cour, comme à la ville. Pendant quelques jours, chacun en parla et les lettres de félicitations affluèrent au camp d'Oulx, où l'armée était campée, tandis que le flot des visites de compliments se portait chez la famille du nouveau maréchal. Ce n'est pas d'aujourd'hui que l'on va là où est le succès. On peut suivre toute cette petite agitation de société dans les lettres de Catinat ; nous n'avons pas, malheureusement, celles auxquelles il répond et qui lui venaient de Paris ou de Versailles, toutes pleines

1. *Mémoires* de Catinat, II, 114.

7*

de menus détails. Ses réponses permettent cependant, par leur contenu même, de se rendre bien compte de l'effet produit dans le public de tout ordre par le choix du roi, et, de plus, par leur simplicité et leur modestie si vraie, elles peignent vivement le caractère et les sentiments si naturellement élevés de celui qui tient la plume. Le lecteur nous pardonnera peut-être de nous y arrêter quelques instants, en les considérant à ce point de vue, qui nous semble intéressant.

Voici, par exemple la lettre par laquelle il répond aux félicitations de son frère Croisilles et de son autre frère le président de Catinat. Croisilles avait cru devoir cesser de le tutoyer, depuis qu'il était devenu maréchal de France et passait au premier rang de l'État.

Catinat ne l'entend pas ainsi et le rabroue vertement :

« Tu [1] te moques de moi de penser à m'écrire autrement qu'à l'ordinaire ; tu peux compter comme manquant à ce que tu me dois que je ne te ferai point de réponse si tu manques à me tutoyer.

« Tu te moques de moi de prétendre de changer en rien nos manières ordinaires.

« Je te prie de bien dire à mon frère combien je suis persuadé de la joie qu'il a ressentie et de la part qu'il a prise à l'honneur que je viens de recevoir.

____

1. B. N., f. fr. 7888, f° 28.

« J'attendrai avec impatience des nouvelles de ton voyage à Versailles.

« Je suis persuadé que le roi aura la bonté de t'y regarder agréablement devant être bien persuadé du comble d'honneur et de satisfaction qu'il vient de mettre dans notre maison par celui qu'il vient de me faire et si incontestablement obtenu de sa seule bonté et de son affection. »

Parmi les lettres de félicitations envoyées au nouveau maréchal, il faut remarquer un billet de Mme de Maintenon qui a toute l'élégante sécheresse des rares documents authentiques sortis de sa plume. Il ne confirme en rien l'animosité persistante qu'on lui prête contre Catinat et qui, comme nous le verrons plus tard, aurait été la cause première de sa disgrâce.

« Versailles, le 29 mars.

« J'ai[1] tant de confiance dans la force de la vérité, que je crois, Monsieur, que vous ne doutez ni de mon estime pour vous, ni de la joie que je sens de ce que le roi vient de faire en votre faveur ; je prie Dieu de bénir tout ce que vous allez entreprendre pour lui marquer votre zèle et votre reconnaissance, et je vous supplie, Monsieur, d'être bien persuadé que personne n'est plus que moi votre très humble et obéissante servante.

« MAINTENON. »

1. *Mémoires* de Catinat, II, 115.

De son côté, Catinat lui répond avec une respectueuse reconnaissance qui, elle aussi, ne révèle aucun dissentiment, ni aucune trace de l'embarras que lui aurait causé la connaissance d'une hostilité réelle chez celle qu'il remerciait.

« Madame[1], quoiqu'il ne fût pas raisonnable que je m'attendisse à recevoir une de vos lettres, cependant, Madame, la manière dont j'ai eu le bonheur d'être connu et reçu de vous me l'a fait espérer, et que vous joindriez cet honneur à celui dont le roi vient de me combler. Un témoignage si distingué de l'estime de Sa Majesté m'assurait la vôtre. Quels remerciements puis-je vous faire, Madame, d'avoir bien voulu me faire l'honneur de me l'écrire ? Une telle grâce, une telle bonté de votre part épuise tout ce que l'on pourrait vous dire. Je suis, etc. »

Non content de cette réponse, il la fait porter à Versailles et remettre à Mme de Maintenon par son frère, comme il avait prié déjà de le faire pour sa réponse au roi.

« A Oulx, le 8 avril 1693.

« Je[2] n'ai point reçu de tes lettres par le dernier ordinaire ; je comprends que c'est à cause de ton voyage à Versailles. Mme de Maintenon m'a fait l'honneur de m'écrire un compliment sur celui que le roi vient de me faire qui est très obligeant et dans lequel on reconnaît bien la facilité de son esprit.

1. *Mémoires* de Catinat, II, 115
2. B. N. f. fr. 7888, f° 30-31.

C'est M. le marquis de Barbezieux qu'elle avait chargé de me le faire tenir. Je t'adresse la réponse que j'ai l'honneur de lui faire ; je suis persuadé qu'il est du respect qui lui est dû que tu prennes encore toi-même la peine de l'aller porter à Versailles et que tu la remettes comme je t'ai prié de faire la précédente que je t'ai déjà adressée.

« J'oubliais à te mander une chose qui te fera plaisir. J'ai reçu une lettre de M. Bouchu, par laquelle il me mande qu'il était dans la chambre du roi devant que les maréchaux de France fussent déclarés, que là s'en débita la première nouvelle. M. l'archevêque de Paris sortit du cabinet du roi, et ce fut lui qui lui apprit cette bonne nouvelle avec cette circonstance qu'il l'a prié de me mander, que le roi après lui avoir lu, et au P. de La Chaise, les noms des sept maréchaux de France qu'il allait déclarer, Sa Majesté dit, répétant mon nom : « C'est bien la vertu couronnée. » Épargne, je te prie, cela à ma sœur Pucelle, même à tout autre, c'est le plus sûr ; le dire de la bonté du roi m'a touché sensiblement, comme tu peux bien croire. Adieu encore une fois, mon cher frère. »

Catinat, peu homme du monde et encore moins homme de cour, succombe pour ainsi dire sous la masse de réponses de toute nature que lui imposent les compliments envoyés de tous côtés. « Je suis accablé de lettres, écrit-il à Croisilles, et je travaille comme un démon à me débarrasser des réponses [1]. »

1. B. N. f. fr. 7888, f° 30.

Les formules d'usage lui sont inconnues, il craint de commettre des manques à toucher et il en fait, en effet, qui le désolent. Son embarras est amusant et prêterait à rire s'il ne témoignait d'une candeur naïve, rare chez un vieux soldat de cinquante-huit ans et d'une conscience de son peu de science pratique de la vie, qui sont caractéristiques.

« Oulx, 10 avril 1693.

« Je[1] t'écris avec une précipitation terrible, parce que la poste me presse : je ne sais si je répondrai bien régulièrement à ta lettre du 10 mars. Je commencerai par te dire que, bien sérieusement, je ne répondrai pas à tes lettres, si tu ne m'écris pas à ton ordinaire.

« Tu me rends compte, dans ta lettre, du voyage que tu viens de faire à Versailles, avec mon frère, où le roi a eu la bonté de vous faire l'honneur de vous recevoir humainement, et où tu as reçu mille compliments obligeants sur la grande grâce dont je viens d'être honoré. Je perds beaucoup dans de pareilles conjonctures de n'être pas avec un frère que je chéris aussi tendrement que toi, pour être témoin de votre commune joie. Je suis bien obligé à M. le duc de Beauvilliers et à M. le duc de Noailles de t'avoir parlé avec tant d'empressement et d'affection sur tout ce qui me regarde.

1. B. N. f. fr. 7888, f° 32.

« Je t'envoie copie de la lettre que j'ai eu l'honneur de recevoir du roi, écrite de sa propre main, et pour satisfaire plus pleinement la curiosité que tu me témoignes là-dessus, je t'envoie copie de la réponse que j'ai eu l'honneur d'y faire. Je l'ai fait si agité et avec tant de précipitation, que je ne sais si tu la trouveras bien; je te prie que le tout ne soit que pour toi.

« Tu me mandes dans ta lettre la même chose que je t'ai écrit par l'autre ordinaire, que j'ai appris par une lettre de M. Bouchu, tu peux croire comme je suis touché de pareilles choses. Je fais part à M. de Saint-Pouanges de ce que tu m'as mandé, sur le vif de la sincérité avec laquelle il nous a témoigné la joie de l'avancement de son ami.

« Je t'envoie le mémoire de mes services que M. de Croissy t'a fait demander pour insérer dans la patente de maréchal de France, que tu auras soin de retirer, si c'est un ordre pratique. Si cela donne jour à quelque libéralité, fais-là plutôt prodigue que libérale. Tu verras dans ce mémoire ce que j'ai croisé, et ce que j'ai mis de ma main. Je n'ai pas cru qu'il fallût s'étendre davantage sur l'affaire manquée de Casal, et sur la campagne passée.

« J'ai bien de la joie que mon frère soit dans les sentiments de ne pas se séparer de nous, t'assurant de bonne foi que rien ne me met au-dessus de la douceur que je goûte avec ma famille.

« Je vois bien que nous ne pouvons plus demeurer dans la rue de Sorbonne, quoiqu'en vérité, je sois attaché à ce quartier, quoique très disgracié pour tous ceux qui n'y sont pas élevés. Mande-moi si c'est acquisition ou louage que vous proposez ; ce dernier est terrible avec des particuliers qui vous mettent tous vos meubles sur le carreau au moindre caprice de fantaisie ou de raison. Il est bien difficile de trouver une maison qui puisse nous loger ensemble. Tu me parles du faubourg Saint-Germain : de la rue d'Enfer. Méprises-tu si fort le quartier de la place Royale et de ses environs ?

« Sais-tu que tu me fais plaisir de me mander que les Parisiens, nos bons compatriotes, prennent une particulière part à l'honneur que le roi vient de me faire. Aussi aimé-je bien mon pays. »

Les formules de politesse à placer au commencement et à la fin des lettres tenaient évidemment alors une grande place et avaient beaucoup d'importance dans les relations sociales. Car Catinat revient avec insistance et à plusieurs reprises sur cet important sujet et sur l'embarras auquel l'expose son inexpérience en ces matières. Il charge son frère, mieux au fait en ce genre de choses, de le tirer de peine, mais cette peine elle-même est amusante, et il l'exprime d'une façon plaisante. Il écrit à Croisilles avec une assez malicieuse bonhomie :

« Tu [1] me mandes une difficulté sur les manières d'écrire des fils de MM. les ducs et pairs. Je ne me suis point encore trouvé dans ce cas. Tu auras connu

1. B. N., f. fr. 7888, f° 36.

mon ignorance sur le cérémonial par l'éclaircissement que je t'ai demandé, dont j'attends réponse avec impatience, parce que ces longues et brèves-là embarrassent mon génie libre et sans façon. »

Huit jours après, nouvelle lettre sur ce grave sujet.

« Je [1] t'avoue que le cérémonial me tracasse par la contrainte où je suis de ne pas faire trop ou trop peu. Je t'avais demandé des éclaircissements là-dessus. Tu ne m'as pas encore fait réponse. J'avais différé, en l'attendant, de faire réponse à la maison de Bouillon, qui a eu la bonté d'être des premières à m'écrire. L'attente incertaine de ta réponse me conduisait à l'indécence d'être trop longtemps à la remercier. Tu connais combien cette maison est sensible à ses prétentions honorifiques, et comme je ne voudrais pas tomber dans le cas, non seulement de ne pas rendre ce qui lui est dû, mais pas même de soutenir là-dessus une proposition probable. Je t'adresse donc, à cet effet, trois lettres à cachet volant : l'une, pour le cardinal, dont la dignité me fait croire que le monseigneur peut lui être dû. Cependant, par conseil, tu verras que je l'esquive dans la lettre au moyen de l'éminence. Le dessus qui ne commet point est à monseigneur. La troisième pour M. le duc d'Albret.

« Mon inclination et aussi, suivant ce que je m'imagine, l'usage peut être aux maréchaux de France d'écrire monseigneur aux cardinaux.

1. B. N., f. fr. 7888, f° 42.

« Je t'adresse, par les mêmes raisons que dessus, non que les prétentions de principauté ne soient bien différentes, une lettre pour M. le comte de Marsan. Elles sont toutes quatre à cachet volant. Si elles sont bien suivant ce que tu auras appris du cérémonial, tu n'auras qu'à les envoyer : s'il y a à changer, ils ne connaissent pas mon écriture. Écris-les de ta main, mets-y toute la sauce et signe : « le maréchal de Catinat. »

« J'ai reçu, par cet ordinaire, une lettre de M. le duc d'Elbeuf, aîné en France de la maison de Lorraine. Je crois que cela pourrait y mettre une grande différence. J'espère ta réponse au premier ordinaire qui m'éclaircira de tout ce que j'ai à faire en pareil cas. Adieu, mon cher frère. Souviens-toi bien de ton style ordinaire de m'écrire. Je ne veux pas rompre encore commerce parce que tes lettres ne font pas encore réponse à celles que je t'ai écrites là-dessus.

Mais, malgré toute sa bonne volonté, le nouveau maréchal n'arrive pas à satisfaire tout le monde. Après les ducs et pairs, les princes lorrains, les légitimés, ce sont ses collègues dans le maréchalat qui sont mécontents de lui et se plaignent de ce qu'il ne sait pas garder la dignité de son rang.

« Tu [1] me mandes que MM. les maréchaux de France ont été un peu blessés de ce que, contre l'usage, M. de Boufflers et moi avions donné l'altesse

_____
1. B. N., f. fr. 7888, fº 56, 57.

et dorit monseigneur à Mrs de Vendôme. J'étais pressé de faire réponse aux lettres qu'ils m'avaient fait l'honneur de m'écrire, et je croyais que cela pouvait leur être dû. Tu m'as présentement parfaitement bien instruit là-dessus.

« Tu me mandes que plusieurs gens se sont plaints de la fin de mes lettres, que je pouvais et devais finir par « très humble et très obéissant serviteur », et non me servir de la liberté du billet, ayant peu de familiarité avec eux. Tu me connais bien sur ces sortes de choses, et si je puis avoir eu en cela quelques sentiments de hauteur et de superbe. Je n'ai manqué que parce que j'ai cru que c'était un usage établi, et que j'aurai à répondre si je me laissais trop aller à l'honnêteté et à la civilité, à laquelle, assurément, je suis enclin de reste. Tu me fais plaisir de me l'écrire car, assurément, j'étais condamné sur des manières qui ne sont ni de mon goût ni de l'esprit dans lequel je suis né et élevé. »

S'il n'arrivait pas à contenter l'amour-propre pointilleux des grands personnages de la cour, Catinat savait bien qu'à cette heure il avait toute l'estime et la confiance du roi, de celui qu'il appelait sans détour son maître. Il en exprime toute sa joie dans une autre lettre à son cher Croisilles.

« Oulx, ce 29 avril.

« J'ai[1] reçu ta lettre du 10, par laquelle tu m'ac-

1. B. N. f. fr. 7888, f° 52.

cuses la mienne, où je t'ai si naturellement fait part de ma joie. Je suis fâché que tu en aies trop puisque tu en as été incommodé. Pour moi, de bonne foi, je ne dormis pas trois heures de la nuit, assurément le réveil n'avait rien de mal gracieux.

« Tu me mandes que plusieurs gens t'ont dit, entre autres M. de Saint-Pouanges, que le roi m'avait fait l'honneur de trouver bien la lettre de remerciements que je lui avais écrite. Je l'écrivis dans l'enthousiasme; quand elle fut partie, je la relus et je n'en avais pas trop bonne opinion, je te l'ai même mandé : c'est qu'il y a des occasions où il faut laisser parler la nature. Je crois que c'est l'approbation qu'elle mérite.

« Tu me mandes que tu dois aller le 11 à Versailles pour remettre ma lettre à Mᵐᵉ de Maintenon, après avoir pris toutes les mesures convenables avec M. l'abbé de Fénelon. Je viens de lui faire réponse à une lettre toute des plus obligeantes qu'il m'a fait l'honneur de m'écrire où ton nom est mêlé. Il paraît bien qu'il t'aime ou, pour mieux dire, qu'il te chérit.

« Tu m'as fait bien plaisir de me mander ce que t'a dit M. de Saint-Pouanges, que M. le marquis de Barbezieux avait fait quelque petite plainte de ce que je ne lui avais point écrit de ma main pour le remercier de la bonne nouvelle qu'il m'avait envoyée et de ce que je m'étais tenu à la fin d'une lettre embarrassée d'autres affaires. J'ai tort, et j'en suis très fâché, mais tu peux compter que je n'y ai eu nulle attention. J'étais agité de l'honneur que le roi venait de me faire et cette bienséance m'a échappé, et sans toi je n'y aurais même pas pensé. Je viens de me donner présentement l'honneur de lui écrire pour lui en demander excuse.

« Tu peux compter que rien ne me ferait plus de peine que de donner une occasion raisonnable à M. le marquis de Barbezieux de se plaindre de moi. Il a l'honnêteté pour moi de finir ses lettres par « je suis tout à vous », comme tu me mandes que faisait M. de Louvois. Je finis toujours les miennes à l'ordinaire comme tu me mandes devoir faire, et il n'y a rien dans le style de mes lettres, rien de changer que le monseigneur en monsieur.

« M. l'archevêque de Reims [1] t'a dit que, parmi tout ce que le roi a estimé de ma réponse, il avait remarqué que je n'avais signé que mon nom, sans mettre maréchal ; il est vrai que je l'ai fait avec application, me sentant quelque confusion de le mettre, et je ne sais pourquoi cela se présenta à moi comme un respect de signer simplement.

« J'espère que tu m'enverras au premier jour un cérémonial bien assuré et en bonne forme.

« Ce n'est que d'aujourd'hui que j'ai mis le dessus de toutes les réponses que j'avais à faire. Adieu. »

Si Catinat n'était pas très au courant du protocole et des formules qui devaient commencer ou

1. B. N. f. fr. 7888, f° 78.

finir ses lettres, il était libéral comme un grand seigneur habitué à ne pas compter. On peut le voir dans l'affaire des gratifications au porteur de la nouvelle de son élévation à la dignité de maréchal. Le gentilhomme, envoyé par M. de Barbezieux pour la lui annoncer, tomba malade en chemin, à Coni, et ce fut un simple « laquais » qui arriva au camp d'Oulx avec « l'heureuse nouvelle », et qui reçut un billet de deux mille livres de gratifications de la main de Catinat, adressé à son frère Croisilles et ainsi conçu :

« Je te prie, ce billet vu, de donner deux mille livres au nommé Nicolas Jean, dit Petit Jean, laquais de la maison de M. de Barbezieux, lequel m'a apporté la nouvelle de l'honneur que le roi m'a fait; elle t'a donné assez de joie pour que tu lui comptes cette somme avec plaisir [1].

« CATINAT. »

Mais ayant appris que Petit Jean n'avait nul droit à cette gratification, qui eût dû être remise à celui qui avait été chargé de porter la nouvelle, Catinat s'inquiète de sa méprise et voudrait la réparer. Il se hâte d'écrire de nouveau à Croisilles, au sujet de l'envoyé de Barbezieux.

« J'ai[2] su qu'il s'appelait Verville et qu'il avait une compagnie : cela me mit dans quelque scrupule de ce que je pouvais lui offrir, la pensée me vint de

1. B. N. f. fr. 7880, f° 54.
2. B. N. f. fr. 7888, f° 34.

t'écrire là-dessus et de voir si un présent de vaisselle d'argent ne serait pas bien séant à lui faire.

« Si je ne t'en ai pas écrit, cela m'a échappé, étant dans une occupation terrible de mes affaires de guerre et de réponses de lettres.

« Tu m'as fait un grand plaisir de m'en écrire, car toute ma joie ne m'aurait pas garanti du chagrin d'en avoir mal usé dans une pareille occasion; mais il n'y a rien de gâté, comme il n'est point venu ici et qu'il a été malade, que tu as raisons apparentes que tu as été très occupé, tu peux, comme ayant reçu mes ordres, l'aller chercher et le remercier de la peine qu'il a prise, et le complimenter sur le chagrin qu'il ait été incommodé étant chargé de m'apporter une si bonne nouvelle, et ensuite fais-lui remettre par la voie la plus honnête et bienséant que tu pourras cinq cents pistoles. Je te fixe cette somme pour que tu ne donnes pas moins, vu à l'égard que tu pourrais avoir aux deux mille livres que j'ai données, et vas aussi loin que tu voudras, au-delà si tu le juges à propros. Je te réponds, dans la situation d'esprit où je suis, qu'il faudrait bien de ces dépenses-là devant que de laisser place à une seule pensée de règle et d'économie. Sais-tu que ce contre-temps me chagrine et que j'ai la dernière impatience que tu l'aies réparé et que tu m'en aies mandé des nouvelles. Tes lettres cérémonieuses me chagrinent; comme je les lis toujours de la vue, j'y mets *tu* et le *toi* à la place du vous : de bonne foi, je ne te ferai plus réponse si tu continues. Je suis accablé de réponses à faire à tous les compliments dont petits et grands m'honorent. Il y en a une infinité à me donner la vanité que tu m'inspires dans tes lettres ; mais, de bonne foi, cela ne me change point sur le jugement que je fais de moi-même et je réfléchis combien aisément la fortune pouvait changer les événements qui m'ont procuré tant d'honneur. Toutes les raisons pour une affaire deviennent bien faibles contre une seule qui les fait manquer. Ne me vas-tu pas trouver bien moral pour un homme qui doit être enivré...

« Tu te plains bien des visites, il n'y a pas jusqu'à ma sœur de Saint-François qui m'en parle dans sa lettre comme accablée. »

Le courrier envoyé par M. de Barbezieux eut la gratification à laquelle il avait droit, et Petit Jean garda ses deux mille livres. Le reçu, signé d'une main maladroite, s'en voit encore dans les papiers du maréchal[1].

A côté des compliments et même des flatteries, il y avait les silences significatifs comme celui de ce M. de Rubentel que Catinat remarque non sans malice à plusieurs reprises, en écrivant à son frère.

« Je crois[2], lui dit-il peu après son élévation à sa nouvelle dignité, que me voilà bien achevé d'être

1. B. N. f. fr. 7888, f° 54.
2. B. N. f. f. 7888 f° 28.

brouillé avec Rubentel ; après ce qui vient d'arriver, je l'ai trop offensé. »

Le portrait que Saint-Simon a tracé de ce même M. de Rubentel, cousin assez proche de Catinat, est bien d'accord avec le silence maussade qui en disait long. Vauban, au contraire, qui était très lié avec Catinat et ne lui avait pas caché son désir d'arriver à une dignité qu'il avait conscience de mériter, lui écrivit avec une franchise affectueuse, qui les honore tous les deux. Catinat s'ouvre à son frère sur ce point, qui lui tenait particulièrement à cœur, à cause de son estime pour Vauban.

« La situation[1] d'esprit dans laquelle tu me mandes que M. de Vauban est ne me surprend point, parce que nous avons causé ensemble à Pignerol. Il m'a dit plus d'une fois : « Vous serez maréchal de « France ; je vois bien que je ne le serai point et « que l'on pense autrement sur moi. »

« Je lui répondis que c'était l'homme le plus illustre de l'État par son mérite et les services qu'il avait rendus ; que l'on regardait cette élévation pour lui comme une chose qui pouvait et devait être, et je lui citai l'exemple du maréchal Pierre de Navarre, cela ne me parut point l'émouvoir à le tirer de son premier sentiment.

« Je te prie de ne parler à personne de cette conversation, qui a été redoublée plusieurs fois ; il est de mes amis, je l'estime infiniment et je lui parlais

1. *Mémoires* de Catinat, II, 136

CATINAT.   8

comme je pensais. Voilà le commerce que j'ai eu avec lui sur ce sujet, et dans la réponse que je lui ai faite à la lettre qu'il m'a écrite pour se réjouir avec moi comme un bon et fidèle ami sur l'honneur que le roi m'avait fait, où je lui touchais un mot de l'espérance que j'avais qu'il reçut une élévation distinguée, si le roi commençait encore la campagne par un siège. »

Vauban dut attendre dix ans encore le bâton, objet de sa légitime ambition, et lorsqu'il le reçut, Catinat était déjà rentré dans la retraite après avoir bu toute la lie de la gloire humaine dont il goûtait maintenant les passagères douceurs.

Cependant ce n'était pas tout d'être maréchal de France, de recevoir des lettres de félicitation et d'y répondre suivant les formes, il fallait justifier cette élévation inouïe et faire taire l'envie. Catinat le comprenait mieux que personne; mais avec son tempérament froid et calculé, il ne se hâta pas, laissa venir l'occasion, mettant toutes les chances de son côté afin de pouvoir la saisir au bon moment et en profiter. Ce fut la victoire de la Marsaille, le plus beau et le dernier beau jour de sa carrière militaire, avant les revers, la disgrâce et l'oubli.

CHAPITRE V

—

LA CAMPAGNE DE 1693. — LA MARSAILLE. —
LA PRISE D'ATH
(1693-1697)

Pendant l'hiver de 1692 à 1693, Catinat put venir passer quelque temps à Paris, entre les deux campagnes et y jouir un peu de sa nouvelle dignité, qui lui donnait une position à part dans la société, où il était désormais au premier rang. Le mercredi 10 décembre 1692, Dangeau ne manque pas de noter, dans son journal de Versailles, que « M. de Catinat [1] arriva ici le matin ; il y avait trois ans qu'il n'avait été à la cour. Il fut enfermé avec le roi le matin, l'après-dîner et le soir ; il repartira incessamment pour retourner à Pignerol ». Dans ces longues audiences qui, comme le dit à plusieurs reprises le même fidèle chroniqueur Dangeau, avaient presque toujours lieu chez Mme de Maintenon, le roi donna sans doute ses ordres au maréchal pour la campagne qui allait s'ouvrir. Catinat, de son côté, profita de l'occasion pour exposer lui-même, et en détail, ses projets et les fit agréer, puis il repartit reprendre son poste avec ce calme et cette assurance que donne la certi-

1. Dangeau, IV, le 208.

tude d'être compris et soutenu. Cette confiance lui fut très utile et l'aida puissamment, tout en contribuant beaucoup au succès. C'était là une des grandes habiletés de Louis XIV ; lorsqu'il le voulait bien, il inspirait à ceux qui le servaient une confiance qui doublait leur dévouement et augmentait singulièrement leurs lumières.

Les débuts de la campagne de 1693 furent, en effet, très difficiles : Catinat eut besoin de tout son sang-froid pour savoir attendre et préparer le succès. Le duc de Savoie, qui avait plus de forces que les Français et le prince Eugène comme conseiller, continuait du reste sa tactique ordinaire. Il négociait sans cesse, par toutes les voies, afin de troubler l'attaque et dans l'espoir de pêcher en eau trouble. Catinat ne put l'empêcher d'assiéger Pignerol où le comte de Tessé fit, comme nous allons le voir, la plus belle défense. C'est à ce moment, en effet, que Tessé, dont Saint-Simon a laissé de si vivants portraits et que sa correspondance a fait connaître, apparaît dans la vie de Catinat, où il va jouer un grand rôle. Ce rôle, s'il faut en croire les amis du maréchal, que les lettres de Tessé et son attitude déclarée ne font malheureusement que confirmer, ne fut pas toujours à son honneur. Se servant d'abord du maréchal pour avancer sa fortune et se faisant écouter par lui, puis se retournant et travaillant à le détruire dans l'esprit du roi, Tessé aurait été successivement le protégé puis le détracteur de Catinat et pour beaucoup dans son éclatante disgrâce. Sans entrer dans une discussion approfondie d'un de ces détails de l'histoire, qui n'ont d'autre intérêt que leurs conséquences indirectes, nous nous contenterons d'exposer brièvement les faits lorsqu'ils auront lieu, en les appuyant sur les lettres de Catinat. A mesure que les circonstances deviendront plus difficiles, ces lettres donneront plus de lumière sur son caractère et le feront mieux connaître. C'est ainsi que pendant que Tessé enfermé dans Pignerol y soutenait un long siège, avec un courage et un entrain tout français, la correspondance de Catinat avec son frère Croisilles montre toute son anxiété et son ardeur pour justifier la faveur du roi et relever la gloire de ses armes. Mais toute l'impatience de ses désirs n'enlève rien à son calme et à la netteté de ses vues. Il ne veut agir qu'à coup sûr, ne rien risquer et il laisse dire ceux qui s'étonnent de son immobilité, bien qu'il sache que les meilleurs juges ne l'épargnent pas. On lui reprochait surtout très vivement de laisser les ennemis tranquillement en possession de la position de La Pérouse, où ils avaient établi un camp retranché qui leur servait de base d'opération. Mais Catinat suivait son plan. Il se savait, du reste, soutenu par le roi et, retiré à Fenestrelles, il y refaisait son armée, attendant les renforts qu'on lui annonçait en hommes, en armes, et combinait tout avec méthode et précision.

« Au camp de Fenestrelles, le 29 juillet 1693

« J'ai été deux ordinaires sans t'écrire, dont je suis, je t'en réponds, très excusable par l'occupation de corps et d'esprit dans laquelle j'ai été depuis cinq ou six jours. J'ai envoyé un courrier exprès pour informer le roi que Pignerol était investi. Je n'ai pu éviter ce coup, les raisons seraient trop longues à t'en déduire, tu peux compter que ma conduite n'est exposée qu'aux mauvais discours des gens qui ne connaissent point la nature de cette guerre. C'est une ample matière à en tenir. Je t'assure que c'est ma moindre inquiétude et que je ne suis agité d'aucune attention ni réflexion là-dessus, mais je suis dans une douleur qui me perce le cœur, par rapport aux affaires du roi. J'ai été quatre ou cinq jours bourrelé, et n'ai presque point dormi, ayant besoin d'efforts pour manger ; à quoi j'ai suppléé pour aliment en prenant quelques écuellées de lait pour apaiser le sang et pour m'humecter. Du moment que les affaires ne m'occupaient point, j'ai cherché compagnie pour me divertir et ne me point abandonner à moi-même, afin de me délasser l'esprit, et lui laisser plus de liberté d'agir. Que l'amitié et la tendresse que tu as pour moi ne te donnent nulle inquiétude là-dessus. Une des pensées qui m'a autant agité a été que ma conduite ait été moins heureuse que par le passé après l'honneur que le roi vient de me faire. Les ennemis ont profité avec bien plus de vue qu'à l'ordinaire des situations du pays. Je te conjure de ne te point inquiéter ; la faiblesse de ta santé doit être exempte de réflexions qui te touchent avec tristesse.

« Tu m'as parlé de mariage, dans une de tes lettres, sur une proposition que t'a faite Beaurepaire, qui me fait beaucoup d'honneur, et j'y comprends tous les avantages que tu as pu imaginer ; mais je m'en tiens toujours au célibat avec une infinité de raisons dont je suis touché. Tu peux bien croire combien je suis encore plus sensible à ces raisons dans les conjonctures présentes. »

La brillante défense de Pignerol que Tessé mena avec autant de vigueur que d'entrain, préférant faire sauter un fort qu'il ne pouvait défendre plutôt que de le rendre, et renvoyant aux ennemis leurs boulets avec de mordantes épigrammes, eut le résultat prévu par Catinat. Elle lui fit gagner du temps et découragea le duc de Savoie qui reçut sous ses murs la nouvelle de la victoire de Nerwinde (29 juillet 1693), gagnée par Luxembourg sur le prince d'Orange. Quelques jours après, ayant épuisé ses munitions, tout en laissant Pignerol investi, il se retira lui-même avec le gros de ses troupes à La Pérouse, afin d'y attendre des renforts qui lui permissent de commencer le bombardement de la place et dans l'espoir de faire sortir Catinat de sa forte position de Fenestrelles. Mais aussi insensible aux ruses de ses ennemis qu'aux critiques de ses amis, Catinat ne bougeait pas et attendait sans broncher l'heure favorable. Croisilles le tenait exactement au courant des conversations de Versailles sur son sujet et ne lui cachait pas que sa conduite y était sévèrement jugée même par les connaisseurs. Le maréchal répond avec un mélange de hauteur et de maussaderie assez caractéristique.

« Au camp de Fenestrelles, le 6 septembre 1693.

« J'ai[1] reçu ta lettre du 27 passé, par laquelle tu m'accuses réception de la mienne du 21. Tu dois présentement être bien rassuré sur le siège de Pignerol.

« Tu as reçu plusieurs de mes lettres, où je t'ai mandé que les ennemis avaient absolument quitté la résolution de s'embarquer dans cette grande entreprise. Je t'ai mandé comme ils s'étaient avancés de notre côté, publiant qu'ils marcheraient pour nous attaquer ou m'obliger de me déposter en attaquant mes derrières. Ils se sont contentés de faire paraître leur dessein. M. le duc de Savoie était venu lui-même au col du Mont avec tous les Barbets et les détachements de l'armée ; mais la vue du pays et de notre situation a été suffisante pour le rebuter de ce dessein. Tout Turin croyait qu'il allait arriver la plus grande affaire du monde, et chacun y était en alarme pour ses parents et pour ses bons amis.

« Je t'ai répondu à l'ordinaire passé à la lettre par laquelle tu m'as rendu compte de la conversation que

1. B. N., f. fr. 7888, f° 66.

tu as eue avec M. le maréchal de Bellefonds. Je crois qu'il n'y aura pas de mal, si tu le peux naturellement, de lui faire voir que je suis sûr que le poste de La Pérouse est ce qui donne lieu à autant de raisonnements ; je sais même que M. de Vauban a dit qu'on le pouvait et qu'on le devait tenir. Je t'assure qu'il n'y a pas ombre de raison à ce dire, et qu'il aurait de la confusion de l'avoir avancé, s'il était sur les lieux, et qu'on lui dît de disposer ce poste pour être soutenu contre une armée qui a du canon. Devant que de partir de Rochochatel, j'ai mandé au roi que je ne prévoyais pas pouvoir garder La Pérouse. Je suis assurément rempli d'un grand fond d'estime et d'affection pour M. de Vauban ; mais je voudrais bien voir jusqu'où iraient ses lumières et la tranquillité de son esprit, s'il était chargé en chef des affaires de ce pays-ci. Je crois qu'il y serait, pour le moins, aussi fécond en inquiétudes qu'il l'était à Namur, où il était demeuré après la prise...

« Assure-toi que je ne suis agité ni tourmenté des discours qui se tiennent. Je fais de mon mieux et songe au bien du service, suivant ma portée et mes lumières ; s'il y a quelque chose au delà, je ne le vois point, sans aucune présomption de croire qu'il n'y a personne qui peut faire mieux. Mais assurément les gens éloignés peuvent avoir des pensées qu'un bon esprit peut croire fort justes, qu'il cesserait de croire telles dans leur exécution. »

« Tu[1] as bien raison, écrit-il encore dans une

1. *Mémoires* de Catinat, II, 158.

autre lettre à son frère, de ne point t'embarrasser de raisonnement et d'apologie en ma faveur sur les discours qui se tiennent sur les affaires de ce pays-ci. Personne n'est à l'abri du discours ; c'est un mal commun à tous ceux qui sont honorés du commandement : il faudrait que je fusse bien abîmé dans un esprit de présomption pour que je pusse imaginer que cela fût autrement à mon égard. Aussi puis-je t'assurer que je ne suis point travaillé de tout ce qui se dit, mais bien de la dureté et de la difficulté des affaires dont je suis chargé. »

A plusieurs reprises Catinat revient sur le même sujet, ce qui ferait supposer que les critiques le touchaient plus qu'il ne voulait se l'avouer à lui-même.

« Au camp de Fenestrelles, le 13 septembre 1693.

« Je viens[1] de recevoir ta lettre du 5, où tu me parles encore de l'esprit de ce nombre de gens dont l'inutilité les met en état de juger impunément de la conduite de ceux qui agissent et qui sont employés. J'ai un esprit de raison là-dessus ; cela a toujours été et sera toujours.

« Suivant ce que tu m'écris, M. de Pomponne n'épargne pas ma conduite dans ses discours. C'est un honnête homme, et respectable par sa vertu, qui ne sent pas à mon égard de raison qui le retienne de dire ce qu'il pense sur mon chapitre. Il parle néan-

1. *Mémoires* de Catinat, II, 188.

moins de choses qu'il ne sait point et qu'il n'entend point. Il n'y a rien de plus injuste que les mauvais offices que l'on m'a rendus auprès de lui. J'attends avec impatience le compte plus exact que tu me dois rendre là-dessus. »

« Tu me mandes qu'on va lever sur les maisons de Paris douze fois ce qu'elles paient pour les boues et les lanternes dans une année. Dans le besoin où le roi est d'argent, cette manière d'imposer me paraît toute des plus douces. Cela se lèvera aisément, promptement et avec peu de frais. Je te prie de me mander à quelle somme l'on croit que cela montera. »

Cependant une chose lui fut particulièrement sensible, ce fut de voir que Vauban, qui était son ami de vieille date et dont le jugement faisait autorité en pareille matière, ne l'épargnait pas plus que les autres et jugeait sévèrement les débuts de la campagne. Cette fois, sans perdre cependant son calme, il y a dans sa façon de répondre une vivacité et une émotion qui animent son style et lui donnent une certaine couleur.

« Au camp de Fenestrelles, le 22 septembre 1693.

« J'ai[1] reçu ta lettre que tu m'as écrite, où tu me parles encore du poste de La Pérouse et du cours que le sentiment de M. de Vauban avait donné à tous les raisonnements qui se sont faits là-dessus, autorisés du dire d'un homme de cette expérience.

1. B. N. fr. 7888, f° 66.

Une petite passion de jalousie et d'envie l'a séduit sans qu'il s'en soit aperçu, et lui a dérobé la réflexion qu'il devait à notre amitié et aux sentiments d'estime et d'affection que j'ai toujours eus pour lui toute ma vie ; tu ne saurais croire le flegme que j'ai là-dessus, et combien je me propose que cela n'apporte nulle altération à notre ancienne amitié. Si cela eût eu du fondement et eût fait ma condamnation, c'eût été une chose bien dure à digérer de la part d'un bon et ancien ami, mais compte qu'il n'a su ce qu'il disait, et que les faux raisonnements qu'il a faits là-dessus sautent aux yeux des gens qui sont sur les lieux.

« Il y a plus de huit jours que les ennemis ont absolument quitté ce fameux poste de La Pérouse, et nos partis s'y promènent tous les jours. »

Deux jours après Catinat revient encore sur ce sujet, qui évidemment lui tenait à cœur.

« Au camp de Fenestrelles, le 27 septembre 1693.

« J'ai[1] reçu ta lettre du 6, où tu me parles de M. de Pomponne ; je te suis obligé des avis que tu me donnes là-dessus ; il me semble qu'il n'y a rien à faire que de le laisser causer. Toutes ces espèces d'éclaircissements attirent quelques mauvais compliments, qui ne changent point les sentiments d'un homme.

« Tu me rends compte de la conversation que tu

1. B. N. f. 888, f° 68.

as eue avec M. Le Pelletier de Souzy sur La Pérouse, et sur ce que M. de Vauban est à la tête des gens qui raisonnent sur ce fait. Je voudrais bien que, sur un dire si positif de sa part, la conséquence de Pignerol l'eût fait envoyer ici. Je te réponds que nous aurions vu un homme bien démonté sur les moyens et mesures qu'il aurait pu prendre de là pour s'avancer du côté de Pignerol ; tu peux compter que rien n'est plus absurde que cette opinion.

« M. de Vauban est de mes amis, sa franchise naturelle l'a surpris et l'a fait parler d'une chose qu'il a pensée et qu'il ne sait point et avec peu de ménagements pour un homme qu'il aime, ou qui est en droit de le croire. »

Toutes les conversations malveillantes de Versailles ne firent pas dévier le maréchal d'une ligne. Il avait son dessein, et les critiques lui servaient plutôt à le mettre à exécution. Car l'écho en arrivait jusqu'au duc de Savoie et achevait de le tromper sur les véritables intentions du général français. Le duc ne songeait qu'à prendre Pignerol et croyait que tous les efforts des Français consisteraient à défendre cette place. Pendant ce temps Catinat avait mûri son plan d'attaque et combiné de concert avec l'intendant Bouchu et avec sa précision ordinaire jusque dans les moindres détails tous les moyens de le réaliser. A la fin de septembre, alors que les ennemis le croyaient uniquement occupé à défendre Pignerol, qu'ils assiégeaient de nouveau et que le duc de Savoie intriguait également de nouveau avec Tessé, à qui il envoyait messager sur messager, tout était prêt, et Catinat entrait subitement en campagne à la tête d'une armée nombreuse, bien équipée et pleine d'entrain. Il écrit au roi, le 29 septembre 1693, au camp de Bussolino :

« J'ai [1] reçu hier sur le soir, Sire, la lettre du 22 que Votre Majesté m'a fait l'honneur de m'écrire ; j'ai pressé, tout autant qu'il m'a été possible, l'entrée de son armée en Piémont, conformément aux dernières lettres que j'ai eu l'honneur de lui écrire ; il y a même des choses fort nécessaires à notre passage, qui ne peuvent partir que le 30 avec la gendarmerie ; mais cela n'empêchera point que je n'avance. Nous allons marcher présentement pour aller camper proche Saint-Ambroise, M. de Larray n'a pu être que hier matin sur la montagne de Saint-Michel, et prendre des postes tombant sur Saint-Ambroise. La cavalerie, qui était à Veillane, a décampé fort brusquement, sur le seul avis de l'arrivée de M. de Larray, et est allée camper à Saint-Antoine.

« Les derniers avis que j'ai eus des ennemis par l'homme de M. de Bachevilliers, parti le 25 à midi du camp, sont qu'il s'est jeté vendredi au soir environ quarante bombes, et que le samedi il s'en est jeté beaucoup par les batteries des Allemands ; que les batteries de M. le duc de Savoie ont commencé à tirer le 26 : cela me met dans une furieuse impatience de m'approcher de Pignerol, et Votre Majesté

1. B. N., f. fr. 7888, f° 79.

doit croire que je n'y perdrai pas un moment de temps. Il ne se peut rien ajouter, Sire, à la gaieté de l'armée de Votre Majesté, à son envie de joindre les ennemis et à sa confiance de les battre.

« Je puis assurer Votre majesté que l'on exécutera avec passion et ressentiment les ordres qu'elle donne en représailles des incendies que M. le duc de Savoie a faits dans son pays. Je remets à les commencer au-delà de Veillane, parce que le peu de villages qu'il y a d'ici à Suse sont de peu de considération, fort nécessaires à sa subsistance et très obéissants aux ordres qu'on leur envoie.

« Dieu veuille, Sire, que j'aie promptement une bonne et grande nouvelle à mander à Votre Majesté. »

Tout avait été mené avec tant de secret que le 28 septembre, Catinat se trouvait entré en Piémont et campé au village de Bussolino, avec « toute son armée, cavalerie, infanterie, dragons formant 48 escadrons, 77 bataillons, 18 pièces de canons, et 18.000 mulets chargés de vivres et de munitions », sans que le duc de Savoie eût été informé de sa marche et se doutât seulement de son dessein. Aussi sa surprise fut-elle au comble et refusait-il d'abord de croire à l'arrivée subite de l'armée de Catinat. « Cela n'est pas possible, répétait-il, des régiments ne viennent pas dans une nuit comme des champignons. » Une fois convaincu et désabusé de sa trompeuse confiance, Victor-Amédée fit vaillamment tête à l'orage et résolut de tenter la fortune des armes, malgré le désavantage de sa position et le conseil du

prince Eugène qui ne voyant aucune chance de succès était d'avis de lever brusquement le siège de
Pignerol et de se retirer en arrière afin de chercher
de meilleures lignes de défenses. « Le vin est tiré, il
faut le boire », aurait répondu le jeune prince qui
montrait dès lors ce singulier mélange de duplicité
allant jusqu'à la trahison avec un courage personnel
et une bravoure intrépide allant jusqu'à la témérité. Ce
bizarre alliage qu'on retrouvera sans cesse chez lui,
se fit voir dans cette occasion avec un éclat singulier.
Pendant qu'il continuait à négocier sans cesse avec
Tessé, pour rentrer en grâce avec Louis XIV et abandonner ses alliés, il les poussait à livrer à Catinat,
dans les plus mauvaises conditions, un combat où il
risquait à la fois sa vie et sa situation, sinon sa couronne.

C'est là un trait de caractère qu'on retrouvera
toujours chez cet énigmatique personnage qui fait
le désespoir de l'historien et du moraliste tant il
réunit en lui les contraires et les oppositions.

A peine entré en Piémont, et avant tout autre soin,
Catinat dut, sur l'ordre exprès et réitéré du roi, faire
saccager et brûler une maison de plaisance du duc
de Savoie, appelée La Vénérie[1], qui fut entièrement
brûlée ainsi que la plupart des « cassines » envi-
ronnantes, parmi lesquelles se trouvaient les maisons
de plaisance des ministres du duc. C'était une riposte
aux ravages exercés par le duc autour de Pignerol

1. *Mémoires* de Catinat, II, 372. Dangeau, IV, 373.

où il avait brûlé près de 700 hectares de vigne, et aussi à ses dévastations dans les vallées de La Pérouse et du Prajelas où il avait brûlé jusqu'aux églises que le roi y avait fait bâtir pour les nouveaux convertis. C'était également une riposte aux ravages qu'il avait exercés en Dauphiné, l'année précédente.

L'entrain avec lequel les troupes françaises exercèrent ces rudes représailles et le calme que Catinat met à les raconter montrent bien le fond de rudesse qui subsistait encore sous des apparences de raffinement. Du reste, excité par l'approche de l'action et sentant, pour ainsi dire, l'odeur de la poudre, le prudent Catinat témoigne dans ses lettres d'un entrain, d'une gaieté qui lui ne sont pas ordinaires; il renvoie la balle à Tessé, et lui écrit deux jours avant le combat, en plaisantant : « Préparez de l'oseille pour nous faire des soupes vertes. » Ce fut le 4 octobre 1693 qu'il rencontra l'ennemi et qu'il gagna sur lui cette célèbre victoire de La Marsaglia, en français, La Marsaille, qui suffirait à elle seule à illustrer son nom.

L'affaire fut à la fois très chaude et très brillante, Catinat la mena avec un entrain et une précision remarquables : tout marcha comme il l'avait prévu et, comme on l'a dit, la bataille fut gagnée suivant toutes les règles du temps. Ce fut « une victoire parfaite ». De huit heures du matin à quatre heures du soir, sur un terrain montueux, coupé de vignes, de haies et de fossés, l'armée française, commandée par Catinat, que secondaient Vendôme et son frère, le grand prieur de Vendôme, s'avança résolument, sans hésitation, renversant tout devant elle et témoignant d'une ténacité froide dans l'entrain et l'élan qu'on ne lui connaissait pas toujours. Successivement, les deux lignes chargèrent avec un ensemble et une résolution qui firent l'admiration des ennemis et finirent par enfoncer leurs bataillons, que la cavalerie et l'infanterie habilement mêlées par le prince Eugène avaient rendus particulièrement solides. Les charges, commandées par les officiers, l'épée à la main, et faites, d'après l'ordre exprès du maréchal, « au pas de course, la baïonnette au bout du fusil et sans tirer un coup[1] », furent remarquables et exécutées avec une vigueur qui décida du sort de la journée.

« Je ne crois pas, Sire[2], écrivait Catinat le lendemain, qu'il y ait encore eu d'action où l'on ait mieux connu de quoi l'infanterie de Votre Majesté est capable. »

Le trait est à noter comme indiquant, si nous ne nous trompons, l'entrée en scène de l'infanterie, comme arme prépondérante dans nos armées, de cette infanterie française qui devait devenir si fameuse et servir comme de base à la tactique du plus grand des capitaines modernes qui saura la rendre capable de tout.

Bien qu'il ne ménage pas les éloges à la cavalerie, et surtout à la gendarmerie, dont l'intervention fut décisive, il revient à plusieurs reprises sur l'admi-

1. Rousset, IV, 524.
2. 7 octobre 1693. Dépôt de la guerre, 1224.

rable attitude de l'infanterie, à qui on dut le succès de la journée.

Catinat, toujours si modéré dans son langage, ne peut cacher au roi toute son admiration pour la bravoure à la fois impétueuse et calme déployée par ses troupes. « Du moment [1], dit-il en parlant de l'instant où les lignes d'infanterie s'ébranlèrent, que notre attaque fut indiquée par notre marche et le feu des décharges, toute la ligne s'ébranla comme en même temps et marcha dans le plus bel ordre que l'on saurait dire à Votre Majesté, et avec une telle furie qu'elle enfonça tout. Les ennemis avaient mêlé des escadrons de distance en distance, surtout en front de bandière. Ceux qui se trouvèrent dans l'infanterie furent chargés sans, tirer la baïonnette au bout du fusil, et furent renversés... Dans l'entretemps de cette charge générale, il y eut des charges sur la gauche pénibles et difficiles à soutenir, mais que de MM. de Vendôme et de Varenne, et la bonté des troupes soutinrent parfaitement bien, et les difficultés de cette gauche nous ont bien fait voir que ç'avait été un coup capital que d'y avoir fait passer la gendarmerie, qui y fit tout ce que l'on peut attendre de troupes invincibles. » A un moment, la gauche des lignes d'infanterie se trouvant séparée, par les accidents du terrain fort coupé en cet endroit, de la gendarmerie qui devait la couvrir, faiblit et commença à reculer. Le maréchal vit de loin le danger, et comme

1. Dépôt de la guerre, 1924.

il le dit lui-même, « il courut à toutes jambes » au point menacé. Là, faisant signe aux troupes de la main d'arrêter leur mouvement en arrière, il se met lui-même à leur tête, et leur criant avec un irrésistible accent d'enthousiasme : « Ressouvenez-vous que vous êtes Français », il les ramène en avant et enfonce les bataillons ennemis. Ce mouvement rétablit les affaires un moment compromises et décide du succès de la journée. Au milieu de l'après-midi, tout était fini, et l'ennemi se retirait en pleine déroute, laissant plus de 8.000 hommes tués sur le champ de bataille et plus de 2.000 prisonniers. Trente pièces de canon, quatre-vingt-dix-neuf drapeaux, quatre étendards, étaient tombés entre nos mains. Rarement on avait eu une victoire aussi complète, et les troupes avaient amplement justifié la confiance que leur témoignait le « Père la Pensée », qui venait de mériter une fois de plus son surnom. Chacun avait fait son devoir, les gendarmes arrivés la veille comme les vieux fantassins que Catinat avait formés. Le nombre des officiers tués ou blessés témoignait, du reste, de l'ardeur de la lutte : le grand prieur de Vendôme avait été grièvement blessé, et La Iloguette, un des plus braves officiers, un homme d'avenir sur lequel Catinat fondait de grandes espérances, périt d'un coup de biscayen au travers du corps.

Cette perte vint assombrir pour le vainqueur cet éclatant succès. « Je perds, disait-il en sortant de la tente où il venait d'assister son compagnon d'armes, un honnête homme, un bon ami, et la nation un bon citoyen. » Pendant qu'il était auprès de La Hoguette mourant, une alerte se produisit dans l'armée. On crut à un retour offensif des troupes alliées. Averti, le maréchal repartit sans se troubler : « Non, les ennemis n'ont aucune envie de revenir. » La rumeur augmentant dans l'armée : « Prenez, dit-il à un officier d'état-major, une troupe et faites cesser ces bruits. » Et il ne se troubla pas autrement. Le soir, Catinat voulut coucher sur le champ même de l'action, au milieu des soldats. On dressa son lit sous une tente improvisée avec des couvertures de mulets. A son réveil, il trouva son abri ombragé par tous les drapeaux ennemis pris la veille, que les soldats avaient voulu planter eux-mêmes tout à l'entour, amenant également les pièces de canon abandonnées par les adversaires. C'est là une jolie scène qui aurait dû tenter le pinceau d'un peintre.

Catinat envoya deux rapports écrits de sa main au roi sur le combat de la Marsaille. Ils sont tous les deux de la plus grande simplicité, sans aucun ornement ni aucune emphase, remarquables seulement par le soin que met leur auteur à faire valoir les mérites de chacun et à cacher les siens.

Cette simplicité et cette modestie chez un général qui vient de gagner une victoire éclatante sont significatives et caractérisent la nature morale de l'homme. Le roi lui envoie en réponse un de ces billets qu'il savait si bien tourner avec cette bonne grâce qui ne manquait jamais son effet:

« A Fontainebleau, le 10 octobre 1693.

« J'ai[1] reçu la lettre que le marquis de Clérambault m'a rendue de votre part, et entendu ce qu'il m'a dit avec un plaisir que j'aurais peine à exprimer. Je m'attendais à quelque action d'éclat en Piémont, mais la victoire parfaite que vous avez remportée sur mes ennemis a surpassé mes espérances, augmenté l'estime que j'avais pour vous, et fait connaître combien vous méritez ma confiance en servant l'État comme vous le faites. Comptez donc sur ma satisfaction parfaite et sur mon amitié.

« Louis. »

Catinat répond immédiatement, et sa joie se devine à travers la sécheresse un peu confuse du style. Le soin qu'il met à rendre justice aux honnêtes gens et aux braves troupes qui lui ont assuré le succès est bien de lui.

« Sire[2], je suis comblé d'honneur et de gloire par la lettre dont Votre Majesté m'a honoré, écrite de sa main. Pour répondre aux grâces qu'elle m'a faites, je me dois tout entier de cœur et d'affection à son service, et je n'ai pas d'objet qui me détourne de ce devoir. Dans cet esprit, Sire, je suis bien heureux que tant d'honnêtes gens et de braves troupes m'aient attiré, par le service considérable qu'elles viennent de rendre à Votre Majesté, des témoignages

---

1. B. N. f. fr., 1888, f° 158, copie.
2. *Mémoires* de Catinat, II, 230.

de l'honneur de son estime et de sa satisfaction de ma conduite. Rien ne me touche si sensiblement, Sire, que de la croire bien persuadée de ma très humble reconnaissance des biens qu'elle m'a faits, de l'attachement et du zèle avec lequel je suis, etc. »

Malgré son éclat, et bien qu'elle dût avoir à la longue tout son effet, en forçant le duc de Savoie à traiter, la bataille de La Marsaille ne changeait pas d'un coup la situation de l'armée française en Italie et ne la laissait pas maîtresse du terrain. Elle continua à avoir devant elle un ennemi redoutable, qui était chez lui et s'approvisionnait sans peine, tandis que les alliés de la ligue d'Augsbourg, l'Angleterre, l'Empire et la Hollande, lui envoyaient des subsides et des renforts en hommes et en matériel. Aussi le duc de Savoie qui, malgré son imprudence et l'éclatant échec dont elle avait été suivie, était un trop fin politique pour ne pas profiter de tous les avantages qui lui restaient, n'abandonna-t-il nullement la partie et mit-il plus de deux ans à faire, comme on dirait aujourd'hui, sa nouvelle évolution vers la France et à venir à résipiscence. Catinat voyait les choses de près, il était sur les lieux et mesurait les difficultés qui restaient à vaincre avec un calme et un sang-froid que l'enivrement d'un très brillant succès ne troublait nullement. Au lieu de se croire maître du terrain et capable de tout emporter devant lui, parce que la fortune l'avait une fois comblé de ses faveurs, il juge les choses avec une impartialité, un désintéressement, un souci unique du bien des affaires, du ménagement des troupes et de l'honneur des armes du roi qui l'honorent grandement, d'autant plus que ces sentiments n'étaient pas toujours compris ni bien jugés et qu'il ne l'ignorait pas. Dès le lendemain de La Marsaille, il est obligé, en effet, de calmer l'ardeur du roi, qui est habitué à tout voir céder devant sa volonté et croirait facilement que « son étoile », comme dit souvent Catinat, doive toujours triompher, même des difficultés matérielles les plus évidentes.

Le général vainqueur s'emploie de son mieux à calmer cette impatience hautaine et ce n'est même pas là un spectacle dépourvu d'originalité et de piquant. C'est celui qui commande sur place et qui vient de mettre les ennemis en déroute qui est le conseiller prudent, tandis qu'au contraire, le souverain envoie de Versailles des ordres presque impératifs pour risquer de nouvelles entreprises qui, si elles eussent échoué, eussent anéanti les résultats de la récente victoire. Le roi eût voulu qu'on marchât immédiatement sur Coni et qu'on en fît le siège, alors qu'une marche en avant à l'entrée de l'hiver, dans les montagnes, sans équipages, sans provisions, sans munitions, pour assiéger une place de premier ordre, défendue par les neiges et les glaces encore plus que ses fortifications, était aller au-devant d'un échec certain, qui eût été la revanche de La Marsaille. Catinat résista, avec une indépendance fort honorable pour lui, aux instances réitérées du roi qui lui écrivait lettres sur lettres, avec des instructions reposant parfois sur des indications absolument fausses. Louis XIV lui envoya même Chamlay, cet officier de sa confiance, pour lui exposer ses volontés. Catinat répondait avec une fermeté, dont il n'était pas le dernier à comprendre toute l'audace, par des fins de non-recevoir qui sont empreintes d'une sorte de mâle courage quand on songe qui écrivait et qui devait recevoir ces paroles absolument différentes de celles d'un courtisan.

« M. de Larray [1] m'a remis, Sire, la lettre que Votre Majesté m'a fait l'honneur de m'écrire de sa main, dont je la remercie très humblement, il ne m'a rien appris des intentions de Votre Majesté, parce qu'elle s'en était expliquée nettement et absolument dans sa lettre du 17, où elle m'a ordonné le siège de Coni.

« L'on n'a rien oublié, Sire, à préparer avec la dernière diligence tout ce qui peut avoir rapport à l'exécution de cet ordre absolu; mais c'est une entreprise projetée subitement dans une saison avancée, et sans aucune mesure prise. Plus l'on s'approche de son exécution et plus l'on en connaît les difficultés et les dangereux inconvénients.

« S'approchant de Coni, toute communication cesse avec Pignerol, ce qui oblige à un furieux transport de munitions de guerre et de bouche, supposant même les secours incertains que l'on

1. *Mémoires* de Catinat, II, 274.

pourra tirer par les cols de Var et de l'Argentière. Les difficultés de ces longs et grands transports paraissent dès qu'ils commencent, se faisant avec moins d'équipages qu'il n'y convient et déjà ruinés et tout abattus, dont une partie meurt et périt tous les jours. Il n'y a nulle sûreté à tout ce que l'on se propose, quelque volonté que l'on ait à exécuter ses ordres sans relâche. Je ne vois pas d'apparence que l'on pût rien commencer à Coni devant le mois de décembre, sans aucun accident ajouté à ceux que l'on connaît, lesquels peuvent très naturellement arriver et mettre dans l'impossibilité d'agir et de se mouvoir.

« Cependant, Sire, je supplie Votre Majesté d'être bien persuadée que l'on est de la dernière volonté à exécuter sa volonté ; *cependant je me crois obligé de prendre la liberté de lui dire que cette entreprise se fait dans des conjonctures et avec des circonstances toutes dangereuses et pernicieuses pour la gloire de ses armes et le bien de son service.* M. de Chamlay, qui est parti d'ici le 26, est en état d'en entretenir plus particulièrement Votre Majesté. Quoique cette entreprise soit si contraire à mon sentiment, je supplie Votre Majesté d'être bien persuadée que j'y ai le mérite de l'obéissance avec volonté et affection de faire l'impossible s'il se peut. Votre Majesté est frappée des effets de cette conquête et elle lui donne des désirs qui dérobent de son attention sur les difficultés d'y réussir... »

« Le siège de Coni[1], Sire, est plein de difficultés ; il est entrepris à des conditions et dans des circonstances d'une nature à ne pouvoir faire aucun plaisir à Votre Majesté sur la décision de l'événement soumis à tant d'inconvénients, de manquements et tant d'incertitudes qui ont été déduites à votre Majesté par M. de Larray, nonobstant lesquelles elle a cru qu'il convenait au gros de ses affaires de donner un ordre absolu de faire cette entreprise, y ajoutant même quand il y aurait six contre un. *Après un tel ordre, Sire, il ne faut plus avoir de raison que pour obéir.*

« Comme l'ordre absolu de Votre Majesté ne doit inspirer que le désir d'agir et d'exécuter, je me serais abstenu de lui rien dire sur le doute de l'événement de cette entreprise et ne lui en aurais donné aucune inquiétude, en attendant que la fortune en eût décidé, si je ne croyais pas qu'il est de son service qu'elle en soit avertie.

« Car, supposant que cette entreprise ne réussît pas, ce qui ne peut arriver qu'à des conditions bien dures et fâcheuses, Votre Majesté ne croirait-elle pas qu'il conviendrait que l'on eût ses ordres là-dessus, pour savoir ce que deviendraient ses troupes et éviter la confusion avec laquelle elles rentreraient dans le royaume. »

A son frère Croisilles, Catinat n'écrit que ces quelques mots, pleins d'une tristesse philosophique, sur l'inconstance de la faveur du monde.

1. *Mémoires* de Catinat, II, 274.

« Le 27 octobre 1693.

« J'ai reçu[1] ta lettre du 17, dans laquelle tu me dis bien des douceurs sur la victoire que les troupes du roi viennent de remporter. Tu me souhaites plus de goût qu'il ne t'en paraît sur la satisfaction où je devais être. Je n'ai rien à te dire là-dessus, si ce n'est que, dans cette guerre, je ne puis avoir que des joies bien courtes ; c'est un pays éloigné, que la cour ne connaît point, ni les difficultés d'exécuter ce qu'elle désire, et l'on n'y jouit pas de toute la confiance que mérite la connaissance que l'on en a.

« Je suis si occupé que je ne sais où me tourner. Je ne fais pas réponse à une seule lettre de compliments. Je te prie de dire à mon frère et à mon neveu que j'ai reçu leurs lettres, que je les remercie et qu'ils m'excusent si je n'y fais pas réponse.

« Adieu, mon cher frère. »

Quelques jours plus tard, Catinat, que son frère Croisilles tenait au courant de tout et qui était averti de la mauvaise humeur visible du roi, revient encore sur le même sujet, sans, cependant, prendre la peine de rédiger une justification complète. On voit, par cette lettre, que les amis de Versailles lui reprochaient de ne pas assez se faire valoir ; il est plus occupé de bien assurer Vauban qu'il ne lui en veut pas de ses critiques pendant la campagne que de se faire pardonner son excès de simplicité qui,

1. *Mémoires* de Catinat, II, 272.

alors aussi bien qu'aujourd'hui, était souvent mal comprise et passait pour de l'indifférence.

« Au camp proche Saluces, le 9 novembre 1693.

« Celle-ci[1] est pour répondre à plusieurs des tiennes. Il y en a une où tu m'as mandé que M. l'abbé de Fénelon avait trouvé que j'avais trop négligé le style dans ma narration. Je l'ai écrite naturellement et *currente calamo*, ayant été extraordinairement occupé depuis que l'armée a passé en Piémont, je n'ai eu d'autre application, en l'écrivant, que de rendre promptement compte au roi sans aucune attention de donner de l'ornement et de l'agrément à cette narration...

« Si tu vois M. de Vauban, fais-lui mille amitiés pour moi. J'appréhende qu'il ne soit dans quelque inquiétude sur les discours de La Pérouse ; je te prie de me faire paraître là-dessus, auprès de lui, aussi raisonnable que je suis à l'égard d'un bon et ancien ami.

« Tu me parais bien content de l'humanité et de la bonté avec laquelle le roi t'a fait l'honneur de te parler. M. le duc de Beauvilliers m'a fait l'honneur de m'écrire et même avec un compliment de Mme de Beauvilliers. Je n'ai pas eu d'avis sur ce que j'ai proposé, depuis la bataille. Je me conduis sur les lumières de la cour, et mon mérite ne pourra être que dans l'exécution. A bon entendeur salut. Adieu, mon cher frère.

1. B. N. fr., 7887. f° 253.

« Depuis ma lettre écrite, j'ai reçu une dépêche par un courrier, qui a changé les premiers ordres, qui avaient été donnés, dont j'ai une véritable joie par rapport au bien du service. »

Ainsi le roi finit par se ranger à l'évidence et laisser Catinat prendre de solides quartiers d'hiver ; mais ce ne fut pas sans une certaine humeur, que l'on ne se fit pas faute d'exploiter contre quelqu'un dont la situation commençait à devenir trop considérable. Tessé, que le maréchal avait toujours protégé et comblé d'éloges, commençait dès lors dans sa correspondance, si spirituelle, si animée, si contraire en tous points par la grâce, l'entrain, la vivacité des anecdotes piquantes aux lettres sèches et graves de Catinat, il commençait, dis-je, à insinuer que la précision, la prudence du vainqueur de la Marsaille, ne convenaient plus et qu'il y avait lieu de les renouveler. Ce ne sont que des insinuations, mais qui devaient porter des fruits et qui arrivant dans des lettres aussi amusantes, aussi pleines de finesse et d'esprit que l'étaient celles de Tessé, avaient un singulier crédit sur l'esprit du roi. Citons, par exemple, ce portrait un peu postérieur de Catinat plein de malicieuse bienveillance, si on nous passe le terme, et qui peut servir comme de pièce de comparaison dans la lutte qui s'engageait à petit bruit entre le vieux soldat de carrière, sorti des rangs de la bourgeoisie, et les militaires de cour qui ne voyaient pas sans humeur sa fortune extraordinaire.

« Je vais parler franchement, écrivait Tessé le

16 septembre 1695, puisque le roi l'ordonne. Le tempérament des hommes est quasi ineffaçable : celui de M. le Maréchal de Catinat, fier l'épée à la main, est *pétri de précaution* et de tous les talents qui tendent à l'épargne. Il aime le roi et l'État. Il sent que l'un et l'autre sont chargés d'une guerre qui ne peut se soutenir partout avec supériorité. Celle de Flandre est à la vue du roi, celle d'Allemagne est de même ; l'une et l'autre intéressent sa gloire particulière, de sorte que nous comptons ici que nos besoins ne peuvent être regardés que comme les troisièmes ; car, à l'égard de la Catalogne, j'espère que cette guerre va reprendre son train de défensive...

« Je dis donc que nous regardant ici qu'après les besoins de Flandre et d'Allemagne, M. le maréchal de Catinat est prévenu que, soit en qualité de troupes, soit en nombre, le roi ne nous fournira que les troisièmes, or nous avons affaire ici à tout ce que l'Empereur a de meilleures et de plus vieilles troupes. Ce que je dis pour la nature des troupes, je le dis pour l'argent, pour les vivres, pour les voitures, et pour tout ce qui regarde la dépense : on ne peut pas ôter de la tête de M. le maréchal de Catinat que le roi et l'État ne seront pas en état de la fournir, de sorte que l'amas de toutes ces difficultés le prévient qu'il n'y a rien de bon dans la suite de cette guerre que de l'entretenir sur le pied de l'épargne d'où dérive la défensive... M. le Maréchal de Catinat craint toujours qu'il ne se trouve en nécessité de marchander, pour ainsi dire, avec le roi sur le plus ou sur le moins, et que ne voulant pas décider avec Sa Majesté en lui disant : *Il me faut tant de bataillons et tant d'escadrons*, Sa Majesté ne décide de son côté et ne tranche despotiquement... Je vous avoue que tout cela ne tente pas un général à hasarder l'honneur des armes du roi, et que, pour peu que l'on soit naturellement précautionné, les réflexions et difficultés viennent en foule, mais tout cela levé par vos soins, c'est-à-dire, les vivres bien fournis et les équipages bons, dans la quantité nécessaire, je ne pense pas que M. le maréchal de Catinat s'oppose au dessein que le roi témoigne avoir de faire entrer son armée en Piémont... Pour en revenir à la réponse que vous exigez de moi, j'ose vous dire que je vois M. le maréchal de Catinat en disposition de faciliter ce que le roi lui commandera ayant, préalablement, fait toutes les difficultés que la prévoyance et la pratique de l'algèbre lui peuvent fournir, le tout fondé sur l'impuissance dans laquelle il est persuadé que le roi et l'État se trouveront de suppléer à la dépense sur cela. Après cela personne, assurément, n'est plus en état de faire le possible et ne connaît mieux le pays, je dis plus je ne vois personne ici qui pût le remplacer, mais, pour le déterminer, il convient que le roi lui dise qu'il veut entrer en Piémont et qu'il le lui dise de bonne heure [1]. »

Catinat qui n'ignorait pas ces sourdes attaques

---

1. Dépôt de la guerre 1328, pièce 53, f° 158, 16 septembre 1695.

et était averti de la mauvaise humeur du roi contre son inertie, resta immobile et ne modifia ni ses vues ni ses lettres, où il parlait le langage de la vérité, peignant l'état des troupes tel qu'il était et réclamant sans rien dissimuler tous les secours nécessaires.

Ce qui, en effet, paralysa ses mouvements pendant les deux campagnes suivantes, et le réduisit à une défensive, coupée cependant par quelques brillants et hardis faits d'armes, ce fut le manque d'argent et le manque de munitions, provisions de tout genre qui en résultait. Ces deux années furent, en effet, particulièrement mauvaises en France ; la disette, venant se joindre au ralentissement du commerce, suite inévitable d'une guerre que l'on commençait à trouver bien longue, amena une affreuse misère dont chacun souffrait. Sur la frontière et dans l'armée campée en Piémont, on manquait de tout et l'argent faisait absolument défaut.

Tessé lui-même, qui, cependant, n'était pas comme Catinat de la race des gens à précautions et à scrupules et que le pillage ou la maraude n'effrayait pas autant que son chef, pousse des cris de détresse pendant ces longs mois de négociations, de marches et de contre-marches qui suivirent La Marsaille. Il revient sans cesse sur le manque absolu d'argent, qui paralyse toutes les opérations militaires et rend tout impossible ; il est forcé d'avouer avec désespoir que depuis des mois, on ne vit plus que d'emprunt. Cette pénurie explique et justifie la prudence et la réserve de Catinat. A sortir trop tôt de la défensive, on eût risqué de compromettre tout le fruit des campagnes précédentes, si heureusement terminées par une victoire : à savoir attendre une nouvelle occasion favorable, Catinat ne compromettait que sa réputation et sa faveur auprès du roi, il n'était pas homme à hésiter et rien ne put le décider à abandonner sa tactique de défensive et d'atermoiement, qu'on lui reprochait tout bas et qui a été sévèrement jugée par quelques critiques d'art militaire. L'événement toutefois lui donna raison, et sa patience permit au roi de recueillir toutes les conséquences de la victoire de La Marsaille, dans la paix que le duc de Savoie, forcé à la fin de se reconnaître vaincu et trompant à leur tour ses alliés qui ne pouvaient plus rien pour lui, conclut en 1696 avec la France. Il ne peut rentrer dans notre sujet de raconter ici les longues négociations qui précédèrent le traité et qui, on a pu le voir, ne furent jamais complètement rompues entre le duc de Savoie et la France, et marchèrent pour ainsi dire de pair avec les affaires militaires. Elles traînèrent encore deux années entières après la victoire de La Marsaille. Ces négociations sont, du reste, racontées avec une verve intarissable et parfois même trop peu de retenue dans les correspondances de Tessé, qui en fut le principal agent.

Ces lettres si spirituelles, remplies d'anecdotes piquantes sur la cour de Savoie, sur la duchesse douairière, le duc Victor-Amédée, Mme de Verrue et les autres habitants de ce Versailles au petit pied qu'était alors le palais de Turin, ont été en grande partie du moins publiées, et permettent de suivre de près la lente élaboration du traité qui fit rentrer la Savoie dans l'alliance française. Une étude récente sur la duchesse de Bourgogne, qui fut comme le gage de cette nouvelle intimité entre la France et la Savoie, a de plus fait connaître dans ses détails, à l'aide des documents italiens, cet important événement diplomatique, qui eut alors de si grandes conséquences pour la paix de l'Europe. Catinat, qui commanda jusqu'à la fin les troupes destinées à tenir en respect le duc de Savoie, ne fut pas mêlé directement à la négociation, autrement que comme chef de l'armée par qui les communications devaient passer. C'était Tessé, dont, dans ses lettres, Catinat fait sans cesse valoir l'habileté et les mérites, qui menait l'affaire. Ce qui ressort seulement des lettres de Catinat au roi à ce moment, c'est la défiance instinctive, chaque jour croissante, qu'il a contre le duc de Savoie, qui cherche toujours à nous amuser, promettant un jour pour retirer le lendemain ce qu'il a promis et en qui on ne peut se fier. L'antipathie entre les deux caractères, ces deux génies si parfaitement dissemblables comme on eût dit autrefois, en employant le mot génie dans son sens restreint, se fait voir clairement; la franchise, la loyauté un peu rude du vieux soldat ne comprend rien aux ruses, aux finesses du renard de Savoie, il les juge, avec son austère bonne foi, comme indignes et d'un prince et d'un homme d'honneur et ne cache pas ses sentiments. L'avenir, qui devait, pour le malheur de Catinat, rapprocher encore plus ces deux natures si absolument contraires, ne devait qu'accroître le désaccord et lui faire porter des fruits amers. Le souple Tessé était, il faut l'avouer, beaucoup mieux fait pour donner la réplique à Victor-Amédée. Aussi, appuyé par l'armée de Catinat, qui bien qu'affaiblie et sans renforts réussit à tenir l'armée alliée en respect et aidé par le souvenir encore récent de La Marsaille, Tessé réussit-il là, où le maréchal seul eût sans doute échoué. Mais il fallut du temps et d'interminables pourparlers tenus en cachette, et alors même qu'on se battait.

Pendant toute la durée de la guerre, Tessé ne cessa pas d'être en rapport avec le duc de Savoie, le plus souvent par l'intermédiaire d'un agent financier nommé Grupello, dont les Français faisaient Grupel, qui allait d'un camp à l'autre sous différents déguisements. Victor-Amédée multipliait par système les offres et les propositions, quitte à les abandonner, puis à les reprendre. Même pendant l'investissement et le bombardement de Pignerol, les négociations ne furent pas interrompues ; mais Tessé, qui était aussi fin que son adversaire, sut si bien se tenir sur ses gardes que les fréquentes entrées de Grupello dans Pignerol ne firent que convaincre le duc de l'impossibilité où il était de s'en emparer par la force et l'incliner à traiter.

Toutes ces intrigues menées pendant une guerre

déclarée où des deux côtés on ne regardait guère au sang versé ont quelque chose qui choque à bon droit nos idées modernes, et donnaient parfois lieu à de funèbres comédies qui seraient pleisantes si elles ne se soldaient pas toujours par des vies humaines. C'est ainsi qu'en 1695 la forteresse de Casal, qui avait vu les débuts de Catinat, donna lieu à une sorte de pièce à arguments communiqués entre Français et Italiens, sous le nez des Impériaux trompés par leur bon allié le duc de Savoie, qui est particulièrement édifiante[1]. La garnison de Casal, isolée bien en avant des lignes françaises, n'était pas assez forte pour résister longtemps aux efforts de l'armée alliée, et Catinat ne pouvait la secourir. Instruits de cette situation précaire, les généraux alliés, qui désiraient vivement s'emparer de la place afin de s'établir solidement en Italie, en préparèrent le siège et résolurent de le mener très vivement. Cela ne faisait nullement le compte du duc de Savoie qui, lui aussi, désirait voir les Français sortir de Casal, mais ne se souciait en aucune façon les y voir remplacer par les Allemands. Ne se sentant pas assez fort pour enlever la place avec ses seules troupes, voici le bel expédient qu'il imagina. Il fit dire à Catinat qu'il s'engageait à raser entièrement les fortifications de Casal, à effectuer, comme il disait, le *rasement* de la place, si on la lui remettait entre les mains. Pour masquer la convention vis-à-vis des alliés, il pro-

---

1. Dépôt de la guerre 1329 et suivants. Mars à juillet 1695.

posait de faire un simulacre de siège avec les troupes de la ligue qui seraient sous son commandement. Après quoi la place de Casal lui serait rendue et entièrement rasée par ses soins, le tout à l'insu de ses alliés. L'offre fut transmise à Versailles, où le roi commença par la repousser nettement et non sans indignation, disant qu'elle ressemblait à une chamade que l'on voulait exiger qu'il fît battre en son nom [1]. Puis, voyant sans doute que si on refusait la proposition, Casal serait obligé de se rendre sans condition à bref délai, le roi revint sur sa décision et envoya l'ordre d'accepter les propositions du duc de Savoie. Catinat, bien qu'à contre-cœur et de fort mauvaise grâce, dut les mettre à exécution.

Tout fut réglé dans le détail et les conditions transmises au gouverneur de Casal, un vieil et brave officier qui avoue naïvement qu'à la lettre les lui communiquant, il tomba si fort de son haut qu'il ne put s'empêcher de faire un grand signe de croix d'étonnement. Les choses se passèrent suivant le programme convenu. Le 18 juin 1695, les troupes alliées investirent Casal. Pour sauver les apparences, on fit un siège de quinze jours et on échangea force coups de canon, qui coûtèrent la vie à nombre de soldats et entre autres à un prince, Charles de Brandebourg, frère de l'électeur. Après quoi M. de Crenan, le gouverneur français de Casal, demanda à capituler le 8 juillet, et le 9 la place fut

____

1. Papiers de Tessé, 1695. Dépôt de la guerre 1330.

rendue aux troupes commandées par le duc de Savoie. Mais les Français n'en sortirent que lorsque les fortifications eurent été complétement rasées, ce qui fut fait le 18 septembre suivant et enlevait à Casal toute son importance. Ce point essentiel des conventions dûment exécuté, le pauvre M. de Crenan, qui ne pouvait prendre son parti du rôle qu'on lui faisait jouer, réunit la garnison et avec armes et bagages se retira à Pignerol. Le tour était joué, Casal, démantelé et désormais sans importance, n'était plus aux Français et les alliés ne s'y étaient pas établis : il fut rendu au duc de Mantoue. Les Impériaux avaient été complètement joués par le duc de Savoie et n'avaient pas fait autre chose que de tirer pour lui les marrons du feu : s'ils s'en aperçurent trop tard, ils dissimulèrent leur dépit afin de ne pas rejeter Victor-Amédée du côté de la France. Malgré toute son habileté, le duc ne pouvait pas jouer indéfiniment ce double jeu et il lui fallut bien se décider à tromper tout à fait ses alliés et à revenir à l'alliance française, qui, pour le moment, lui offrait les plus solides avantages. Mais il traîna le plus longtemps qu'il lui fut possible. Grupello fit plus d'un voyage à Pignerol auprès de Tessé, qui lui-même, déguisé en postillon, s'en fut discrètement à Turin pour mettre le duc au pied du mur.

Enfin, au milieu de 1696, le duc de Savoie céda à la nécessité et se rapprocha secrètement de la France, en promettant même son concours pour mettre les alliés hors de l'Italie. On conclut une trêve d'un mois pour lui donner le temps d'opérer sa conversion et de rendre public son changement de front. Pendant ce temps, Catinat et Tessé se rendirent à Turin, à la tête des officiers de l'armée française au nombre de plus de six cents. Le duc de Savoie les reçut avec magnificence; puis vint à son tour dans le camp français, où le maréchal déploya non moins de faste dans sa réception. Victor-Amédée jetant alors le masque déclara ouvertement qu'il changeait de parti et se rapprochait de la France.

Le 29 août 1696, Tessé signait le traité connu sous le nom de traité de Turin, qui renouait l'alliance savoyarde. On rendait au duc de Savoie toutes les conquêtes faites sur ses États, même Pignerol que nous avions depuis plus de quarante ans. En revanche il mettait ses troupes au service de la France et la jeune princesse Marie-Adélaïde, fille du duc de Savoie, était accordée au duc de Bourgogne, sa main servant de gage à l'union. Catinat, dont les troupes avaient campé pendant l'hiver de 1696 en avant de Rivoli, s'avança alors pour forcer les Allemands et les Espagnols à évacuer le Milanais. Ne voyant pas arriver les contingents promis par Victor-Amédée et ne pouvant se guérir de son incurable méfiance vis-à-vis de lui, il envoie brusquement à Tessé deux courriers pour sommer le duc de tenir sa parole. Force fut bien, cette fois, à celui-ci de s'exécuter et il le fit en payant lui-même bravement de sa personne, à la tête des troupes qu'il amena au siège de Valence, petite place du Milanais assiégée par les

Français. Les alliés voyant que le souverain du Piémont leur faisait ainsi ouvertement défaut et se mettait contre eux, cédèrent à leur tour, la partie n'étant décidément plus égale, et le 7 octobre 1696, les conventions de Vigevano déclarèrent la neutralité de l'Italie. Les Impériaux repassèrent en Allemagne, les Espagnols s'en retournèrent dans le royaume de Naples, tandis que Catinat repassait les Alpes et ramenait ses troupes en Dauphiné. Ce n'était pas encore la paix générale, mais la ligue d'Augsbourg était frappée à mort et la paix de Ryswick n'allait pas tarder à rendre à l'Europe un repos après lequel elle soupirait. C'est ce qui justifie aux yeux de l'histoire, le traité de Turin, qui fut très sévèrement jugé par les contemporains et provoqua même un mouvement d'indignation dont une lettre de Vauban à Racine, demeurée célèbre, nous a conservé la vivante expression.

Catinat, rappelé en France après les conventions qui avaient mis fin à la guerre en Italie, commanda l'année suivante un corps d'armée en Flandre. Le fait d'armes le plus remarquable de cette campagne menée pendant les négociations qui amenèrent le traité de Ryswick, fut la prise de la place d'Ath, enlevée après vingt jours de tranchée ouverte.

C'était Vauban qui commandait les opérations du siège, tandis que Catinat, ayant à ses côtés Boufflers et Villeroy, commandait en chef les troupes qui investirent la place. La plus complète harmonie ne cessa de régner entre ces deux hommes, si bien faits du reste pour s'entendre. Catinat ne témoigna à son vieil ami aucune rancune de ses critiques, pourtant assez vives, des opérations de la campagne de 1693 en Italie. Tout au contraire, Vauban qui introduisit avec succès plusieurs changements dans la manière de disposer les batteries d'attaque et inaugura au siège d'Ath ce que l'on appelle en balistique *le tir à ricochet*, seulement essayé par lui au siège de Philisbourg en 1688, trouva en Catinat un approbateur et un appui qui l'aidèrent à triompher des résistances que les innovations, même heureuses, rencontrent toujours. Le maréchal se montra du reste particulièrement actif et entrain dans le siège qui lui rappelait les jours brillants de sa jeunesse. Tenant sans cesse les troupes en haleine, les excitant tout en maintenant la plus stricte discipline, il était partout et se prodiguait comme un jeune homme.

Au début de l'investissement, le gouverneur d'Ath en brûla tous les faubourgs et, suivant l'usage barbare du temps, en fit sortir toutes les bouches inutiles, les femmes, les vieillards, les enfants. Emu de pitié à la vue de cette troupe de malheureux qui ne savaient où aller, Catinat[1] leur permit de traverser les lignes françaises et ainsi d'aller se réfugier à Bruxelles. Ath fut enlevé au bout de vingt et un jours d'investissement. Le siège fut très brillant. Vauban et Catinat s'y montrèrent tous deux dignes de leur réputation, l'un par la science de l'attaque

1. *Histoire de Vauban*, par Georges Michel, p. 326. Paris, Plon, 1879.

poussée à un point qui avoisine le génie, l'autre par la fermeté, l'habileté dans le commandement et l'entrain dans l'action, qui permettent seules au savoir de porter tous ses fruits.

Le roi fut si satisfait de la prise d'Ath, qui venait à point pendant les négociations de Ryswick, qu'il prit la peine d'annoncer lui-même ce succès au duc de Vendôme, qui commandait alors en Espagne : « Mon cousin, lui disait-il le 16 juin 1697, je viens de recevoir par le sieur d'Orgemont, noveu du maréchal de Catinat qu'il m'a dépêché, la nouvelle de la prise d'Ath. Elle a été accompagnée de tous les événements agréables que je pouvais souhaiter. Le prince d'Orange et l'électeur de Bavière, ayant rassemblé toutes les troupes qu'ils ont pu mettre ensemble pour tenter de secourir cette place, et s'étant avancés sur la Deuse jusqu'à 3 lieues du camp que mes armées occupaient pour protéger le siège, ils ont été obligés de s'en retirer avec la honte de ne pouvoir rien entreprendre par la supériorité de mes troupes. Je vous écris cette lettre pour vous donner avis de cet heureux événement qui, je suis persuadé, vous fera plaisir par l'intérêt que vous prenez au bien de mes affaires. Mon intention est que vous fassiez faire des réjouissances publiques, et j'espère que j'aurai bientôt quelques nouvelles de l'armée que vous commandez encore plus agréables, du moins je compte que vous n'épargnerez rien de ce qui dépendra de vous pour me procurer cette satisfaction [1]. »

1. Correspondance de Vendôme. B. N. f. fr. 14, 177, f° 82.

La prise d'Ath ne fut pas sans contribuer à l'heureuse issue des négociations et termina dignement pour Catinat cette période, la plus éclatante comme la plus heureuse de sa vie.

Jamais, cependant, général victorieux ne fut moins enivré par la fortune et ne resta plus maître de soi, plus défiant de ses propres lumières et de l'instabilité du sort, que l'heureux vainqueur de la Staffarde et de la Marsaille. On en peut juger par ses lettres toujours aussi simples, aussi peu suffisantes que par le passé. Quelques jours avant le traité de Turin, qui était dû en grande partie, sinon tout entier, à ses succès et à la prudence qu'il avait mise à ne pas en compromettre l'effet, il termine ainsi une lettre au roi : « L'échange des otages va se faire aujourd'hui... C'est une grande affaire que d'avoir l'épine de cette guerre ici hors du pied et je suis persuadé que ceux qui en parleront autrement et qui en contrôleront les conditions, c'est qu'ils ne les connaissent pas [1]. »

Ce n'est certes pas là emboucher la trompette sur soi-même, ni chercher à se grandir, et le roi, qui n'était pas habitué à une si grande modestie, était loin d'y être insensible. Catinat ne demandait rien pour lui-même, ni faveurs, ni indemnités pécuniaires, souffrant sans une plainte, malgré son peu de fortune, tous les retards que le trésor obéré mettait à payer les pensions dues à sa charge et à sa dignité de

1. Rousset, *Histoire de Louvois*, t. IV, p. 536.

maréchal de France. Il écrivait à son frère sur ce sujet, avec une simplicité qui ne manque pas de grandeur et un désintéressement rare à toutes les époques.

« A Oulx, 13 mai 1694.

« ... Tant[1] que je serai aussi témoin que je suis du manquement d'argent, je ne pourrai me résoudre à faire aucune instance à M. de Pontchartrain pour le paiement de ma gratification. Il faudra que j'y sois conduit par une dernière nécessité. Car, en vérité, il me paraît raisonnable que tous les particuliers compatissent aux besoins publics et qu'ils ne soient pas si touchés de leur incommodité et de leur intérêt particulier. »

Tout le monde, même dans les entours de Catinat, ne comprenait pas cet oubli des intérêts personnels, qui risquent fort d'être frustrés lorsqu'on ne les défend pas. Pressé par son frère de ne pas se laisser oublier, Catinat lui répond de nouveau sur ce sujet et s'explique à cœur ouvert sur la matière, afin de n'avoir plus à y revenir.

« Au camp de Diblon, le 22 septembre 1694.

« J'ai[2] reçu ta lettre du 12, par laquelle tu me mandes réception de celle que je t'ai écrite, où je

1. B. N., f. fr. 7888, f° 146.
2. B. N., f. fr. 7888, f° 166.

t'ai mandé mes véritables sentiments et naturels, sur ma condition, par rapport aux grâces que je pouvais espérer du roi. Je suis tout comme je te l'ai mandé. Je crois que les habiles gens dans leurs affaires peuvent penser autrement ; pour moi, je veux être un bon valet, qui aime son maître et qui ne veux point salir l'attachement et l'affection qu'il a pour son service en lui demandant une augmentation de gages. Si la pensée doit m'en prendre, ce sera dans un temps où je ne serai pas si près des grâces qu'il m'a faites, ni dans celui où l'on pourrait dire que j'ai trop bonne opinion des services que j'ai l'honneur de lui rendre. »

C'est à peine s'il se décidait parfois, et de très mauvaise grâce, à solliciter pour les siens, qui ne se faisaient pas faute d'avoir recours à son crédit. Les familles d'autrefois, comme celles d'aujourd'hui, même celles de la bourgeoisie, n'entendaient pas, en effet, laisser stérile l'influence d'un de leurs membres, et Catinat était souvent mis en demeure d'agir auprès des ministres et du roi. Il ne le faisait jamais qu'en rechignant et avec une visible mauvaise humeur. C'est ainsi qu'il a bien de la peine à solliciter une abbaye pour son neveu l'abbé Pucelle, qui devait devenir fameux par son ardeur à soutenir le jansénisme, mais qui n'était encore qu'un jeune prédicateur de talent, fort aimé de Fénelon et qui donnait les plus grandes espérances.

« J'ai reçu [1] une lettre de l'abbé Pucelle sur l'offre

1. B. N. f. fr. 7888, f° 154.

que tu lui as faite de ma part. Je te prie, par commodité de ne pas faire réponse, de lui en accuser réception et de lui dire qu'il est difficile d'avoir un autre esprit dans les affaires qui regardent nos proches que celui que nous avons dans les nôtres mêmes.

« J'ai eu deux ou trois fois l'encre à la plume pour me donner l'honneur d'écrire au roi pour demander une abbaye pour lui. Mais je n'ai pu surmonter la répugnance que je me sens de l'importuner et de me donner la liberté de lui écrire là-dessus. »

« Au camp de Diblon, le 29 octobre 1694.

« Enfin [1], après avoir bien combattu, j'ai pris la résolution de prendre la liberté d'écrire au roi pour demander une abbaye pour mon neveu. Ce n'a pas été assurément sans de grandes répugnances.

« Je t'envoie la lettre à cachet volant, avec celle que j'écris sur ce sujet à M. le marquis de Barbezieux, auquel il m'a semblé à propos que tu remisses une pareille lettre. Je t'en adresse aussi une à cachet volant pour le P. de La Chaise, afin que tu puisses voir tout ce que ces lettres contiennent. A te dire le vrai, ce qui m'a déterminé, c'est que j'aime mes neveux et que souvent les gens ne jugent des sentimens que l'on a pour eux que par le bien qu'on leur fait ou par celui que l'on ne leur fait point et qu'ils s'imaginent

1. B. N., f. fr. 7888, f° 169.

que l'on peut leur procurer. Les ménagements que
j'ai cru devoir prendre là-dessus étaient assurément
sans aucun égard à mes propres affaires ; ils étaient
fondés sur une bienséance qui peut beaucoup sur
moi de ne donner aucune pensée au roi que le désir
accompagne encore la reconnaissance que je lui dois
de toutes les grâces qu'il m'a faites. Je suis assurément rempli d'un esprit naturel de modération sur ce
qui me regarde, et je ne fais nul effort en m'y laissant aller. Bien loin de là, je me fais violence d'en
sortir, faisant, si j'ose dire, justice au roi qui ouvre
le chemin à l'avidité et à l'importunité par des témoignages de sa bonté et de son affection, et trouve
immédiatement après ses grâces plus de désir que
de reconnaissance. Je crois savoir comment il se
faudrait conduire pour être plus habile pour son
intérêt ; mais je serais plus touché de la moindre
pensée que le roi pourrait avoir que je songe trop
à obtenir de ses grâces que je n'aurais de plaisir à
les recevoir par l'importunité.

« Fais présentement de ton mieux pour rendre
utile à mon neveu la démarche que je fais ; il la doit
assurément à l'estime et à l'affection que j'ai pour
lui ; car tout autre sentiment ne m'aurait été de nulle
contrainte. »

Dans une autre lettre, il recommande à une de
ses sœurs, qui venait d'être nommée abbesse de la
Madeleine de la Ville-l'Evêque, de garder sa simplicité première, avec une naïveté touchante chez un
vieux soldat.

« J'ai[1] reçu ta lettre. C'est par elle que j'ai reçu le premier avis que ma sœur avait été élue supérieure de son couvent. Je suis persuadé que bien loin de le souhaiter, elle a désiré l'éviter. C'est une des meilleures marques qu'elle nous donnera jamais de son bon esprit, car en vérité, en pareille condition, je crois que l'on doit chercher son repos, n'être occupé que de sa propre conduite et non des affaires qui vous donnent les mêmes soins que ceux que l'on pourrait avoir dans le monde. Au milieu de tout cela, je suis persuadé qu'elle est capable de s'y très bien conduire. »

Ce n'est pas, en effet, que le maréchal de Catinat fut devenu avec l'âge et la grandeur rude ou austère dans le commerce ni qu'il affichât la vertu : loin de là, ses lettres le montrent d'une bonhomie souriante, aimant la plaisanterie, la conversation et plein d'affabilité pour ses inférieurs.

« Je suis bien[2] obligé, écrit-il un jour, à M. le chevalier de Gesvres d'avoir fait connaître à Madame sa mère qu'il était content de moi. Il est aimable, d'une figure revenante, de la douceur dans l'esprit, et sa dévotion ne donne nulle incommodité à ceux qui ont le malheur de n'en avoir pas autant que lui.

« Je te réponds que nous ne nous séparerons point, ou il faudrait qu'il y eût là-dessus des conjonctures dont je ne fusse pas le maître. »

On peut se rendre bien compte de cette bienveil-

1. B. N. f. fr., 7888, f° 149.
2. B. N., f. fr. 7888, f° 167.

lance aimable chez Catinat dans sa correspondance avec un de ses brigadiers d'infanterie, qui a été publiée non pas tant à cause de son importance qu'à cause de son origine. On voit dans les lettres écrites au courant de la plume, sans aucune préoccupation d'un public quelconque, se montrer un Catinat bon enfant, parfaitement simple, occupé des autres, qui, on le comprend sans peine, devait être fort aimable. Cet officier nommé Carré d'Alligny, qui devint un officier général distingué, avait été sous les ordres de Catinat dès son entrée à l'armée d'Italie, et celui-ci s'occupa de protéger les débuts du jeune officier avec la plus vigilante sollicitude : « J'ai [1] reçu, Monsieur, lui écrivait-il de Suse dès 1690, avec bien de la joie la lettre que vous m'avez fait l'honneur de m'écrire qui me fait connaître que vous êtes dans une assurée convalescence. Je vous assure, Monsieur, que personne n'a pu avoir plus d'inquiétude que j'en ai ressenti lorsque j'ai appris le malheureux état où vous étiez. Je souhaite présentement avec impatience que vous soyez hors des douleurs de votre épaule et en état d'aller boire avec plaisir et commodité du bon vin de Bourgogne. Je ne saurai mieux faire mon devoir que je l'ai déjà fait à votre égard en rendant compte à la cour et de votre régiment. Je l'ai fait avec justice étant aussi véritablement que l'on puisse être, Monsieur, votre très affectionné serviteur.

« CATINAT. »

1. *Bulletin du bibliophile*, 1861, Paris, Techener. Lettres inédites de Catinat à Pierre Carré d'Alligny, publiées par H. Beaune, p. 428.

Cette aimable correspondance dura plusieurs années et Catinat continue à s'occuper du jeune officier avec le plus vif intérêt. Il trouve même moyen de lui indiquer sans pédanterie ni emphase qu'il surveille sa conduite privée et qu'il en est fort bien instruit. Il lui écrit à la fin d'une missive militaire ces lignes qu'on peut prendre pour un discret avertissement :

« A Oulx[1], le 15 avril 1693.

« Vous ne trouverez plus à Briançon la Comtoise qui aurait un grand plaisir à vous revoir après toutes les tendresses que vous avez eues pour elle.

« Le maréchal DE CATINAT. »

Et quelques jours plus tard, Catinat ajoute :

« A Vignerol[2], mai 1693.

« Je vous envoie, Monsieur, une lettre des consuls de la Rua. Les plaintes sur l'argent, qu'on leur demande, regardent M. l'intendant et c'est à lui à qui il faut qu'ils s'adressent pour recevoir soulagement. Mais à l'égard de leurs prés, c'est vous qui répondez de tous les désordres qui s'y commettent, puisque vous êtes oingt et revêtu du caractère qui vous donne l'autorité de faire observer une bonne

1. *Bulletin du bibliophile*, 1861, p. 440.
2. *Bulletin du bibliophile*, 1861, p. 441.

discipline et de protéger les peuples. Envoyez
chercher, je vous prie, un des consuls pour leur
faire connaître la protection que vous voulez leur
donner, dont je vous serai obligé. Quand vous aurez
de l'attention et un esprit de charité dans l'étendue
de votre commandement, vous pourrez espérer par-
don des aventures nocturnes que vous avez.

« Le maréchal DE CATINAT. »

Quelques années plus tard, le même d'Alligny,
chargé de commandements importants, recevait encore des billets de son général tout remplis du plus
persévérant intérêt, où il lui recommande les soldats malades et les populations foulées par les
mêmes troupes avec un soin touchant.

Dans ces dernières campagnes d'Italie en 1693 et
les années suivantes, les deux Vendôme, le duc et
le grand prieur, avaient fait partie de l'état-major
de Catinat. C'étaient, certes, les esprits et les caractères les plus différents qu'il fût possible d'imaginer, de celui du maréchal, et ils ont laissé dans
l'histoire la réputation de libertins esprits forts, qui
inauguraient à petit bruit le mouvement d'immora-
lité railleuse et incrédule dont la Régence est l'apogée.

Mais malgré tout ce que la justice oblige de leur
reprocher et même de leur imputer, on ne peut nier
que ce ne fussent des gens de beaucoup d'esprit et
les plus agréables causeurs. Aussi Catinat, sans
relâcher en rien de la rigueur de ses principes, ne
put-il résister à l'agrément de leur commerce et se

lia-t-il beaucoup avec eux. Catinat savait bien lui-même les commentaires qu'allait faire naître cette singulière liaison et il était le premier à en plaisanter : « J'ai ri, écrivait-il à son frère Croisilles, j'ai ri[1] quand j'ai vu dans ta lettre que l'on regardait comme une cabale la liaison avec laquelle je parais avec MM. de Vendôme. Ni eux ni moi n'avons guère d'attention pareille. J'ai réussi à pouvoir avoir l'honneur d'être de leurs amis et le respect à part, qui leur est dû, je les ai trouvés honnêtes gens. Assurément que leurs vues et les miennes ont été bien courtes sur cette correspondance. Je les ai assortis sans aucune application particulière et je me suis trouvé sensiblement obligé et honoré de la manière dont ils ont bien voulu vivre avec moi. Adieu, mon frère. »

Les deux Vendôme avaient, du reste, la même passion pour les armes que Catinat, et si leurs talents militaires étaient aussi dissemblables que leurs caractères ou leurs mœurs, ils se comprenaient mutuellement et savaient s'apprécier à leur valeur.

En 1694, Catinat écrivait au duc de Vendôme.

« M. le grand prieur m'avait déjà mandé que notre armée aurait l'honneur de vous avoir ; je ne saurais vous exprimer, Monsieur, la joie que j'en ressens, quoiqu'elle me soit commune avec tous ceux qui la composent[2].

---

1. B. N. f. fr., 7887, f° 256.
2. *Mémoires* de Catinat, III, 4.

« N'épuisez pas, je vous prie, votre poitrine dans les disputes d'Anet, et gardez-en quelques lobes sains et entiers, pour ne pas succomber à soutenir, à l'armée, les opinions sensées que vous avez contre les contradictions de ceux qui les attaquent avec violence. Il y a trop d'honneur et de gloire à être dans la gazette, pour que je manque à vous féliciter de vous y avoir vu dans celle du 10 du courant. »

Dans une autre lettre, Catinat félicite aussi Vendôme du choix que le roi fit de lui comme général des galères en 1694, ce qui était un poste très considérable qui remplaçait la charge d'amiral général de France, supprimée comme celle de maréchal général.

« Depuis ¹ ma dépêche faite, il est arrivé un courrier à M. le Grand Prieur, dépêche de Lyon par votre garde Saint-Arnaux, qui lui a apporté la nouvelle que le roi vous avait donné la charge de général des galères. Je n'ai rien appris avec plus de joie. Toute notre armée est en liesse. Notre premier mouvement nous aurait volontiers portés à tirer notre canon, et faire trois salves de mousqueterie.

« Le roi vient de faire une grâce à un bon ami, un bon serviteur, un bon sujet ; je suis bien persuadé qu'il s'est fait autant de plaisir qu'à vous. »

Ces relations de Catinat avec les Vendôme ne pouvaient être omises d'autant plus qu'elles ont sans

1. B. N., fr. 14, 177, f° 8.

doute contribué aux accusations d'irréligion qu'on se plut à faire courir sur son compte lorsque la faveur commença à l'abandonner. Mais pas plus autrefois que de nos jours, on n'adopte toutes les idées de ceux à côté de qui on est obligé de vivre, et rien dans les quelques lettres de Catinat à Vendôme ne fait, même de loin, allusion au libertinage d'esprit et de mœurs du petit-fils de Henri IV, qui, au milieu des bizarreries et des vices dont il se vantait, avait du moins conservé quelques traits de son illustre aïeul dans la vivacité, le mordant, l'imprévu de l'esprit et dans ces parties de grand capitaine, qui le rendirent si souvent heureux sur les champs de bataille. Les rapports de Vendôme et de Catinat ne prouvent rien d'autre que la facilité, la bonhomie et le goût pour la conversation spirituelle que cachaient un peu au premier abord, chez le maréchal, l'austérité des principes et de la vie et cette raideur apparente qui tenait à son origine de vieille bourgeoisie parisienne, raideur dont il ne se défit jamais. Les lettres à son frère Croisilles sont pleines de traits de familiarité et d'abandon qui le montrent sous ce même aspect de bonhomie, qu'on n'a pas assez remarquée. Il s'intéresse à la santé de son frère, déjà malade de la maladie qui devait l'emporter, dans les moindres détails, et au milieu des préoccupations, des anxiétés d'une campagne à diriger, il la suit avec la plus vigilante affection, comme s'ils eussent été ensemble dans la vieille maison de la rue de la Sorbonne. Il s'occupe de la terre de Saint-Gratien, qui lui appartenait, avec une sollicitude de propriétaire rural qui aime la campagne et le séjour de la campagne; il en fait garder la chasse, ce qui était alors une faveur, et obtient de « M. le Prince », dont le domaine voisin de Chantilly relevait, la permission de faire accomplir cet emploi par un des gardes du prince. Et tout cela vient naturellement sous sa plume au milieu des détails militaires avec une simplicité fort aimable, qui font comprendre pourquoi les soldats aimaient tant leur Père La Pensée, qui était en même temps le meilleur homme du monde.

« Tu[1] me mandes, écrit-il à son frère le 17 août 1694, que M. le Prince a la bonté d'ordonner à un de ses gardes-chasse de garder la terre de Saint-Gratien. Il faudra que tu saches quel est ce garde, pour que tu lui donnes quelque honnête gratification annuelle afin qu'il fasse son devoir. Tu ne manqueras pas d'avoir l'honneur de remercier M. le Prince. Tu as bien fait de prendre cette voie pour t'éviter l'inquiétude d'être témoin d'une escarmouche sous tes fenêtres, lorsque tu te promènes à Saint-Gratien. Je ne sais si tu ne devrais pas joindre à la grâce que tu as demandée, encore celle d'une permission de M. le Prince pour que les amis que tu pourrais mener à Saint-Gratien pussent y chasser. »

Quinze jours plus tard, au milieu encore de toutes les opérations militaires, Catinat revient en-

____

1. B. N., f. fr. 7888, f° 155.

core sur cette affaire de la chasse de Saint-Gration
qui, à cette époque, avait une importance considérable pour des propriétaires bourgeois dont les
terres ne jouissaient pas de toutes les franchises.

« Au camp de Diblon, le 2 septembre 1694.

« ... Je [1] te vois bien content de la grâce que
M. le Prince nous a faite de nous avoir accordé un
garde-chasse . Tu fais bien d'être religieux à te con-
tenir à la chasse dans les bornes de notre territoire.
Il me semble que tu proposes une gratification trop
faible pour ce garde. S'il fait bien son devoir, et s'il
se donne bien de la peine, tu peux bien faire aller
cela jusqu'à 30 écus par an ou 100 francs. »

Finissons enfin ces extraits peut-être trop nombreux
des lettres de Catinat à ce moment brillant de sa carrière, par ces lignes à Croisilles, à propos d'une dis-
tribution des « grâces du roi » où il n'avait évidemment
pas été compris. On y retrouve l'homme tout entier
avec son élévation d'âme naturelle et cette simplicité presque enfantine parfois, qui forment un ensemble si original.

« J'ai [2] reçu ta lettre où tu parles au long, et avec
amitié, sur les grâces que le roi vient de distribuer.
Je t'ai déjà témoigné mes sentiments là-dessus, et je
n'ai rien de nouveau à t'en dire. Si tu voyais comme

1. B. N., f. fr. 7888, f° 161.
2. *Mémoires* de Catinat, III, 25.

je suis sur pareilles choses, tu n'y aurais pas tant d'attention.

« Je suis très content, très reconnaissant du passé, et sans aucune impatience de mieux être.

« J'ai été bien aise d'apprendre, par ta lettre, que tu n'avais nul ressentiment de néphrétique. Je ne comprends pas comment le bain a pu faire sur ta poitrine l'effet que tu me mandes.

« Prends garde à tous ces rafraîchissements qui attaquent la vertu de l'estomac; il vaut souvent mieux souffrir quelques incommodités que de travailler cette partie.

« Tu me mandes que vous allez tous à Saint-Gratien. Divertissez-vous-y bien, et jouissez du plaisir de la vie. »

CHAPITRE VI

LA DISGRÂCE
(1697-1701)

Pendant les quatre années de paix qui suivirent le traité de Ryswick, Catinat ne joue aucun rôle et ne cherche pas à en jouer. Il ne se montre pas à la cour, en dehors des occasions où sa dignité de maréchal de France l'y amène naturellement, et vit retiré soit à Paris, soit à Saint-Gratien, tout entier à son frère, à son cher Croisilles dont la santé déclinait et qui allait bientôt disparaître. Cette intimité touchante, dont on a pu voir des traces à chaque page de ce récit et qui est également à l'éloge de tous les deux, n'avait fait que s'accroître avec les années. Le temps qui désunit tant de choses n'avait pu détendre ces liens que tout avait contribué à former, l'élévation commune des caractères encore plus que la proximité du sang. La gloire de l'un était le bien de l'autre. Croisilles jouissait plus des succès de son frère que Catinat lui-même, et Catinat n'avait pas seulement la pensée de se préférer à Croisilles, auquel il confiait toute son âme et à l'avis duquel il déférait avec la modestie qu'aurait pu avoir un inférieur vis-à-vis de son supérieur.

Aussi lorsqu'au mois de mars 1701, Croisilles mourait à Paris, après de longues et cruelles souffrances chrétiennement supportées, sa mort fut-elle l'objet de vifs regrets dans tout ce qui restait à Versailles ou à Paris de l'ancienne société de Mᵐᵉ de Sévigné et de celle de Mᵐᵉ de Maintenon, chez les Beauvilliers, les Luynes, les Mortemart, chez Mᵐᵉ de Coulanges comme chez les fidèles amis de M. de Cambrai. Fénelon lui-même, du fond de son exil, écrivait à une de ses correspondantes : « Notre bon ami, M. de Croisilles, est mort en vrai chrétien. J'en suis bien touché; mais Dieu prend ce qui est à lui et non pas à nous[1] ! » Et dix ans après il disait encore, en parlant de Croisilles, dans une lettre à son neveu l'abbé Pucelle : « Je ne puis penser à lui sans m'attendrir et sans m'attrister. L'amitié coûte cher, car elle cause de grandes douleurs. J'espère, Monsieur, que la mémoire de M. de Croisilles, qui m'a aimé, vous engagera à me donner quelque petite place dans votre cœur[2]. » Celui qui avait su s'attirer ainsi l'estime d'un aussi fin connaisseur la méritait assurément, et l'on n'a pas de peine à comprendre quelle fut la douleur de Catinat, qui perdait ainsi à l'entrée de la vieillesse le fidèle ami de toute sa vie, le confident de toutes ses pensées et le plus solide de tous appuis. Nous n'avons malheureusement aucune trace

<hr>

1. Fénelon, *Corresp. génér.*, VI, 320.
2. Fénelon, *Corresp. génér.*, III, 505.

de son chagrin, aucune lettre où il l'ait exprimé, mais le coup fut si rude et son désespoir fut si connu qu'avec le manque de délicatesse habituel à l'esprit de parti et à l'ambition personnelle, ses ennemis et même ceux qui ne lui étaient pas favorables, en prirent occasion, lors des revers de la campagne qui allait s'ouvrir, pour prétendre que ses facultés en avaient reçu une grave atteinte et que le chagrin avait altéré son jugement.

La France, en effet, n'avait malheureusement pas joui longtemps du repos que lui avait donné la paix de Ryswick. A l'acceptation, par Louis XIV, du testament de Charles II qui donnait l'Espagne au duc d'Anjou et changeait l'équilibre de l'Europe, l'empereur avait immédiatement répondu par une prise d'armes en Italie et en Allemagne. Les Anglais et les Hollandais, fatigués de la dernière guerre, furent plus longs à recommencer la lutte ; peut-être même, avec un peu de prudence, eût-on pu finir par leur faire accepter, au moins par le silence, le testament du roi d'Espagne. Mais Louis XIV, par les plus inexplicables et les plus arrogantes provocations, vint en quelque sorte lui-même en aide à Guillaume d'Orange et à Heinsius, le grand pensionnaire de Hollande, ces deux grands ennemis de la France, qui ne rêvaient qu'une nouvelle ligue contre elle et cherchaient par tous les moyens à secouer la mollesse et l'indifférence de leurs compatriotes.

S'emparant en pleine paix, au nom du nouveau roi d'Espagne, des places fortes de Flandre remises à la garde des Hollandais, il mit le comble à son imprudence en reconnaissant comme roi d'Angleterre, sous le nom de Jacques III, le fils de Jacques II qui venait de mourir, alors qu'il avait solennellement reconnu Guillaume d'Orange à Ryswick. Il y avait là une violation flagrante de la parole donnée. La ligue de La Haye, qui coalisait de nouveau contre nous l'Empire, l'Angleterre, les Provinces Unies, les puissances du Nord et plusieurs petits souverains d'Italie, fut la réponse à cette étrange infatuation d'orgueil, dont les suites devaient être si funestes et mettre la France à deux doigts de sa perte. La guerre, connue sous le nom de guerre de la Succession d'Espagne, recommença plus acharnée, plus furieuse que jamais, alors que les suites de la guerre de la ligue d'Augsbourg étaient encore dans toute leur force et les plaies du pays à peine fermées.

Au printemps de 1701, Catinat dut repartir pour aller reprendre le commandement des troupes françaises, qui en Italie devaient faire face aux Impériaux commandés par le prince Eugène. Cette fois, le duc de Savoie était l'allié de la France, il joignait ses troupes aux nôtres et devait commander, comme généralissime, les deux armées réunies. Cette alliance sur laquelle le roi comptait beaucoup et qui devait au contraire être si trompeuse pendant sa courte durée, changeait tout à fait la situation du général français, obligé de se subordonner à un prince étranger, habitué dès sa jeunesse à se soucier fort peu du respect de la parole donnée dès que son intérêt était en jeu. Ainsi serré d'une part entre les ordres du roi, qui depuis la mort de Louvois voulait de plus en plus gouverner les opérations lui-même, de Versailles, ordres auxquels il ne se croyait pas en droit de se soustraire, et de l'autre par la froideur évidente et la lenteur calculée du duc de Savoie, qui ne tarda pas à dégénérer en mauvaise foi évidente, la position du chef de l'armée française était singulièrement difficile. Sans liberté d'action d'aucun côté, tenu en bride par la cour, qui commandait des choses impossibles et attendait des coups d'éclat qu'on ne pouvait raisonnablement pas espérer, gêné par le mauvais vouloir d'un allié, qui ne cachait pas sa mauvaise humeur de voir anéantir par le testament de Charles II les espérances d'agrandissement que lui avaient fait concevoir les traités de partage montrait ouvertement sa répugnance à la tâche qu'il accomplissait, et ne voulait rien risquer, le maréchal, dont la souplesse et l'art de traiter avec les hommes n'étaient pas les qualités dominantes, allait avoir en face de lui un des plus grands capitaines du temps à la tête d'une armée compacte et mobile qu'il tenait pour ainsi dire dans sa main et qu'il commandait à son gré. La partie n'était vraiment pas égale et les résultats n'étaient pas douteux.

Catinat avait trop la connaissance des choses militaires et trop l'instinct inné des nécessités de la guerre, pour ne pas se rendre tout de suite compte de la difficulté de la tâche qu'on lui imposait. Mais il était aussi trop fidèle sujet et trop vaillant soldat pour essayer de s'y soustraire.

Le devoir parlait, il n'y avait qu'à obéir. Il partit donc sans hésiter, mais avec de sombres pressentiments et sans rien de cet entrain, de cette confiance qui sont si nécessaires à la guerre, surtout lorsqu'il s'agit d'une guerre douteuse et difficile. Dès le 4 avril 1701, Catinat arrivait en Italie. Il se rendit d'abord à Turin où le duc de Savoie, passé maître en dissimulation, le reçut à merveille et le combla de distinctions. Il en repartit deux jours après, avec la promesse de l'arrivée prochaine des troupes piémontaises, qui se firent attendre le plus longtemps possible. Mais Catinat savait par une vieille expérience à qui il avait affaire et il n'était pas dupe des belles promesses du duc. Le 10 avril, après avoir visité les troupes répandues en divers campements, à Milan, à Crémone, il établissait son camp à Castiglione et y attendait l'arrivée de l'allié de la France.

Victor-Amédée mit plus de trois mois à tenir sa promesse et n'arriva à l'armée que le 24 juillet, témoignant ainsi, dès la première heure, de son peu d'ardeur à venir se joindre à nous. Cette absence prolongée du généralissime était déjà, à elle seule, une cause d'incertitude et de désunion dans une armée de coalisés. Mais, de plus, et ceci était une cause bien plus grande de faiblesse, Catinat trouvait à ses côtés un autre officier général qui partageait avec lui l'autorité et le commandement, c'était le prince de Vaudemont, « gouverneur et et capitaine général pour Sa Majesté Catholique au Milanais ».

M. de Vaudemont était fils de Charles IV de Lorraine, si célèbre par sa vie aventureuse et romanesque et de son prétendu mariage avec Mme de Cantecroix. Reconnu comme prince lorrain par Charles IV, qui le traita toujours comme son fils légitime et le maria à une fille du duc d'Elbœuf, autre prince lorrain, le prince de Vaudemont était l'un des plus brillants seigneurs du temps. Beau, spirituel, aimable, aussi brave que peu scrupuleux, courtisan et homme du monde accompli, il avait su se faire une situation considérable dans toutes les cours d'Europe, et était aussi bien vu à Bruxelles ou à Vienne qu'à Madrid ou à Versailles. A Londres même, Guillaume d'Orange le ménageait et c'était par son crédit et celui de la reine d'Espagne, fille de Victor-Amédée, que l'important gouvernement civil et militaire du Milanais qu'il exerçait déjà sous Charles II lui avait été conservé sous le nouveau règne. Cette place d'une importance considérable le mettait à la tête de toutes les troupes espagnoles présentes en Italie. Louis XIV lui-même le ménageait beaucoup et le traitait avec une considération marquée, dont l'habile courtisan savait fort bien user sans jamais en abuser. Lorsqu'il lui annonçait lui-même dans une lettre autographe l'envoi de Catinat en Italie, Louis XIV ajoutait cette phrase remarquable : « J'envoie le maréchal de Catinat pour commander mes troupes... C'est un homme sage que son expérience et son mérite ont élevé à la place où il est et dont vous aurez autant de sujet d'être content que vous l'avez été jusqu'à présent du comte de Tessé[1]. »

Il y avait pour Catinat, dans la présence de ce compétiteur qui devint tout de suite le plus malveillant des observateurs, une gêne de plus et un partage dans l'autorité fort nuisible au bien des affaires. Ce n'eût pas été trop, en effet, de la réunir tout entière en une seule main, afin de pouvoir résister à un ennemi dirigé par un chef tel que le prince Eugène. Les suites de ces maladresses qui, en de pareilles circonstances, deviennent de vraies fautes, ne tardèrent pas à se faire voir. Les conséquences en retombèrent sur Catinat qu'on ne manqua pas, — et Tessé, qui était là aussi sous ses ordres comme lieutenant général, s'y employa de son mieux, — de rendre responsable de tout aux yeux du roi.

Nous n'essaierons pas de raconter dans le détail cette campagne de 1701, où le maréchal eut tant à souffrir, pas plus que nous ne l'avons fait pour les années brillantes de la Staffarde et de la Marsaille; encore bien moins nous risquerons-nous à la juger, au point de vue militaire, et à faire la part et des torts et des fautes de chacun. Une pareille prétention toujours assez difficile à justifier chez ceux qui n'ont pas commandé les armées ou fait de la stratégie le but de leurs études, serait ici tout à fait hors de propos. Nous nous contenterons de rappeler briè-

1. *Mémoires militaires* relatifs à la succession d'Espagne. Pelet, 1855, I, 223. Dépôt de la guerre, 1528.

vement les faits et de laisser chacun les apprécier. Nous nous en servirons seulement pour mettre dans toute sa lumière le caractère moral de Catinat aux prises avec les rudes leçons de l'adversité et s'y montrant vraiment grand par la hauteur d'âme et la parfaite simplicité.

Dès le début, bien qu'il sût que ce n'était pas une manière de faire sa cour, Catinat se crut obligé de mettre le roi sur ses gardes en l'avertissant du double jeu de Victor-Amédée. Il le dit à plusieurs reprises au ministre d'État, Michel de Chamillart, qui venait de remplacer, comme ministre de la guerre, Barbezieux, le fils de Louvois, que la mort avait prématurément enlevé. De son côté, Tessé, qui connaissait, lui aussi, le prince de longue date et l'avait vu de près dans ses ambassades à Turin, ne cessait d'avertir la cour tout en se gardant bien d'être aussi explicite dans ses lettres à la duchesse de Bourgogne, à qui, suivant l'expression du temps, il se vantait d'appartenir. Louis XIV, qui sentait tout le besoin qu'il avait de l'alliance piémontaise pour lutter contre la coalition européenne de nouveau formée contre la France, ne voulut rien entendre et ferma volontairement les oreilles jusqu'à ce que les faits vinssent cruellement confirmer les avertissements de ceux qui voyaient agir le duc de Savoie, c'est-à-dire voyaient clairement son manque de bonne foi[1].

1. Sans entrer dans la discussion de la question si controversée de la duplicité effective du duc de Savoie, il y a lieu de noter ici que les éditeurs des papiers militaires du prince

En arrivant au quartier général, près de Mantoue, Catinat y trouva Vaudemont et Tessé, dont l'un devait commander à ses côtés et l'autre sous ses ordres. C'était trouver, au lieu d'aides, deux concours qui observeraient ses moindres actes avec rien moins que de la bienveillance et, ce qui plus est, correspondant directement avec la cour, n'en laisseraient rien ignorer à Versailles. Catinat le savait et la conscience de se sentir ainsi observé par des yeux malveillants le gêna singulièrement.

Dès le début, Vaudemont et Tessé, l'un « en pinçant seulement la matière », l'autre « à plein écritoire », comme dit Saint-Simon, commencèrent, en effet, cette campagne de correspondances contre le général qui commandait les troupes françaises, sous laquelle il ne devait pas tarder à succomber. Leurs lettres, qui subsistent, en font malheureusement foi et témoignent de cette intrigue, où les grands intérêts alors en jeu étaient si peu ménagés. Tessé devait l'origine de sa fortune à Catinat, il eût dû au moins s'en souvenir, mais il aspirait sans doute à le remplacer. Quant à Vaudemont, qui, s'il faut en croire Saint-Simon, avait tout fait pour séduire Tessé dont il connaissait l'influence à Versailles et

Eugène, publiés à Vienne, se prononcent ouvertement contre cette accusation contredite par les papiers en question. Il faut toutefois remarquer que les renseignements indirects transmis, dit-on, par Victor-Amédée seraient de ceux dont l'amour propre personnel pas plus que l'intérêt ou les convenances ne permettent pas de parler, aussi bien à celui qui les reçoit qu'à celui qui les donne.

se l'attacher, il est difficile de comprendre la raison de son animosité. Les premiers biographes de Catinat ne font pas difficulté d'admettre qu'il était resté secrètement en intelligence avec les coalisés et qu'il trahissait les intérêts de la France. A Versailles, on le disait ouvertement, jusque dans les entours immédiats du roi. « Madame », avec sa franchise ordinaire, le disait tout haut, et même chez Mme de Maintenon, on ne se faisait pas faute de l'insinuer. Ce qui donnait du crédit à l'imputation était le fait, au moins singulier, de voir le fils de Vaudemont servir dans l'armée alliée et combattre son propre père. Leur brouille apparente n'ôtait pas ce qu'il y avait d'étrange à voir le père et le fils dans deux armées ennemies et ayant, suivant l'usage immémorial de leur maison, un pied dans chaque camp. Catinat, avec sa modération ordinaire, ne relève pas ces accusations dans sa correspondance. Tessé, au contraire, défend très vivement Vaudemont. Mais ce qui eût sans doute bien surpris tout le monde, acteurs et spectateurs, et ce qui montre au milieu de quelles intrigues le « sage et ferme » mais peu souple Catinat avait à se mouvoir, c'est de rencontrer, comme l'un de ceux dont les insinuations chargent le plus Vaudemont, le duc de Savoie, qui cherchait peut-être ainsi à lui rendre la pareille. C'est cependant[1] ce qu'on peut lire dans les rapports adressés au roi de l'armée, où le duc se montre comme dénonçant

1. *Michel Chamillart*, par l'abbé Esnault. Paris, Picard, 1895, I, 43 à 93.

sans ménagement son bon ami le prince de Vaudemont et mettant la cour de Versailles en garde contre sa mauvaise foi. Vaudemont, de son côté, est tout aussi décidé dans ses imputations sur la bonne foi du duc de Savoie et ne se fait pas faute de les transmettre à la cour. Louis XIV resta longtemps à dessein sourd à toutes ces dénonciations dont il était très bien averti, mais qu'il croyait dans son intérêt d'ignorer tant qu'il le pourrait. A la fin de la campagne, il finit par faire faire une enquête secrète sur la conduite de Vaudemont par l'intendant Bouchu, homme fort intelligent, très ami de Tessé, enquête qui donna lieu aux rapports dont nous avons parlé plus haut et n'aboutit à rien de décisif. Vendôme, qui, en 1702, remplaça en Italie le maréchal de Villeroy, prit, du reste, Vaudemont sous son aile, si on nous passe le terme, et dans une grande lettre qui subsiste, s'en porta garant. Le prince de Vaudemont garda le gouvernement du Milanais.

Catinat n'ignorait pas les critiques, qui allèrent bientôt jusqu'à la plus malveillante hostilité, dont Tessé comme Vaudemont le poursuivaient dans leurs lettres à la cour. Il avait une trop longue expérience des hommes pour ne pas savoir aussi qu'elles ne restaient pas en chemin et qu'elles allaient droit à Versailles dans l'oreille du maître.

La conscience de se sentir ainsi observé par des yeux malveillants et de trouver des rivaux dans ceux qui auraient dû être ses appuis, le gênait et le rendait plus circonspect que jamais, trop timoré même. Ses instructions, qui lui défendaient expressément de commettre les premières hostilités, de passer l'Adige et d'entrer sur le territoire de Venise, le confirmaient encore dans son plan d'une stricte défensive. Les troupes piémontaises, de plus, ne se hâtaient pas d'arriver et Catinat écrivait avec une humeur visible . « Nous nous passerons fort bien de Son Altesse Royale, mais il n'est pas de même de ses troupes, elles marchent à pas de tortue, serpentant comme le Méandre [1]. »

Les deux armées restèrent donc quelque temps chacune sur la défensive, le prince Eugène cherchant à passer l'Adige et Catinat se bornant à l'en empêcher. Enfin, le 9 juin, instruit par ses espions que Catinat s'était porté avec un corps de troupes vers Ostiglia pour défendre le passage du Pô, le général autrichien passe brusquement avec toute son armée l'Adige à Carpi, surprend une partie des troupes françaises qui devaient défendre le passage et malgré leur héroïque défense les force à se replier en arrière, sur Legnano. Tessé, qui était accouru au premier bruit du combat, y fit des prodiges de valeur et s'y exposa avec un sang-froid qui montre que, s'il ne savait pas toujours retenir sa plume, il savait braver les coups de fusil. La ligne de l'Adige était perdue et les troupes françaises durent se replier en arrière à Villafranca, petit endroit près de Mantoue, rendu célèbre de nos jours par la paix qui porte son nom.

1. *Mémoires* de Catinat, III, 225; *Mémoires* de Tessé, II, 194.

Ce premier engagement, malheureux pour nos armes, avait eu lieu en l'absence de Catinat, dont le prince Eugène, toujours admirablement instruit de ce qui se passait dans l'armée française, avait habilement profité. A son retour, il ne cacha pas sa profonde tristesse, que les malveillants interprétèrent comme une faiblesse et un signe de diminution dans ses facultés. Ce qui affligeait tant Catinat qu'il ne pouvait pas le dissimuler, c'était la conscience du manque d'unité dans la direction et l'impuissance où il était de remédier au mal, n'ayant pas l'autorité que confère le commandement suprême puisque seule l'absence du duc de Savoie, qui n'arrivait toujours pas, lui donnait le premier rang. C'est ainsi qu'il écrit après l'affaire de Carpi, avec une mélancolie qui ne lui est pas habituelle : « Sans la valeur des troupes, on ne sait ce que tout cela serait devenu. »

Malgré son désir de réparer cet échec par une action générale plus heureuse, Catinat ne se crut pas en mesure de la tenter tout de suite avec des chances suffisantes de succès. Il dut, bien qu'à regret et tout en n'ignorant pas le parti que ses détracteurs tireraient contre lui de son inaction, se contenter de rassembler toutes les troupes et d'établir ainsi une défensive solidement appuyée, qui ne permit pas aux ennemis d'avancer et de tirer tout le parti possible de leur avantage. Cette tactique prudente, mais sans éclat ni résultat immédiat, permettait de gagner du temps et d'attendre, avec l'arrivée du duc de Savoie et celle du reste de ses troupes, une occasion favorable pour prendre sa revanche. Mais cette expectative habilement calculée ne faisait pas le compte de Louis XIV, qui avait espéré quelque succès considérable en Italie pour inaugurer sa nouvelle lutte contre la coalition. Il écrivait au maréchal lettre sur lettre pour le presser d'agir, et avec cette faculté qu'ont les souverains longtemps heureux de se persuader de la réalité de ce qu'ils désirent, il s'efforçait de démontrer au vainqueur de la Staffarde qu'il était parfaitement en mesure de culbuter les Impériaux. Catinat continuant à faire la sourde oreille, le roi ne cachait pas sa mauvaise humeur, son irritation même, et ne les laissait pas ignorer à celui qu'il en estimait comme la cause première.

Les illusions du roi étaient, du reste, entretenues par Chamillart, qui ne se faisait aucun scrupule de ne pas lui montrer les lettres de Catinat qui eussent pu le détromper, et lui cachait de parti pris tout ce qui aurait pu l'inquiéter. Le ministre dut l'avouer lui-même plus tard au roi et se couvrit en mettant en avant la volonté déclarée de Mme de Maintenon, qui ne s'en défendit pas. On ne se faisait, d'autre part, pas faute d'exciter le déplaisir du roi. C'est, en effet, le moment où Tessé et Vaudemont, chacun dans leur genre, perdent toute mesure dans leurs attaques contre le chef qui les commandait.

Tessé devient chaque jour plus vif, plus pressant, et demande ouvertement le rappel du maréchal avec une vivacité parfois presque éloquente, qui eût été digne d'une meilleure cause. En voici quelques échantillons qui feront juger du reste. Dès le début de la campagne, Tessé écrit à Chamillart avec une liberté qu'il savait devoir être bien accueillie, sans cela un aussi fin courtisan se serait bien gardé de la risquer.

« Je vous[1] le répète encore, tout ce que je vois me ferait devenir fou, si je ne me précautionnais contre moi-même pour vivre sur tout ce que je vois au jour le jour, faire mon possible pour servir mon roi, me plier pour cela de toutes les manières et m'y mettre plus qu'aucun, comme un bon serviteur, sans vouloir ni pouvoir regarder trop curieusement dans l'avenir.

« ... J'ai l'honneur d'être respectueusement à vous et je vous assure que je vais aux expédients tant que je puis et que j'en ai, quoique je ne sois ici que bien subalterne pour me servir d'un terme d'infanterie « au-dessus des bretelles » !

Quelques jours plus tard, nouvelle épître de Tessé à Chamillart, aussi vive et aussi peu mesurée.

« Je vois entre vous et moi la sagesse d'un des grands capitaines que le roi ait, qui a gagné des batailles, et qui a toutes les grandes et solides qualités ; je vois, dis-je, la sagesse et l'expérience embarrassées par le prince Eugène, qui devrait recevoir en tout des férules. » — « Et nous, disait-il encore, avec une armée formidable, nous ne faisons

1. Dépôt de la guerre. 1515, pièce 13, 8 juillet 1702. Tessé à Chamillart.

rien par des principes, je crois, de précaution et de sagesse bonne toujours et dans de certains instants mortelle. » Puis il déclare ne pas demander à commander dans des affaires aussi difficiles, ce qui était sans doute une façon de le demander.

« Je finis par dire, ajoutait Tessé quelques jours plus tard, que la patience, quand on ne peut pas mieux faire, est l'attribut des honnêtes gens, comme elle est celui des ânes, et qu'en un mot il faut prendre d'où l'on en est [1]. »

Après le combat de Carpi, livré en l'absence de Catinat et malgré ses instructions, que le mauvais succès de la journée n'avait que trop justifiées, Tessé continue à accabler la cour de lettres de dénonciation contre son chef [2].

« Il faut, je crois, cacher au roi la désolation de Milan. Tout y fuit, personne ne croit y être en sûreté. Ceux qui sont à la campagne s'y réfugient et ceux qui sont dans la ville se réfugient dans la campagne. La noblesse, le sénat, les femmes, tout a délogé depuis que l'armée du roi a repassé l'Oglio.

« ... Je n'ai jamais cru, conçu, ni compris que la défense du Milanais étant l'objet principal, ce fût le défendre que de repasser l'Oglio.

« Pour moi, je deviens fou par tout ce que je vois; M. de Vaudemont fait pitié et nous nous consolons comme de bons serviteurs, qui vont aux expédients et qui les cherchent. Il y a quelque chose d'invisible

1. *Mémoires* de Chamillart, I, 32.
2. *Mémoires* de Chamillart, I, 36.

et un enchantement perpétuel et impénétrable qui conduit cette machine. L'armée du roi, indépendamment de ce que nous ramassons, est d'un tiers plus forte que celle de l'ennemi. Vous nous mandez à tous que le roi veut que l'on combatte, et pourtant l'on fait tout ce qu'on peut pour l'éviter... Encore une fois je deviens fou, mais mon état ne fait rien au roi... Il vaudrait mieux pour le roi avoir perdu une bataille que de finir la campagne comme nous la faisons. Si M. de Savoie s'y oppose, le sentiment nous découvre son cœur et, de ce jour-là, il faut prendre des mesures solides pour se dépêtrer des embarras qu'il cause ; s'il y va de bon pied, sa gloire particulière et la crainte de se découvrir obligeront les troupes à bien faire et, en effet, elles sont bonnes. Vous m'avez ordonné de vous mander mes sentiments : je vous obéis et je le fais avec liberté, trop naïvement peut-être, mais tel est mon tempérament et mon caractère[1]. »

Vaudemont plus sur ses gardes, parce qu'il avait une situation moins nette, était beaucoup plus modéré dans l'expression, mais tout aussi catégorique dans son blâme auquel sa réserve ne donnait que plus de portée.

« Les ennemis, disait-il, vont le grand chemin de Milan, ils vont y faire briller l'aigle impériale, ils y arriveront sans coup férir[2]. » On comprend sans

1. Tessé à Chamillart, 7 août 1701. Dépôt de la guerre, 1515, pièce 55.
2. *Mémoires de Catinat*, II, 443. *Mémoires de Tessé*, II, 404.

peine l'effet que de pareilles lettres devaient produire sur l'esprit du roi, déjà prévenu contre Catinat.

Toujours calme, ayant, du reste, trop de fierté pour parler de lui-même et se justifier, Catinat restait de parti pris sur une réserve qui désolait ses amis de la cour, impuissants à le défendre dans une situation qu'ils voyaient chaque jour plus compromise. Ses lettres au roi sont aussi modérées que s'il ne se fût pas agi de tout pour lui, comme pour l'armée qu'il commandait. On serait même tenté de lui reprocher cette modération et de lui vouloir un peu plus de vivacité, de verdeur dans la défense personnelle, si le désintéressement et la noblesse des sentiments d'élévation que cet oubli de soi et cette modération révèlent ne forçaient le respect. Le contraste même entre les légères et spirituelles épîtres de Tessé, qui ne ménage rien ni personne et cherche toujours à se faire valoir et les lignes graves, austères, du vieux soldat, fléchissant sous le poids de la responsabilité qui l'accable, en rehausse la valeur, mais explique en même temps leur peu de puissance de conviction. Ce n'est pas ainsi qu'on remue ni qu'on dissipe les préventions. « Jusqu'à présent, Sire, écrivait-il au début de la campagne au roi, qui ne dissimulait pas son impatience, notre guerre n'a pas été heureuse; j'en ai le cœur et l'esprit extrêmement mortifiés. Il me semble que la source de nos fautes a été de vouloir remédier à tout ce que les ennemis pouvaient faire et que l'on trouvait des inconvénients à tous les partis que l'on aurait voulu prendre. De manière que je me suis proposé présentement, Sire, de suivre un objet et de choisir s'il se peut celui qui est de plus de conséquence[1]. » Cette sorte de semonce sur le goût du roi pour diriger tout de loin, même dans le détail et la nécessité de laisser décider quelqu'un sur les lieux mêmes, ne devait certes pas plaire à Louis XIV, qui reprochait déjà à Catinat de ne pas le tenir assez au courant et auquel, comme nous l'avons dit tout à l'heure, Chamillart et Mme de Maintenon dissimulaient à dessein toutes les nouvelles désagréables.

Catinat ne se faisait, du reste, aucune illusion et il savait fort bien à quoi s'en tenir sur sa situation actuelle. « Le roi, écrivait-il, parle chez Mme de Maintenon, Chamillart répète ses discours pour faire voir qu'il est admis dans ce sanctuaire; les autres pour montrer qu'ils parlent au ministre. Le roi me ferait beaucoup plaisir d'envoyer ici quelqu'un pour commander[2]. »

L'arrivée du duc de Savoie, qui vint enfin le 24 juillet prendre le commandement en chef de l'armée, où les troupes françaises, espagnoles et sardes se trouvaient réunies pour lutter contre l'armée de la coalition commandée par le prince Eugène, ne porta pas remède à la situation. Loin de là, elle ne fit que la rendre au contraire plus aiguë et en hâter les tristes conséquences.

Victor-Amédée qui, s'il n'avait pas encore tout à

1. Dépôt de la guerre 1515, pièce 47. Le 4 août 1701.
2. *Mémoires* de Catinat, III, 225.

fait pris son parti de manquer à la parole donnée et de passer du côté des alliés, y inclinait visiblement, au lieu de chercher à calmer les divisions, à rendre à Catinat l'autorité morale qu'on lui contestait, sembla, au contraire, prendre à tâche d'augmenter les dissentiments. Il commença, en effet, par s'opposer formellement aux desseins de Catinat, qui, voyant les troupes du duc de Savoie enfin arrivées et réunies à l'armée du roi, eût voulu qu'on reprît alors l'offensive et qu'on cherchât l'occasion de prendre sa revanche de Carpi, ou, tout au moins, qu'on essayât de défendre la ligne du Mincio. Devant l'opposition déclarée du duc, le maréchal dut abandonner toute idée d'offensive et se borner à ne prêter nulle part le flanc aux armées des alliés, mais il fallut rétrograder et leur abandonner toute la vallée de l'Adige. Ce que voyant, le duc de Savoie changea tout à coup d'attitude, se rallia, en apparence, aux avis de Tessé, qui blâmait ouvertement la timidité du maréchal, et eut l'air d'approuver les critiques qu'il ne lui ménageait pas. Tessé, se croyant soutenu, ne garda plus dès lors aucun ménagement. Il eut même, en public, avec le maréchal une scène fort vive dont toute l'armée fut instruite et dont le bruit se répandit jusqu'à Versailles et à Paris. Voici, du reste, comment Tessé lui-même la racontait à Chamillart avec sa verve, si on nous passe le terme, son impertinence accoutumée. Tessé pressait le maréchal de faire une charge contre les ennemis, à laquelle celui-ci se refusait. « Comme le temps se passait, dit-il, et que la conversation était devenue publique, je dis à

M. le maréchal : « Monsieur, voulez-vous ou ne vou-
« lez-vous pas, car le temps presse. » Et sur cela
M. de Vaudemont dit : « Si l'on charge l'arrière-garde,
« cela fera retourner les ennemis et engagera une
« affaire comme celle de Sénesse, qui ne peut être
« qu'avantageuse. » Enfin, voyant qu'on ne prenait
aucun parti, je fis la sottise de dire : « Monsieur, les
« armes du roi sont déshonorées. Vous ne voulez
« prendre aucun parti ; je m'en vais à droite, où j'atten-
« drai vos ordres. » Je n'eus pas plus tôt le dos tourné
que M. de Savoie dit au maréchal et au prince de
Vaudemont : « M. de Tessé a perdu le respect devant
« moi, il a pris devant M. le maréchal un ton de
« parler trop haut et sans la considération que j'ai
« pour lui, je l'aurais interdit. » « C'était pourtant lui,
continue Tessé, qui m'avait engagé à cette proposition dont il ne voulait que le bruit et pas l'exécution.
Car, s'il l'eût voulu, il n'avait qu'à commander et
puisqu'il m'avait engagé à jeter l'hameçon, il était
bien aisé de le tirer[1]. »

Si Catinat supporta sans mot dire les insolences
de Tessé et continua, pour nous servir de son expression favorite, à faire de son mieux, Tessé, outré contre
le duc de Savoie, dont il se méfiait autant que son
chef, ne se fit pas faute de dénoncer à la cour les
incertitudes voulues du prince, qu'il appelle le plus
grand ennemi qu'eût la cour. « Le renard, mon maître,
écrivait-il à Pontchartrain, mourra dans sa peau, et
ne sera jamais ni fidèle allié ni commode ami et

1. *Chamillart*, par l'abbé Esnault, I, 38, 40.

restera implacable ennemi suivant les conjonctures[1]. »
Tout cela ne le rend pas plus équitable pour Catinat, le premier aux prises avec la mauvaise foi de
notre allié.

« M. le prince de Vaudemont, Monseigneur, envoie
encore un courrier à la cour, et il a raison; car,
assurément, le mal presse et ne presse que parce
que l'on ne prend aucun parti et qu'il n'y a personne
capable d'en prendre un. M. le duc de Savoie se lave
les mains en disant que ce n'est pas lui qui commande l'armée et qu'il a ordre du roi de ne faire que
ce que M. le maréchal veut; or je ne puis ni ne dois
parler de M. le maréchal, mais M. de Vaudemont
m'a dit qu'il allait mander au roi ce que M. le duc
de Savoie dit hier au marquis de Los Balbacès, pour
lui redire, lequel me l'a redit; et qu'enfin le maréchal, que j'aime, respecte et honore, ne voyait plus
rien que ce que ceux qui se noient voient; il veut
tout faire et ne fait rien; il se tourmente, et se tourmente inutilement... Le pauvre Pléneuf fait au delà
de l'imagination; mais les ordres changent trois
fois en un jour; encore si le bon maréchal voulait se
faire servir ou se laisser servir. Mais il a ses opi-
niâtretés et, dans le moment qu'il parle de repasser l'Adda et dit qu'il n'y a que cela à faire. Il ne
s'en est rien fallu que Milan n'ait pris les armes,
sur ce qu'il avait envoyé ordre de faire des fours
dans cette ville pour le pain de l'armée; et puis il se
rejette sur des difficultés de vivres et de mécaniques,

1. Rambuteau, *Tessé*, I, 102.

de voitures, que Pléneuf lui aplanit avec une facilité que je n'ai jamais vue aussi grande dans un munitionnaire. Au bout du compte, le roi doit être informé qu'il n'y a en vérité plus, comme on dit, personne au logis, que sa pauvre tête s'échauffe, s'embarrasse, et puis qu'il n'en sort rien... Je dis mon avis, je fais ce que je puis, mais cela ne produit rien, et c'est de celui qui commande qu'émanent les ordres précis. M. de Vaudemont retourne dans ce moment à l'armée et facilitera ce qu'il pourra; mais j'ai de la peine à croire qu'il puisse vaincre l'indolence léthargique de M. de Savoie, soutenue de l'incertitude de M. le Maréchal, qui n'a jamais eu depuis qu'il est ici et qui n'aura jamais d'autre objet que la défensive.

« Je vous assure que le roi ferait un coup important à son service s'il envoyait ici un maréchal de France qui voulût seulement se laisser servir... Je vous réponds que nous lui ferions encore faire un beau reste de campagne... Je vous supplie de brûler ma lettre après en avoir fait l'usage que vous jugerez à propos : toutes les vérités ne sont pas bonnes à dire. Je dois même en dire moins qu'un autre, et j'ai retardé tant que j'ai pu, mais il faut pourtant que le roi soit servi de préférence à tous, et que cette guerre ruineuse pour laquelle Sa Majesté a fait de si grands efforts finisse avant un mois [1].

L'attitude du duc de Savoie, qui augmentait la désunion et achevait de paralyser l'armée, confirma chez

---

1. Dépôt de la guerre 1515, 10 août 1671, pièce 671. Tessé à Chamillart.

Catinat la défiance qu'il nourrissait depuis longtemps contre ce prince qu'il avait appris, à ses dépens, à connaître dès sa jeunesse. Le maréchal ne s'en cachait pas, comme nous l'avons dit, et avertissait ouvertement la cour. La méfiance arriva bientôt à un tel point qu'elle donna lieu, dit-on, à une scène fameuse, rapportée par tous les biographes de Catinat, mais dont il n'est guère possible de vérifier l'authenticité, aucun autre document écrit ne venant l'appuyer. Outré de voir toujours ses moindres desseins traversés par l'ennemi, comme s'il en eût toujours été instruit d'avance, Catinat se serait laissé aller à dire en plein conseil, en regardant fixement le duc de Savoie : « Non seulement le prince Eugène est instruit à point nommé de tous les mouvements de notre armée, de la force des détachements qui en sortent et de leur objet, mais il l'est encore de tous les projets qui sont discutés ici. » A cette insinuation directe, le prince n'aurait répondu que par le silence.

Tout à coup, le maréchal reçoit l'une après l'autre, deux lettres du roi, aussi dures l'une que l'autre, pour lui témoigner son mécontentement et lui annoncer l'envoi du maréchal de Villeroy, destiné à le remplacer dans le commandement. Il faut citer les deux lettres, qui, venant de si haut, durent tomber comme des coups de massue sur celui à qui elles étaient destinées.

La première lettre, datée de Marly le 10 août, ne contenait que des reproches exprimés sans aucun ménagement sur les opérations de la campagne.

« Mon cousin, j'ai appris avec douleur par la lettre que vous m'avez écrite le 1er de ce mois, que vous avez perdu l'occasion de combattre les ennemis avant qu'ils fussent arrivés à Dezinzano, et que leur armée avait marché le 31 devant la vôtre, qui n'en était qu'à deux milles, en vous prêtant le flanc tout le jour. J'attendais des nouvelles d'un événement qui ne pouvait qu'être heureux, si vous aviez voulu employer mes troupes suivant les ordres réitérés que je vous ai donnés par la lettre que Chamillart vous a écrite par mon ordre. Vous avez perdu l'occasion la plus heureuse qui se puisse présenter à la guerre, Vos troupes étaient de beaucoup supérieures, pleines de bonne volonté, contre celles de l'empereur fatiguées du séjour dans lequel elles n'ont eu qu'une partie de leur subsistance, et qui marchaient entre le lac de Garde et les roches, dans un terrain serré et désavantageux, obligées de combattre ou de s'en retourner. Aux maux passés, il n'y a plus de remède. Les mesures que vous prenez pour l'avenir me donnent encore moins d'espérance. Vous prenez la route du Crémonais; vous vous éloignez d'eux; ils marchent à Brescia par le grand chemin de Milan. Pouvez-vous vous assurer de les joindre avant qu'ils soient arrivés, et de les empêcher de s'en rendre les maîtres? Vous craignez que vos subsistances ne soient à une trop grande distance de vous. Les Impériaux marchent dans un pays inconnu; ils n'ont aucun magasin ni hôpitaux; rien ne les arrête; et vous avec la proximité des villes, des rivières, et tout le pays pour vous. Je vous ai mandé que vous aviez affaire à un jeune prince entreprenant; il s'est engagé contre les règles de la guerre; vous voulez les suivre et vous lui laissez faire tout ce qu'il veut.

« J'ordonne à d'Egrigny et à Pléneuf, dans cette conjoncture plus fâcheuse et plus difficile qu'elle n'a encore été jusqu'à présent, et qui sera sans remède si vous n'arrêtez, par quelque événement heureux, la marche du prince Eugène, j'ordonne donc audit d'Egrigny et à Pléneuf de vous fournir tous les vivres qui vous seront nécessaires, à quelque prix que ce soit, de les faire remonter du Mantouan par le Pô à Crémone, et les faire conduire par l'Oglio pour être plus à portée de vous.

« Je mande au prince de Vaudemont d'obliger les habitants du Milanais d'en porter à votre armée si elle est assez proche d'eux pour qu'ils y puissent voiturer, ou de les remettre dans les lieux qui leur seront indiqués par le sieur d'Egrigny.

« Toutes ces précautions prises, qui doivent être terminées en vingt-quatre heures, je vous ordonne de marcher aux ennemis par le plus court chemin, de les joindre avec le plus de diligence que vous pourrez, de les suivre sur leurs marches lorsque vous serez près d'eux et de ne les pas quitter, de les faire harceler dans leur marche par un gros de cavalerie toujours avancé sur eux, et enfin de les obliger à tourner pour leur pouvoir donner une bataille dont l'événement ne peut être douteux si vous employez bien toutes vos forces. Je me promets du zèle et de l'affection que le duc de Savoie a témoignés jusqu'à présent, qu'il y contribuera de tout son pouvoir ; il n'y est pas moins intéressé que moi pour sa gloire et pour conserver au roi d'Espagne, qui doit être son gendre, des États qui lui sont légitimement acquis.

« Le petit corps que le prince de Vaudemont doit rassembler peut lui servir en cas qu'il puisse arriver assez à temps pour embarrasser les ennemis et vous donner le temps de les joindre.

« Vous devez vous concerter sur cela avec lui et lui donner tous les jours de vos nouvelles, envoyer des partis et être informé de tous les mouvements du prince Eugène, et la présente n'étant, etc.

« Écrit à Marly, le 10 août 1701.

« Louis[1]. »

Cette première missive royale n'avait évidemment pour but que de préparer une seconde lettre annonçant au maréchal l'arrivée du maréchal de Villeroy, destiné à prendre le commandement à sa place, bien que, par une sorte de ménagement plus humiliant peut-être qu'un rappel immédiat, Villeroy dut, en apparence seulement, se joindre à Catinat. En effet, le roi, au lieu de faire revenir en France le maréchal de Catinat, ce que les plus simples égards eussent imposé, lui

---

1. B. N., f. fr. 7888, f° 231. — La minute de cette lettre est au dépôt de la guerre, 1528 (Pelet).

demandait de ne pas quitter l'armée et de rester aux côtés de son successeur pour l'aider de ses conseils. C'était beaucoup exiger et se montrer bien peu soucieux de la dignité et de l'amour propre des autres. Voici la lettre du roi :

« Mon cousin, le grand nombre des troupes que j'ai envoyées en Italie me donnait lieu d'espérer des événements plus heureux dans le temps que vous vous êtes trouvé à portée de les employer pour empêcher les Impériaux de pénétrer dans le milieu de l'Italie. Ce qui est arrivé en dernier lieu au passage du Mincio et les avantages qu'ils prennent tous les jours me donneraient lieu de craindre pour les suites, s'il n'y était promptement remédié. Le seul moyen de rétablir la gloire de mes armes et de rassurer les princes d'Italie, même l'État de Milan, c'est de faire une guerre, toute différente de celle que vous avez faite jusqu'à présent ; de prendre un air de supériorité, et de vous rapprocher des ennemis, comme je vous l'ai ordonné plusieurs fois.

« Les pays qu'ils occupent donnent lieu de craindre également pour le Milanais et pour le Mantouan ; et comme il se pourra que, dans la suite, vous soyez obligé de séparer vos forces pour les porter en différents endroits et les rendre toujours à peu près égales à celles des ennemis, ce que vous pouvez faire aisément pour l'infanterie, puisque, la ville de Mantoue gardée, vous avez, avec les troupes du roi d'Espagne et celles du duc de Savoie, plus du double de celles de l'empereur ; comme dans cette séparation il est important que j'aie dans chacun de ces corps, à la tête de mes troupes, un de mes généraux, qu'il peut même arriver, par les fatigues continuelles que vous êtes obligé de prendre, que vous ne soyez pas toujours en état d'agir, j'ordonne au maréchal de Villeroy, qui doit partir ce jour ou demain matin au plus tard, de se rendre en toute diligence à l'armée d'Italie, où il agira de concert avec vous sur toutes les choses qui regarderont le bien de mon service ; vous lui donnerez toutes les connaissances dont il aura besoin pour le mettre en état d'exécuter les ordres qu'il a reçus de moi, dont il vous fera part, et la présente n'étant à autre fin, je prie Dieu qu'il vous ait, mon cousin, en sa sainte et digne garde.

« Écrit à Marly, le 12 août 1701.

« Louis [1]. »

Le coup était rude pour Catinat ; il le supporta sans faiblir et témoigna, dans ces moments d'une si poignante émotion pour un soldat et un maréchal de France qu'ils émeuvent encore de loin, d'une hauteur d'âme qui le classe à part parmi les hommes illustres de l'histoire. Sans perdre ni le sang-froid ni la possession parfaite de lui-même, sans récriminer ni se plaindre, mais aussi sans essayer une justification, qui eût été comme un aveu et en gardant toute la fierté d'un homme qui n'a rien à se reprocher, il écrit simplement au roi ces quelques mots, au reçu de sa première lettre :

1. B. N., f. fr. 7888, f° 235. La minute est au dépôt de la guerre, 1528 (Pelet).

« Au camp de Romanengo, le 17 août 1701.

« J'ai reçu, par M. le prince de Vaudemont, Sire, la lettre du 10, dont il a plu à Votre Majesté de m'honorer, dans laquelle elle me fait voir ses sentiments sur les événements tristes et fâcheux de cette campagne. Il ne s'agit point d'importuner Votre Majesté des circonstances, des situations de pays et autres conjonctures qui m'ont conduit dans la disgrâce où j'ai le malheur d'être tombé; mes sentiments seuls ne sont pas cause de plusieurs fautes que l'on a commises. Rien ne peut aller au-delà du déplaisir que j'en souffre. Je l'étouffe autant qu'il m'est possible, pour avoir l'esprit plus libre dans l'exécution des ordres de Votre Majesté, qui me sont donnés et bien marqués dans sa lettre.

« J'ai fait part à M. le prince de Vaudemont des intentions de Votre Majesté, dont la présence est indispensable à l'armée, parce que les dispositions pour la faire agir dépendent de ses ordres et que nous commençons à prendre des mesures pour assembler nos forces et les faire agir [1]. »

Après ce début, Catinat donne au roi des détails militaires sur la position des troupes, leur marche en avant et leurs différents mouvements, le tout avec la même précision et le même calme que s'il ne fût rien arrivé.

Enfin, il termine par ces quelques mots, d'une éloquente brièveté :

1. B. N., fr. f., 7888, f° 246.

« Je supplie très humblement Votre Majesté d'user de sa bonté à mon égard : je fais un métier où la fortune a beaucoup de part; l'on n'y pense pas toujours juste, quelques bonnes intentions que l'on puisse avoir; mais cela ne console pas dans des affaires si importantes. »

A la seconde lettre du roi, il ne fait aucune réponse et se contente d'obéir en silence aux ordres qu'elle contient en se mettant tout entier à la disposition de Villeroy, dès qu'il est arrivé. Avec Chamillart, Catinat garde aussi tout son sang-froid. C'est la même brièveté sur ce qui le regarde personnellement, le même désintéressement calme sur la disgrâce qui vient de le frapper : il est impossible de supporter avec plus de noblesse un coup plus sensible et de faire plus simplement passer « le bien du service du roi » avant toute autre considération.

« Au camp de Romanengo, le 18 août 1701.

J'ai reçu, Monsieur, la lettre du 10 du courant, que vous m'avez fait l'honneur de m'écrire de Marly, qui a fait, comme vous pouvez croire, un étrange effet sur mon esprit, connaissant le roi aussi touché que vous me le mandez des fâcheux événements de cette campagne. Si les circonstances en étaient bien connues, l'on y verrait un enchaînement assez naturel qui m'a conduit dans le malheur et la disgrâce où je me trouve présentement. Les sentiments d'autrui y ont contribué pour le moins autant que les miens, et vous pouvez, Monsieur, en être sûrement persuadé, mais présentement cela aurait l'air d'un manifeste qui altérerait l'union dont on a besoin pour le bien du service du roi, que je songe de toutes mes forces à remplir le mieux qu'il m'est possible.

« Il est aisé, Monsieur, de faire de belles et de magnifiques propositions dont la lueur frappe, quand on est sans attention et sans réflexion sur les moyens de les conduire et de les faire réussir.

« Vous me faites l'honneur de m'écrire avec bonté et amitié, j'en reçois ce témoignage avec tendresse et affection de cœur. La lettre du roi et la vôtre n'ont pas pu exciter en moi un désir et une passion plus pressante que celle dans laquelle j'étais de faire les derniers efforts pour réparer les dis-grâces passées. L'utilité du service du roi m'avait déjà prévenu de ce sentiment. Si j'ose mêler dans des affaires de telles conséquences les raisons de l'amour-propre, quelles raisons ne dois-je point avoir pour réparer une réputation flétrie qui, dans le courant de ma vie, m'a tant causé de peines, de soins et de travaux, qui, enfin, ont été couronnés par la bonté et l'estime de Sa Majesté : croyez-vous qu'un homme, dans cette disposition, puisse rien omettre de ce qui lui paraîtra possible et praticable, et qu'il s'épargne sur ce qui pourra être donné à la fortune, comme vous me faites l'honneur de me l'écrire. Vous verrez, Monsieur, ce que j'ai l'honneur d'écrire à Sa Majesté sur les mouvements de l'armée. Dieu veuille que mon zèle et mes bonnes intentions soient secondés.

« Je vous envoie un ordre de bataille tel qu'il est

présentement, dans lequel sont comprises les troupes d'Espagne et de Savoie.

« J'ai l'honneur de vous envoyer un état général, à part, de toutes les troupes qui sont présentement arrivées et des endroits où elles sont. Les troupes avaient toujours été si séparées qu'il n'y a eu de vrai ordre de bataille que depuis le 1er août.

« Je vous avouerai, Monsieur, que mon esprit a été occupé depuis ce temps-là, qu'il n'a pas été capable de régularité[1]. »

Catinat était disgracié : on le frappait au milieu de la campagne militaire, sans lui laisser même le temps d'essayer de réparer un échec dont toute la responsabilité lui était attribuée. Le coup était rude, il ne pouvait l'être davantage et il était asséné sans aucun ménagement. C'était là une de ces crises violentes dans la vie d'un homme, qui déchirent tous les voiles et mettent pour ainsi dire à nu le fond de sa nature morale. Aussi, dans cette terrible épreuve, Catinat va-t-il se montrer à nous tel qu'il était et nous permettre de le juger à sa valeur. Les lettres intimes, écrites sous le coup de la première émotion et où il s'épanchait sans réserve, le révèleront tout entier.

Le président de Catinat, le seul frère qui lui restât, comme ses amis à la cour et on sait qu'il n'en manquait pas, avaient, en effet, été instruits plus tôt que le maréchal de l'imminence de sa disgrâce. On ne lui ménageait ni les lettres, ni les avis, ni même les

1. B. N., f. fr. 6888, f° 247.

courriers extraordinaires, Catinat répond à tout sans
se troubler. Mais c'est dans les lettres écrites à son
frère qu'il s'élève vraiment jusqu'à la grandeur. On
ne peut, à près de deux siècles de distance, les lire
sans une admiration émue, surtout quand on songe
à l'amertume des sentiments dont le cœur de celui
qui tenait la plume devait être rempli.

Le 22 août 1701[1].

« J'ai reçu, mon cher frère, votre lettre du 12, par
laquelle vous m'informez de tout ce qui se débite
contre moi sur les affaires d'Italie. J'y ai fait de mon
mieux. Les événements en sont désagréables, il faudrait bien des pages d'écriture pour montrer comment
ces disgrâces sont arrivées, les motifs qui y ont
donné occasion, et comment les fautes y ont été
commises; je ne vous en dirai pas davantage là-
dessus. Je suis bien persuadé de la part sensible que
vous prenez à mon état présent. L'on n'est pas toujours heureux à la guerre; c'est un métier où la
fortune met beaucoup du sien. Ce qui me donne le
plus grand déplaisir dans ces conjonctures, c'est que
j'en connais les grandes conséquences pour les affaires
générales de l'État. La perte de mes biens me laisse-
rait plus de force à m'en consoler. J'ai reçu avant-
hier une lettre du roi et une autre de M. de Chamillart, par laquelle le départ de M. le maréchal de
Villeroy m'est mandé; cela ne m'a pas fait de peine,

1. B. N., f. fr., 7888, f° 253.

13*

et je suis disposé, de la meilleure foi du monde, et du fond de mon cœur, de joindre mes soins, mes peines et les connaissances que je puis avoir du pays pour contribuer au rétablissement de la gloire et de la réputation des armes du roi : j'aime mon maître et ma patrie : je suis frappé de cet objet au milieu de ma disgrâce et de la mauvaise satisfaction que le roi a de mes services pendant cette campagne. J'y vois reluire quelques égards de bonté pour ne me pas abattre. Je ressens cela comme je dois. Adieu, mon cher frère, c'est vous en dire assez sur ce sujet triste. »

Au camp d'Antignato, le 23 août 1701[1].

« J'ai reçu, mon très cher frère, la nuit du 22 au 23, la lettre que votre bonté et affection pour moi vous a engagé de m'écrire pour m'informer de l'arrivée subite de M. le maréchal de Villeroy à Marly et de son départ dudit Marly pour venir en Italie. M. le maréchal de Villeroy était arrivé le 22 et le roi m'avait fait l'honneur de m'informer des motifs que Sa Majesté avait eus en prenant la résolution de l'envoyer à l'armée d'Italie.

« Je vous ai déjà écrit par l'ordinaire sur l'arrivée de M. le maréchal de Villeroy. Je vous répéterai que je m'y mettrai jusqu'au cou pour contribuer au rétablissement de la réputation des armes des deux couronnes en Italie. Mon cœur et mon imagination ne sont point blessés en aucune manière de la gloire

1. B. N., f. fr. 7888, fʳ 254, 255, 256.

qu'il (le maréchal de Villeroy) y pourra acquérir, tant parce que je le crois honnête homme et de nos amis que parce qu'elle est inséparable du bien et de l'utilité du service. Je crois que bien des gens seraient surpris s'ils connaissaient jusqu'où va mon intérieur sur ce sujet.

« J'ai fait bien des réflexions en ma vie sur les révolutions qui peuvent arriver aux hommes, et particulièrement à ceux qui sont honorés d'être en place. J'y ai trouvé quelque appui et quelque consolation dans l'étourdissement où ce coup m'a mis. Je me réveillerai et me soutiendrai de toutes mes forces pour rendre mes services utiles dans les opérations de guerre auxquelles on se prépare et n'oublierai rien pour effacer la mauvaise satisfaction que Sa Majesté a témoignée de mes services pendant cette campagne.

« Je vous expose, mon très cher frère, avec sincérité de cœur, les sentiments dans lesquels je suis, non sans bien des réflexions sur le passé et sur l'avenir de ce qui me regarde...

« J'ai donné cinquante louis au courrier, que vous m'avez dépêché, pour son retour. Adieu, mon très cher frère, mes baise-mains à toute la famille. *Deus dedit, Deus abstulit, sit nomen Domini benedictum.* »

Je ne connais rien de plus beau depuis Marc-Aurèle, dit Sainte-Beuve avec une certaine emphase qui ne lui est pas ordinaire. Mais le célèbre critique aurait dû ajouter que la source où le soldat disgracié et humilié savait puiser de pareils sentiments était la profondeur de ses convictions chrétiennes. C'est le christianisme si sérieux et si pratique qu'il avait reçu en héritage de sa famille et qu'il avait su garder intact qui lui dictait en cette heure, la plus critique de sa vie, ces lignes à la fois si fermes et si touchantes, et ramenait naturellement sous sa plume les immortelles paroles de Job touché de la main de Dieu.

Il est facile de se représenter le trouble et le chagrin des parents et des amis de Catinat lorsqu'ils virent sa disgrâce ainsi publiquement déclarée. Le président de Catinat, qui avait remplacé Croisilles comme son correspondant régulier, lui écrivait lettre sur lettre, pour le tenir au courant de toutes les démarches faites pour détourner l'orage et lui transmettre les avis que ceux qui connaissaient la cour, en particulier le duc de Beauvilliers, lui faisaient passer sur la conduite à tenir, une fois la foudre tombée. Mais le maréchal répondait à toute cette agitation par un calme et une sérénité vraiment remarquables. C'est ainsi que, dans une nouvelle lettre à son frère, où il lui explique pourquoi il ne suit pas le conseil du duc de Beauvilliers d'écrire directement au roi pour lui demander s'il devait rester à l'armée ou solliciter son rappel, Catinat revient encore sur les motifs qui guident sa détermination de rester en Italie, et ces lignes méritent aussi d'être citées.

« Au camp d'Antignato, le 24 août 1701[1].

« J'ai reçu aujourd'hui, mon très cher frère, la lettre du 19 courant, que vous m'avez écrite pour m'informer du sentiment de ceux qui ont de la bonté pour moi. Dans l'état où je suis, je ressens vivement les témoignages qu'ils veulent bien me donner de l'honneur de leur amitié et de leur protection.

« J'ai lu le canevas de la lettre que l'on croit que je devrais avoir l'honneur d'écrire au roi. Ma situation présente ne me fait pas croire que cela fût à propos. Je suis persuadé que le roi n'est pas entièrement dépouillé de la bonté qu'il a pour moi, et que je suis assez heureux pour qu'il ne veuille point marquer toute la mauvaise satisfaction qu'il croit devoir avoir de ma conduite. Dans cette prévention, je me dois tout à Sa Majesté, et j'ai cru prendre un parti juste et raisonnable de réveiller, dans cette occasion, mon zèle et mon attachement au bien de son service, qui pourront peut-être y être utiles, et d'offrir en sacrifice, dans des affaires décisives qui ont leurs difficultés, mes peines et ma personne.

« Voilà, mon très cher frère, mes sentiments, que je crois fort convenables à mon honneur, à l'attachement que j'ai à la personne du roi, à la reconnaissance des biens qu'il m'a faits et à tout ce que je dois à son service.

« Faites part de ma lettre à l'abbé, mon bon ami;

1. B. N. f. fr. 7888, f° 254, 263, 264.

vous pouvez même lui en donner copie pour en faire part à M. le duc de Beauvilliers. Je crois qu'il trouvera que j'ai raison. Les lettres que j'ai eu l'honneur d'écrire au roi et à M. de Chamillart sont conformes aux sentiments que je vous marque dans cette lettre et par mes précédentes. Adieu, mon très cher frère.

« Le maréchal DE CATINAT.

« Je vous prie de ne pas envoyer des courriers si légèrement; cette diligence et dépense ne convient qu'à l'avidité d'un bénéficier; leur diligence n'excède que de vingt-quatre heures l'ordinaire.

« J'ai donné 50 louis d'or au courrier. »

Au milieu de cette crise où sa carrière, jusque-là brillante et prospère, sombrait, pour ainsi dire, Catinat n'a pas une heure d'amertume ou de colère contre personne; ceux-là mêmes qui ont le plus contribué à cette foudroyante disgrâce ne peuvent se plaindre, fût-ce d'un changement d'attitude à leur égard. Il donna même, s'il faut en croire ses biographes, une preuve significative de cette modération, lorsque, durant les premiers jours de trouble et d'angoisse qui suivent une grande émotion, il eut assez d'empire sur lui-même pour écarter des offres qui eussent pu l'aider à démasquer les intrigues de ses adversaires. Le chevalier de Tessé, frère du comte dont nous avons parlé, mourut le 20 août de maladie, à Mantoue. Son secrétaire fut immédiatement congédié. Furieux de se voir ainsi traité, cet homme, qui avait servi à copier les lettres que le comte de

Tessé envoyait à la cour, vint offrir ses services au maréchal de Catinat, lui offrant, en même temps, de lui révéler toutes les intrigues et les dénonciations contre lui dont il avait eu connaissance. Tranquillement, sans avoir même la tentation de saisir cette occasion de se venger de ses détracteurs, Catinat renvoya l'homme sans l'écouter, disant à son entourage[1] : « Si cet homme était honnête, il ne proposerait pas de révéler les secrets de ses maîtres. Mais comme il paraît un fripon, je ne veux pas de lui; à.quoi ses révélations me serviraient-elles ? »

Quoi qu'il en soit de la vérité de l'anecdote, conforme, du reste, au caractère de Catinat, Tessé lui-même n'eut qu'à se louer de sa parfaite modération et de sa courtoisie. Il est forcé d'en convenir, quoi qu'il en ait, et il écrit à Pontchartrain, au moment où la disgrâce du maréchal fut publique.

Le 24 août 1701[2].

« Il n'y a nulle mésintelligence entre M. de Vaudemont et le maréchal de Catinat, mais le premier a vu clair et l'autre, entre vous et moi, n'a vu qu'un étang ; j'en suis au désespoir, mais il faut bien convenir des faits. Le bruit courra, quoi qu'il n'en soit rien, que nous sommes mal ensemble, le maréchal de Catinat et moi, et cela est fondé sur ce que voyant l'infamie que nous allions faire, dont M. de Savoie

---

1. *Mémoires* de Tessé, II, 216.
2. Lettres du maréchal de Tessé, publiées par le comte de Rambuteau, p. 58, Paris 1888.

n'était peut-être pas trop fâché, je ne pus pas m'empêcher de prendre la parole, de représenter la possibilité qu'il y avait de faire une action sûre et avantageuse ; je me proposai pour l'entamer et je fis et dis ce que je croyais qu'en pareil cas un bon serviteur pouvait et devait dire, l'on ne le voulut pas ; je me retirais, mais quoi que l'on dise son sentiment qui n'est pas suivi, il ne s'ensuit pas que l'on soit mal ensemble.

« Au surplus, j'estime que le roi a pris un bon parti d'envoyer le maréchal de Villeroy et j'espère qu'incessamment nous nous remettrons un peu en honneur, et cela est absolument nécessaire. »

L'événement ne devait pas tarder à montrer que si Tessé savait être bon courtisan, il était moins bon prophète. L'échec signalé de Chiari allait montrer que le roi était loin d'avoir bien fait en envoyant Villeroy remplacer Catinat.

En cédant ainsi aux dénonciations des ennemis de Catinat, Louis XIV obéissait-il à une intrigue de cour ? On l'a beaucoup dit, et tous les biographes l'ont répété. Saint-Simon accuse, comme toujours, Mme de Maintenon et les dévots. Les défenseurs du maréchal y ont joint la duchesse de Bourgogne, qui employait toute son influence à défendre son père.

Que la fille de Victor-Amédée, alors dans tout l'éclat de la grâce et de la beauté et au comble de la faveur, ait été peu favorable à Catinat, dont sans doute elle n'ignorait pas les jugements sévères sur son père, c'est ce qui est possible. Les lettres que lui adressait Tessé de l'armée d'Italie, la montrent en effet comme en rapports réguliers avec cet adversaire déclaré de Catinat. Bien que, cependant, on n'ait aucune preuve directe de l'hostilité de la princesse contre le général, qui commandait à côté de son père, que sa présence gênait fort, il n'est peut-être pas téméraire de croire que les allégations des premiers biographes de Catinat ne soient fondées au moins en une certaine mesure, d'autant plus que Villeroy était un des membres de la petite cour de la duchesse de Bourgogne aussi bien que l'habile courtisan de Mme de Maintenon. Cependant l'extrême jeunesse de la princesse qui n'avait pas encore seize ans ne permettrait guère, quelque précocité qu'on lui reconnaisse, de lui attribuer une réelle participation à la disgrâce de Catinat. Il est aussi fort possible que Mme de Maintenon n'ait pas défendu et même desservi le maréchal qui ne la ménageait pas et n'avait pas ni n'avait tenu à avoir de relations directes avec elle. On s'est appuyé pour affirmer l'hostilité de Mme de Maintenon contre Catinat sur un passage d'une de ses lettres où elle dit en parlant du maréchal : « Que vous dirais-je de M. de Catinat ? Il sait son métier : mais il ne connaît pas Dieu : le roi n'aime pas à confier ses affaires à des gens sans dévotion. M. de Catinat croit que son orgueilleuse philosophie suffit à tout : c'est bien dommage qu'il n'aime pas Dieu[1]. »

1. Lettres de Mme de Maintenon (éd. de 1806), II, 190, 191, 3 avril 1702.

Mais cette lettre, bien qu'elle ait été souvent citée pour prouver l'intolérance de Mme de Maintenon, n'a qu'un caractère très médiocre d'authenticité, lorsqu'on la regarde de près, et, comme presque toutes celles adressées à Mme de Saint-Géran, elle doit être au moins tenue comme fort douteuse. Les anachronismes qu'elle contient paraissent concluants en ce sens. Elle ne peut, en effet, avoir été écrite que le 3 avril 1702, parce que des faits arrivés seulement à cette date y sont mentionnés[1]. Or, le mois de mars de cette même année 1702 devait voir finir la disgrâce de Catinat, et les paroles qu'on prête à Mme de Maintenon ne seraient plus qu'une condamnation de la conduite du roi qui venait de nouveau de « confier ses affaires à des gens sans dévotion », tandis qu'elles sont placées là visiblement pour être une justification du rappel de Catinat. Il y a donc contradiction évidente entre les faits et le passage sur Catinat prêté à Mme de Maintenon est dû sans doute à la plume de La Beaumelle. Tout au plus pourrait-on croire que, ainsi qu'il l'a fait souvent sans aucun scrupule ni même s'en cacher, La Beaumelle a donné une forme piquante à la malveillance connue de Mme de Maintenon pour Catinat, dont les dames de Saint-Cyr lui auraient transmis la traditionnelle expression. Encore n'est-

---

1. Mme de Maintenon y parle du coup que la mort de Guillaume d'Orange suivie de l'avènement de la reine Anne ont porté à « notre saint roi », alors que Jacques II était mort au mois de septembre 1701, tandis que Guillaume II ne mourut qu'au mois de mars 1702. Ce simple rapprochement peut faire juger de l'authenticité de la pièce en question.

ce là qu'une simple supposition qui ne repose sur aucun fondement écrit.

De tout ce que nous venons de dire, des intrigues vraies ou fausses de la jeune duchesse de Bourgogne, de la malveillance réelle ou supposée de la marquise de Maintenon, il put résulter que les amis du maréchal furent impuissants à le défendre suffisamment, et que ses ennemis eurent le champ libre. Ils surent en profiter et ne négligèrent pas même les plus invraisemblables accusations, le rendant responsable aux yeux du roi des excès commis par les troupes en Italie, excès trop réels et que les chefs étaient impuissants à réprimer malgré la rigueur de la répression qu'imposaient encore les usages du temps. Catinat répondait lui-même avec sa modération habituelle à ces accusations dans une lettre qui est curieuse par le fond de violence parfois sauvage des mœurs encore régnantes à cette époque sous des dehors si raffinés qu'elle révèle inconsciemment.

Il écrivait à Chamillart :

« Au camp d'Urago, le 1er novembre 1701[1].

« J'ai reçu, Monsieur, la lettre du 14 octobre que vous m'avez fait l'honneur de m'écrire, avec laquelle vous m'en avez envoyé une de M. le cardinal Paolucci du 6 septembre écrite à M. le Nonce en France, sur

____

1. Musée britannique. Ms. addit. 20, 317, fº 24, 25, publiée par Gustave Masson. (Annuaire bulletin de la Société de l'Histoire de France de 1869, p. 70-72.)

les désordres et sacrilèges commis par les troupes ;
à quoi est joint copie d'une lettre écrite le 17 août par
un gentilhomme de Créma, qui est celle qui a donné
lieu à la lettre de mondit sieur le cardinal Paolucci.
J'ai vu, Monsieur, ce que contient la lettre de ce
gentilhomme, dans laquelle il y a deux faits que
j'ignore absolument, et dont je me souviens point.
Le premier, qu'un prêtre soit venu me trouver et ait
élevé devant moi une hostie, et qu'après m'avoir
reproché « avec un zèle digne de son caractère »,
ainsi que dit cette lettre, l'horrible sacrilège des
soldats, il m'avait dit à haute voix : « Puisque vous
« ne faites point porter le respect qui est dû à Dieu
« et à ses sacrements, je vous maudis et toute votre
« armée, au nom du Père, du Fils, et du Saint-
« Esprit », et qu'aussitôt il s'en alla me laissant
dans une horrible surprise. Dans le second, il dit
que M. le duc de Savoie étant « ici » sans nommer
le lieu, avec moi, accompagné de deux cents soldats,
il fit demander à entrer dans la ville : ce qui ne lui
ayant pas été accordé, il retourna sur ses pas plein
de fureur et, pour se venger, qu'il envoya cinq cents
hommes ravager et mettre le feu, sans aucun égard
à tous les villages d'alentour. Ce fait est absolument
faux, aussi bien que celui du curé qui a élevé une hostie
devant moi. Après cela je conviendrai, Monsieur,
qu'en entrant dans le Crémonois, les troupes ont
vécu avec licence et pillage dans leur marche, en
allant au fourrage, et qu'il y a eu deux églises pil-
lées. J'en ai ressenti tout le déplaisir possible et je

n'ai manqué en rien à la sévérité qui pouvait établir une meilleure discipline. J'ai fait nombre d'exécutions et, entre autres, fait brûler un cavalier (?). Personne ne peut être plus touché que moi de ces irrégularités et c'est une des croix du commandement que de n'être pas maître de la discipline, avec toutes les remontrances et sévérités qui peuvent être pratiquées. Je m'estimerais criminel si je n'avais pas été affligé du pillage desdites églises, et si j'avais manqué de diligence à chercher les moyens d'en faire justice. Je vous prie de me faire l'honneur...

      « Le Maréchal DE CATINAT. »

Rien, cependant, dans tout ce que nous venons de dire ne prouve que Louis XIV ait, dans la disgrâce de Catinat, uniquement obéi à des influences de cour et sacrifié un vieux serviteur de l'État qu'il prisait à sa valeur à de misérables intrigues. Il est beaucoup plus simple de croire, que lassé des prudents atermoiements du maréchal, qu'il attribuait à tort ou à raison à un excès de prudence avoisinant l'incapacité, ennuyé de ses fréquents avertissements contre le duc de Savoie, auxquels il se refusait à croire, Louis XIV crut servir le bien des affaires et obéir à son devoir en sacrifiant Catinat et qu'il le sacrifia sans hésiter. Il ne s'apercevait pas que, s'il pouvait changer d'un trait de plume le général de l'armée d'Italie, il ne pouvait pas donner à un autre ses talents et son expérience ; que, s'il pouvait le destituer, il ne pouvait pas le remplacer du jour au lendemain. Les faits ne devaient pas tarder à le lui apprendre et même à le lui apprendre fort rudement.

Le maréchal de Villeroy « tomba » à l'armée presque aussi vite que les lettres du roi qui annonçaient son envoi. Ce n'est pas ici le lieu de refaire le portrait si connu du favori de Louis XIV, que sa présomption a rendu célèbre. Général presque toujours malheureux, élevé au premier rang de l'armée uniquement par la faveur royale, Villeroy, malgré son incontestable bravoure personnelle, n'était nullement fait, comme le roi aimait à le croire, pour rétablir les affaires en Italie.

Fidèle à ses résolutions, Catinat se mit à la disposition du nouveau chef, ne lui refusant ni ses conseils ni sa personne. Comme il l'avait écrit à son frère dès la première heure, « il s'y mit jusqu'au cou », pour l'aider dans l'exécution des ordres du roi. Ni les hauteurs de Villeroy, qui, s'il faut en croire la plupart des récits contemporains, Saint-Simon et surtout Voltaire dans son *Siècle de Louis XIV* ne ménagea guère son prédécesseur et se laissa aller jusqu'à faire en sa présence des allusions directes à son excès de prudence, ni les fautes qu'il le vit commettre dès les premiers jours, rien ne put le faire sortir de son calme, rien ne put diminuer son zèle pour l'heureux succès de son remplaçant. « Catinat, dit Saint-Simon, reçut cette mortification en philosophe et fit admirer sa modération et sa vertu. » Nous avons, toutefois, peine à croire à l'insolente attitude et aux scènes de mauvais goût qu'on prête à Villeroy. Il était, on effet, on n'a qu'à lire les lettres de Mme de Coulanges pour s'en convaincre, trop homme du monde et trop fin courtisan pour cela. Il sut même donner une preuve de son estime pour celui qu'il remplaçait, qui montre son bon goût et dut plaire au roi. En arrivant, Villeroy demanda au duc de Savoie de continuer à échanger avec Catinat le mot d'ordre de l'armée à son tour de rôle bien que celui-ci n'étant plus commandant des troupes n'y eût plus aucun droit[1]. De plus, le duc de Villeroy s'exprimait ainsi qu'il suit dans une lettre au roi, qui mérite d'être citée tant elle fait d'honneur à Catinat; elle est aussi, il faut le remarquer, à l'avantage de celui qui tient la plume et ne justifie nullement les accusations portées contre lui. Louis XIV avait remis à Villeroy, au moment où il quittait brusquement Versailles pour courir en Italie, une lettre de rappel pour Catinat, tout en le laissant maître de la remettre ou de la garder dans son portefeuille, suivant qu'il le jugerait à propos. Loin d'en user, il écrit au roi quelques jours après son arrivée à l'armée: « Je suis[2] bien éloigné de me servir de la lettre que Votre Majesté m'a confiée : le zèle, l'attachement de M. Catinat pour votre service est une chose d'une louange immortelle. Il est plus actif, plus vigilant, plus occupé des moindres détails qu'il ne l'était avant mon arrivée, sans avoir

1. Pelet, I, 301.
2. *Mémoires relatifs à la succession d'Espagne*, Pelet I, 306, (Dépôt de la guerre, 1515, 24 août 1071, pièce 91).

témoigné la moindre peine. Sa vertu et son zèle pour votre service sont dignes des bontés et de l'estime de Votre Majesté. Enfin, Sire, croyez que nous n'avons qu'une volonté l'un et l'autre et qu'il n'y a pas le moindre des embarras et de froideur entre nous. »

Touché de tant d'abnégation et mieux conseillé par Chamillart, qui regrettait au fond de l'âme la disgrâce de Catinat, le roi lui fit écrire par son ministre, puis lui écrivit lui-même pour lui témoigner sa satisfaction et lui demander comme un service d'assister Villeroy de ses conseils. La lettre de Chamillart est curieuse à bien des égards et, si on me passe l'expression, sent déjà de loin son dix-huitième siècle.

« A Lestang, le 1er septembre 1701 [1].

« Vous connaissez, Monsieur, mieux que moi l'esprit et le cœur des Français, ils rendent toujours garants des événements ceux qui sont à la tête des affaires. Celles d'Italie ont été si malheureuses jusqu'à présent, que vous ne devez pas être surpris des mouvements qui sont arrivés. Je ne suis ni assez capable ni assez instruit pour décider. Ce que vous avez au-dessus des autres hommes, c'est une droiture et une sagesse à toute épreuve et vous venez de nous en donner un bel exemple par ce que vous avez fait et ce qui s'est passé à l'arrivée de M. le duc de Villeroy.

1. B. N., f. fr. 7888, 269.

« Rien n'est de si grand ni de si louable que le parti que vous avez pris. Vous serez toujours honoré et estimé des gens de bien comme vous le méritez. Pour moi, en mon particulier, je serai toujours très véritablement, Monsieur, votre très humble et très obéissant serviteur.

« CHAMILLART. »

Voyant que son dévouement était compris et que le roi ne doutait pas de son entière soumission, le maréchal crut pouvoir sortir de sa réserve et écrire au ministre une nouvelle lettre où il le priait de demander pour lui, au roi, la permission de quitter l'armée à la fin de la campagne. Le soin de sa dignité personnelle reprenait, en effet, tous ses droits, dès qu'il n'y avait plus de danger à courir, plus d'occasion de rendre service à l'État. Il le fait dans des termes d'une modestie vraiment touchante.

« L'armée marche, Monsieur, elle va entrer en action et dans des affaires décisives. J'en espère les événements heureux. J'ai l'honneur de vous écrire avec l'esprit le plus tranquille et le plus dépouillé d'humeur que vous ne sauriez vous imaginer.

« Je ne sais quelle est la volonté du roi sur le séjour de M. le maréchal de Villeroy en Italie, ni dans quelle résolution peut être Sa Majesté sur ce qui me regarde, ce qui me donne plus de liberté de vous dire et de vous confier mes sentiments. Je ne crois pas qu'il convienne au bien du service du roi de me laisser à la tête des affaires d'Italie. Je ne suis plus jeune, je suis près d'entrer dans ma soixante-quatrième année. Les machines les mieux composées ont leur déclin; je ne dis point que la mienne ait été de cette nature; mais quelle qu'elle ait été, je suis assez homme de réflexion pour y reconnaître de la diminution et du dépérissement. Nous ne finirions jamais, si la vigueur de l'esprit et du corps était égale dans tous les âges; joignez à cela que j'ai une infirmité qui ne laisse pas de me rendre dures et pénibles les grandes fatigues à cheval.

« Je vous supplie donc, Monsieur, d'exposer ce fait à Sa Majesté, d'obtenir qu'elle veuille bien, après la campagne, me donner ses ordres pour rentrer en France. Je vous demande avec instance votre inter-cession pour obtenir mon retour, et, en vérité, avec les seules raisons marquées ci-dessus. Je n'ai eu ni la force ni le courage de prendre la résolution d'en écrire à Sa Majesté.

« Quoique j'aie part aux motifs et aux moyens de ce que l'armée va entreprendre, je n'aurai point l'honneur de vous en informer; ce ne pourrait être qu'une répétition et même concertée avec M. le ma-réchal de Villeroy. Autrement je manquerais aux manières et à la bienséance que je me suis proposé d'observer à son égard, et que je dois à celle avec laquelle je me conduis avec lui, qui est franche et sincère. Je vous supplie, Monsieur, d'avoir des sen-timents conformes aux miens, sur ce que j'ai l'hon-neur de vous écrire, et de continuer à me faire

celui de me croire aussi véritablement que l'on puisse
être, votre, etc. [1] »

Cette fois Chamillart en répondant au nom du roi,
s'excuse presque auprès du maréchal d'avoir à lui
accorder la permission qu'il demande.

« A Versailles, le 5 septembre 1701 [2].

« J'ai lu au roi, Monsieur, la lettre que vous m'avez
fait l'honneur de m'écrire du camp d'Antignato, du
28, par laquelle vous me faites connaître la situation
dans laquelle vous vous trouvez, et ce que vous
croyez qui vous peut convenir pour l'avenir.

« Vous ne devez pas douter de la peine du roi
lorsque Sa Majesté s'est déterminée à envoyer
M. le maréchal de Villeroy en Italie. Les affaires
étaient dans une situation à demander quelque chose
de nouveau pour les ranimer. L'amitié qui est entre
M. de Vaudemont et M. le maréchal de Villeroy
semblait assurer par avance que leur intelligence
pourrait y contribuer plus que tout ce que vous y
pouviez faire par votre expérience et votre sagesse.
Le roi se persuade que, pendant le reste de la campagne, vous continuerez à le servir avec le même
zèle conjointement avec le maréchal de Villeroy.

« Lorsqu'elle sera finie, Sa Majesté trouvera bon
que vous reveniez lui faire votre cour, et elle prendra
avec vous les résolutions qui vous conviendront. Je

1. B. N., 7888, f° 249. Dépôt de la guerre, 1515, f° 110,
28 août 1701.
2. B. N. f. fr. 7888, f° 271.

vous supplie d'être persuadé que je suis très véritablement, Monsieur, votre très humble et très obéissant serviteur,

« CHAMILLART. »

Ainsi sachant que la campagne en finissant verrait aussi finir sa difficile et humiliante position au milieu d'une armée qu'il venait de commander en chef, Catinat se donna tout entier au bien des affaires.

Il ne tarda pas à avoir une occasion éclatante de témoigner publiquement son ardeur et son zèle. Le 1er septembre, Villeroy ayant passé l'Oglio en face des Impériaux alla les chercher pour les en chasser dans la petite ville de Chiari. Cette marche en avant sans base d'opération, contre un ennemi nombreux bien posté, commandé par un général tel que le prince Eugène, ne pouvait réussir. Tous les officiers supérieurs, Catinat le premier, ne se firent pas faute d'avertir le maréchal de Villeroy. Rien n'y fit et personne ne fut écouté : coûte que coûte il voulait obéir aux ordres du roi en allant de l'avant, au risque d'une défaite. Il savait bien, en habile courtisan qu'il était, que cette obéissance absolue le couvrirait aux yeux du maître et il continua sa marche en avant uniquement préoccupé d'obéir et de faire sa cour. Aux représentations de Catinat, Villeroy répondit même, s'il faut en croire les anciennes biographies, avec autant de présomption que d'ironie : « Nous ne sommes plus dans la saison de la prudence ; quant à moi, je n'ai pas l'habitude d'être circonspect, surtout en étant plus fort que les ennemis. » Sur quoi Catinat ne rétorqua rien et alla reprendre sa place. Le 2 au matin, un officier vint lui dire « de la part de M. le maréchal de Villeroy, de marcher à gauche ».

« Je ne vous entends pas, répliqua Catinat qui voyait le danger qu'allait courir l'armée en attaquant imprudemment les ennemis, répétez. » Puis l'aide de camp ayant réitéré son ordre : « Messieurs, dit Catinat, en regardant ses officiers qui l'entouraient, il faut obéir »; quelqu'un lui cria : « Vous voulez donc nous mener à la mort. — La mort est devant nous, et la honte est derrière », repartit vivement Catinat, et le premier il donna l'exemple avec un sang-froid parfait, en attaquant à gauche, à un endroit où il était sûr de ne pas réussir.

Il y eut quelques charges brillantes où le duc de Savoie, dont chacun se méfiait et qui méritait sans doute cette méfiance, l'auteur des Mémoires sur la succession d'Espagne va même jusqu'à dire que ce fut grâce aux renseignements transmis par Victor-Amédée au prince Eugène que l'armée ennemie fut partout sur ses gardes et que la bataille fut perdue[1], témoigna une fois encore d'un courage personnel à toute épreuve. Mais les troupes françaises, se heurtant à une position beaucoup plus forte que la leur, durent se retirer avec une perte de trois ou quatre mille hommes, après avoir subi un échec qui porte de l'endroit où il eut lieu le nom de bataille de Chiari.

1. Pelet, I, 323.

14*

La prudence extrême de Catinat qu'on avait taxée de pusillanimité et d'affaiblissement mental était au moins expliquée et ses détracteurs le sentirent bien. Pour lui, il se contenta de dire à ses officiers à propos de cette malheureuse et imprudente entreprise : «Mon avis n'était pas si sot, Messieurs, je n'en suis pas la cause», et ce fut tout. A Versailles comme à Paris, l'affaire de Chiari eut un grand retentissement et l'on n'y épargna ni Villeroy ni même le roi qui l'avait envoyé en Italie. Saint-Simon et les autres Mémoires du temps rapportent cette impression. Voici, par exemple, dans les curieux Mémoires du Chevalier de Quincy[1], un passage qui peint vivement l'opinion et la réaction qui s'opérait déjà en faveur de Catinat :

« Le 7 septembre, nous apprîmes la fâcheuse nouvelle du combat de Chiari, que le maréchal de Villeroy, malgré le sentiment de M. de Catinat, avait fait attaquer par les brigades de Normandie et d'Auvergne… Le sentiment de M. de Catinat avait été de faire une affaire générale, d'attaquer l'armée ennemie de tous côtés, et certainement, si on avait pris ce parti, on aurait remporté la victoire et chassé les Impériaux d'Italie. Cette attaque ne fit pas beaucoup d'honneur au maréchal de Villeroy; elle lui fit perdre la confiance de l'officier et du soldat. L'année suivante, allant en Italie joindre le régiment de Bourgogne, dans lequel on m'avait nommé lieu-

1. *Mémoires* du chevalier de Quincy. Paris, Renouard, 1898, p. 162, 2, I.

tenant d'une compagnie, comme il sera dit dans la
suite, je voyais écrits sur presque toutes les chemi-
nées d'hôtelleries d'Italie ces mots :

> A Chiari, Villeroy,
> Catinat en sait plus que toi. »

Catinat, bien loin de triompher de l'échec de celui
qui l'avait remplacé, ne chercha qu'à témoigner de
son zèle et de son dévouement sans faire seulement
dans ses lettres une allusion à la triste justification
qu'apportait à ses prévisions une défaite des armes
françaises. « Catinat, dit Saint-Simon en parlant de
l'affaire de Chiari, sans se mêler de rien, sembla y
chercher la mort qui n'osa l'atteindre[1]. » Il s'y
exposa même si fort que Chamillart crut devoir lui
écrire.

« On nous a mandé de plusieurs endroits que
vous vous étiez trop exposé. Vos preuves sont faites
il y a si longtemps, qu'il semble que l'on aurait à
vous faire des reproches d'avoir témoigné trop de
bonne volonté. Votre tête est plus nécessaire au roi
qu'elle ne l'a jamais été. Vous faites une guerre
difficile dans un pays où ceux qui sont sur la défensive ont de grands avantages. Les bons conseils,
soutenus par une longue expérience que vous avez,
peuvent servir à la finir glorieusement. La grande
affaire présentement ce sont les quartiers d'hiver.
Donnez des preuves de votre vertu jusqu'à la fin,

____
1. Saint-Simon, Boislisle, IX, 83.

croyez que je la respecterai dans tous les temps et que l'on ne peut être plus véritablement que je suis votre, etc.

« CHAMILLART [1]. »

Catinat dut être fort sensible à cette lettre, non pas tant à cause des compliments qu'elle contenait que parce qu'elle reconnaissait, au moins implicitement, l'utilité de cette défensive qui lui avait été tant reprochée et dont nous n'avions pas eu la patience d'attendre le bénéfice. Catinat commanda, du reste, lui-même la retraite, car le chagrin de la malheureuse affaire de Chiari avait achevé de troubler Villeroy, dont les lumières n'égalaient pas le courage ; elle se fit dans un ordre parfait, sans nouvel incident et protégée par le canon. Le maréchal était partout, veillait à tout et s'exposait comme un jeune officier qui a sa carrière à faire. Au passage de l'Oglio, le 14 novembre 1701, s'étant avancé seul pour faire une reconnaissance, il fut atteint d'une balle dans le bras, comme il le dit lui-même à son frère :

« Au camp de Pumeringo, le 13 novembre 1701 [2].

« Je vous écris, mon très cher frère, par un courrier de M. le maréchal de Villeroy, pour vous délivrer de toute inquiétude, lorsque vous apprendrez que j'ai été aujourd'hui blessé au bras gauche entre le

1. *Mémoires* de Catinat, III, 124.
2. B. N. f. fr., 7888, f° 277.

poignet et le coude ; la balle n'a passé que dans les chairs, sans avoir, en aucune manière, offensé l'os. Le chirurgien de M. le maréchal de Villeroy m'a mis le premier appareil, donné un coup de ciseau pour communiquer l'entrée et la sortie, et deux autres forts petits coups de ciseau, de manière que ma blessure est dans tout le meilleur état possible où elle puisse être, et en situation presque certaine pour qu'il n'arrive pas d'accident. Comme les coups de feu sont toujours de quelque longueur à guérir, à cause de l'escare et de la réunion des chairs, je n'ai besoin que d'un peu de patience. Je vous prie, mon très cher frère, de faire part de cette lettre à mes sœurs. Soyez alerte à en informer ma sœur Gertrude, parce que si elle apprenait ce petit accident devant que de savoir ce que je vous en mande, tout serait perdu.

« Adieu, mon cher frère, mes baise-mains à toute la famille. »

Catinat se fit transporter à Crémone, où les soldats venaient par bandes demander de ses nouvelles. « Comment se porte notre père la Pensée », répétaient-ils les uns après les autres.

De son côté, Villeroy écrivit au roi :

« Votre Majesté juge bien de la peine et de l'inquiétude que cela causa d'abord à tout le monde ; mais la balle n'ayant fait qu'effleurer le haut du bras dans la superficie des chairs, en sorte que M. le maréchal est tout comme à son ordinaire lorsqu'il ne monte point à cheval[1]. »

Après quelques semaines de repos, Catinat était complètement remis, mais, pendant ce temps, cette campagne, qui avait été si rude pour lui, avait pris fin.

Après le combat de Chiari, qui ouvrait au prince Eugène le Milanais et le Mantouan, il n'était plus possible, dans l'état de délabrement où se trouvait l'armée, de songer à marcher en avant, ou à quelque affaire brillante. Il fallut bien, bon gré mal gré, en revenir au système de Catinat, c'est-à-dire à se renfermer derrière le Pô et l'Oglio, dans une solide défensive et à empêcher de la sorte les alliés de prendre leurs quartiers d'hiver dans le Milanais.

La méfiance contre le duc de Savoie augmentait, du reste, de jour en jour, chez les généraux français. Villeroy, d'abord plus confiant, n'avait pas tardé à revenir à l'impression générale et à l'accuser, comme tout le monde, d'avoir des intelligences avec les alliés, qui étaient toujours instruits à point nommé des desseins de l'armée française. Avant la fin de la campagne, voulant au moins la terminer par un léger avantage, Villeroy chargea Tessé d'aller s'assurer de deux postes assez importants pour la défense du Milanais, Castiglione et Castelgofredo. Au moment où cette résolution, prise dans le conseil de guerre de l'armée, allait être mise à exécution, on apprit

1. *Mémoires sur la succession d'Espagne.* Pelet, III, 354. Dépôt de la guerre 1546, 16 novembre 1701. Pièce 83.

que les alliés envoyaient précipitamment, dans les deux postes, des troupes en assez grand nombre pour les mettre à l'abri de toute attaque, et il fallut renoncer à l'entreprise. Quelqu'un informait évidemment les ennemis et les tenait au courant de nos moindres projets. Personne, dans l'armée, ne douta que ce ne fût le duc de Savoie, surtout lorsqu'on sut que le projet avait été révélé aux alliés par une lettre du duc écrite au clair et sans chiffres, sans aucune nécessité, et portée par un de ses courriers qui fut enlevé par les ennemis [1]. A Versailles, cependant, le roi ne voulait pas le croire et sachant sans doute qu'ils faisaient ainsi leur cour, quelques adversaires de Catinat insinuèrent que ce pourrait être le secrétaire de Catinat qui livrait ainsi le secret des manœuvres de l'armée. Mais Catinat n'eut pas de peine à comprendre qu'à travers son secrétaire, c'était toujours lui qu'on poursuivait ; il ne se troubla pas pour si peu. A une lettre de Chamillart, qui lui faisait part de ses soupçons et lui demandait de voir s'il n'y aurait pas lieu de renvoyer son secrétaire, il répondait avec une hauteur justifiée par les circonstances, « qu'assuré de sa fidélité, il le garderait [2] ». Catinat conserva son fidèle secrétaire et l'on ne parla plus de cette affaire qui n'avait trompé personne. La campagne allait, du reste, finir et lui rendre la liberté de retourner en France après laquelle il soupirait.

1. Pelet, I, 338.
2. *Mémoires* de Catinat, II, 457. *Mémoires* de Tessé, II, 224.

L'hiver étant venu de bonne heure et la campagne n'étant plus praticable, les armées se disloquèrent, comme on disait : le prince Eugène prit ses quartiers dans le Mantouan ; le duc de Savoie rentra à Turin pour y passer l'hiver ; Villeroy s'établit avec son état-major aux environs de Crémone ; et Catinat, sa dette largement payée, s'en retourna en France. Villeroy et lui se séparèrent dans les meilleurs termes, comme le prouve cette lettre de Villeroy écrite peu de jours avant le départ de Catinat, pour le consulter, qui se termine ainsi et n'a rien, il faut le redire, de l'insolente infatuation qu'on lui a prêtée.

« Je vous supplie, Monsieur, de me faire la grâce de me mander ce que vous pensez sur tout cela. La plupart des gens qui parlent sur la guerre d'Italie sont bien éloignés d'en connaître les difficultés, quelques connaissances que l'on croie se pouvoir fonder de loin d'un pays et de la guerre, il s'en faut bien qu'on se représente les choses comme elles sont.

« Faites-moi l'honneur de me mander quand vous croyez partir, afin que je fasse tous les efforts qui dépendront de moi pour aller prendre congé de vous.

« Je suis, etc.

« VILLEROY.

« A Casal-Major, le 27 décembre 1701[1]. »

Avant de quitter l'armée, Catinat reçut publiquement à dîner, avec un certain apparat et en grande

[1] B. N. f. fr. 7888, f° 327.

pompe, le maréchal de Villeroy et tout son état-major. Villeroy, qui savait à qui il avait affaire et qui, s'il n'avait pas l'art de la guerre, avait au plus haut degré l'art et le tact des hommes, « le pria de représenter au roi comme on était malheureux d'avoir à se défendre autant contre les amis que contre les ennemis ; qu'il n'y avait ni patience ni prudence humaine qui puissent y tenir ; que l'embarras que lui causaient les détails de l'armée était extrême et qu'il fallait une grande augmentation de troupes pour la campagne suivante ». — « Soyez persuadé, repartit Catinat, non sans une pointe d'ironie calme, que personne ne compatit autant que moi à vos détails qui, lorsqu'ils sont finis, laissent l'esprit aussi occupé qu'auparavant.

« J'exécuterai les ordres que vous me donnez pour le bien du service et je vous souhaite une bonne et heureuse année [1]. »

Le lendemain, 23 décembre 1701, Catinat quittait l'armée avec tout son état-major et tous ses équipages pour bien témoigner qu'il ne partait ni en fugitif ni en accusé, et traversait toute la partie de l'Italie qui le séparait encore de la France, en grand appareil.

À Grenoble, abandonnant toute la suite qui l'accompagnait comme maréchal de France et chef d'armée, il prit, seul et sans aucun train, la poste aux chevaux, qui était déjà à cette époque le moyen de transport le plus rapide. Six jours après, il était à Paris.

1. *Mémoires* de Catinat, III, 457. *Mémoires* de Tessé, II, 228.

CHAPITRE VII

—

Le retour de Catinat après la malheureuse campagne de 1701 et l'éclatante disgrâce qu'il y avait encourue fut un événement à la cour et à Paris. On y avait naturellement beaucoup parlé des revers subis par nos armes en Italie. L'envoi inattendu de Villeroy pour prendre la place du vainqueur de la Staffarde avait donné lieu à des commentaires qui n'avaient pas tous été en faveur du brillant courtisan, que sa bravoure personnelle recommandait seule au choix du roi. La malheureuse affaire de Chiari n'avait pas diminué cette impression, bien au contraire. Par la noblesse de son attitude, son désintéressement et l'oubli qu'il semblait faire de tout ce qui le regardait personnellement pour ne songer qu'au bien des affaires, le disgracié avait également fait l'objet de l'attention générale. L'esprit d'opposition, qui commençait à naître dans l'ombre contre la politique suivie par Louis XIV, dans la succession d'Espagne, n'avait pas manqué d'en tirer parti. Les lettres écrites par le maréchal dans l'émotion même du premier mo ment avaient circulé : on en avait fait des copies, que l'on s'était passées sous le manteau. Elles avaient même si bien circulé que la famille de Catinat, effrayée et craignant d'être rendue responsable de cette semi-publicité, avait cru nécessaire de démentir les lettres et de les attribuer à des faussaires. Ce démenti équivalait simplement à refuser d'en prendre, comme on dit vulgairement, l'endosse vis-à-vis de la cour. Le désaveu fut publié et on le répandit à dessein, si bien que la question de l'authenticité des lettres en fut fort discutée alors et est même demeurée controversée, la famille de Catinat s'étant soigneusement abstenue de produire au moment même les originaux, qu'elle conservait cependant avec soin. Ces originaux sont actuellement à la Bibliothèque Nationale [1], dans les volumes

1. Les papiers de Catinat, conservés à la Bibliothèque Nationale, dans le fonds français, sous les numéros 7886 à 7889, contiennent les originaux des lettres du maréchal lors de sa disgrâce. Ce sont les brouillons autographes des lettres adressées à son frère le président, les 22, 23 et 24 août 1701, contenus dans le volume portant le numéro 7888, folios 253, 254. De plus, une copie de la lettre du 23 août 1701 corrigée de la main de Catinat, qui a pris soin de rétablir de sa main à la fin de la pièce les paroles de l'Ecriture sainte omises par le copiste, figure au folio 235. Enfin, la lettre du 24 août 1701 s'y trouve également recopiée, même à deux reprises, aux folios 261, 263. La première copie est entièrement de la main de Catinat, la seconde a été faite par Hébrail, son secrétaire, et a été corrigée par le maréchal. Les deux copies contiennent quelques passages qui ne figurent pas dans le premier brouillon et évidemment ajoutés en recopiant les lettres pour les expédier. Après ces détails, aucun doute ne semble plus possible sur la parfaite authenticité de ces documents longtemps contestés même du vivant de Catinat, qui, du reste, après son retour en France, ne les a lui-même jamais désavoués.

qui contiennent les papiers du maréchal. Les lettres que nous avons citées plus haut y figurent à leur date, les unes entièrement écrites de sa main, les autres copiées par son secrétaire Hébraïl, qui avait toute sa confiance et qui la garda toujours. Elles portent, du reste, dans leur rédaction, si simple et si ferme, un cachet indéniable de vérité que les contemporains avaient bien remarqué. Bayle, dans ses *Lettres à un provincial*, ne s'y trompe pas et il prend la peine d'écrire tout un chapitre pour défendre l'authenticité de ces lettres, qui furent beaucoup lues et firent grand effet,

« J'y trouvai [1], dit-il, tant de caractères d'ingénuité et la nature si parlante, qu'il me semble qu'un imposteur n'aurait jamais pu déguiser si heureusement son artifice. Je ne voyais point le *cui bono* de la supposition. Il n'y a rien de satirique dans ces deux lettres. On n'y médit de personne ni directement ni indirectement. Ainsi l'imposteur n'aurait eu rien qui le payât de sa peine et il n'en eût pas été récompensé par le plaisir de répandre des railleries malignes à tort et à travers ou contre la cour, ou contre les généraux.

« On m'objecta que ces lettres sentent plutôt le théologien ou le bon chrétien qu'un maréchal de France maltraité par l'endroit le plus sensible. Je répondis que M. de Catinat a toujours passé pour un homme qui ne possède pas moins les vertus morales

1. Bayle, *Lettres à un provincial*, p. 472.

que les vertus militaires, qu'on le regarde comme un philosophe guerrier et que les deux lettres en question répondent admirablement à ce caractère-là. J'ajoutai que la prudence d'un fin courtisan exigeait alors qu'il les écrivît avec cette grande modération et avec cette parfaite résignation que l'on y trouve. »

La première visite que Catinat fit à Versailles aussitôt après son arrivée, dans les vingt-quatre heures qui suivirent son retour, excita aussi vivement la curiosité de la cour. Chacun voulait voir comment le roi recevrait le maréchal auquel il avait retiré le commandement, et l'attitude de Catinat dans cette première audience, alors surtout que la défaite de Chiari avait commenté sa disgrâce d'une singulière façon, attirait l'attention générale. On monta sans doute beaucoup sur les chaises pour mieux voir la scène, comme on ne se gênait nullement pour le faire dans les galeries du palais, sous les yeux mêmes du roi. Les curieux durent être déçus s'ils avaient espéré quelque scène piquante ou quelque scandale de cour : tout se passa avec cette dignité grave que Louis XIV savait si bien revêtir dans toutes les circonstances délicates.

« Le roi, dit Sourches[1] dans ses Mémoires, le reçut honnêtement, mais froidement, et après quelques questions sur sa santé et sur son voyage la conversation finit de bonne heure. »

1. Sourches, *Mémoires*, 30 janvier 1702, t. VII, 199.

« Le roi, dit de son côté Saint-Simon[1], lui fit un air assez gracieux, lui dit quelques mots, mais ce fut tout, nul particulier. Le roi ne lui dit pas même qu'il l'entretiendrait, et le modeste maréchal ne montra pas seulement qu'il le désirât! » Catinat, de son côté, ne se départit pas non plus d'une réserve pleine de dignité et n'ébaucha même pas une ombre de justification. Après quelques propos de politesse générale, le maréchal prit congé. Il eut ensuite une audience de deux heures de Mme de Maintenon, d'après la *Gazette de Hollande*, puis s'en retourna tranquillement à Paris, pour aller de là s'enfermer à Saint-Gratien, afin de s'y remettre des rudes fatigues et des émotions plus rudes encore qu'il venait de traverser. Il avait, en effet, besoin de repos et il cherchait le calme et la solitude. Il comptait si bien ne plus servir qu'il vendit ses chevaux et se défit de tous ses équipages ; puis il s'appliqua à ne plus faire parler de lui.

Bayle écrivait encore à quelque temps de là : « On dit que M. de Catinat est le plus content du monde en sa maison de Saint-Gratien et qu'il y goûte à longs traits les plaisirs de l'agriculture. Voilà les fruits des vertus chrétiennes dont il s'était pourvu par avance[2]. »

Mais l'heure de la retraite n'était pas encore définitivement sonnée pour notre soldat philosophe et il devait encore une fois faire à ses dépens l'expérience

1. Saint-Simon, éd. Boislisle, t. X, 46.
2. Bayle, *Lettres à un provincial*, p. 472.

de l'inconstance de la fortune. Au printemps de l'année suivante, 1702, soit que, sans en avoir l'air le roi voulût réparer l'humiliation qu'il lui avait imposée à la campagne précédente, soit qu'il cédât au mouvement de l'opinion, qu'il devinait et suivait bien plus souvent qu'on ne serait tenté de l'imaginer, toujours est-il qu'il fit venir Catinat à Versailles, pour lui annoncer qu'il lui confiait le commandement de l'armée qui combattait sur la frontière d'Alsace. Le maréchal devait la commander avec Villars, encore aux débuts de sa brillante carrière et qui n'allait pas tarder à mériter le bâton de maréchal. Catinat, qui se sentait vieilli et malade et qui, de plus, avait appris à ne plus compter sur la faveur dont il connaissait à ses dépens toute la fragilité, essaya de se dérober à cette dangereuse compensation. Il mit en avant son âge, sa santé, son peu de connaissance de cette région si différente de cet échiquier d'Italie qu'il savait à fond, et essaya de refuser le périlleux honneur qu'on voulait lui imposer, peut-être avec une secrète arrière pensée de se justifier si le succès ne répondait pas à l'attente générale. Rien ne prévalut sur la volonté du roi et il fallut obéir. « Votre présence suffira », lui dit le maître lorsque le vieux soldat se déclarait d'avance incapable de rétablir les affaires et annonçait devoir reprendre la même tactique de prudence et de temporisation qu'on lui avait reprochée, qu'il croyait la seule possible pour l'instant et la seule qu'il se crût lui-même en état de mener avec succès. Voici comment le froid Dangeau raconte l'entrevue : la fin du récit est caractéristique.

« Samedi 11 mars 1702, à Versailles.

« Le roi [1] après son lever fit entrer M. le maréchal de Catinat dans son cabinet, le maréchal avait eu le jour auparavant une longue conversation avec M. de Chamillart, à Paris, qui lui avait dit, de la part du roi, que Sa Majesté avait résolu de lui donner le commandement de son armée d'Allemagne. Il se défendit quelque temps d'accepter cet emploi, mais enfin il assura qu'il était prêt à obéir et d'accepter tous les emplois où le roi croirait qu'il lui serait utile. La conversation avec le roi a été telle qu'il convenait en pareille occasion et finit de la part du roi par dire au maréchal : « Présentement, nous « voici en état que vous pouvez vous expliquer avec « moi à cœur ouvert de tout ce qui s'est passé en « Italie durant la dernière campagne. » Le maréchal répondit :

« Sire, ce sont toutes choses passées, le détail que « j'en pourrais faire serait inutile au service de Votre « Majesté et ne servirait qu'à nourrir peut-être des « inimitiés éternelles : ainsi je la supplie de vouloir « bien que je garde un silence profond sur tout cela. « Je ne me justifierai, Sire, qu'en songeant à vous « servir encore mieux, si je puis, en Allemagne « qu'en Italie. » Le roi a fort loué ce procédé. »

1. Dangeau, VIII, 348.

Le marquis de Sourches raconte cette entrevue à peu près dans les mêmes termes, il ajoute cependant en finissant : « Le roi l'admirant et ne voulant pas le presser davantage, dit, en sortant de son cabinet, qu'il venait de parler au plus sage et au plus respectueux homme du monde [1]. »

Cette scène, racontée par Dangeau avec son impassibilité à laquelle son inconscience même donne parfois du piquant, eut un épilogue bien autrement curieux, s'il faut en croire Saint-Simon. Cette fois, si nous laissons la parole au grand écrivain, nous n'aurons plus à excuser la sécheresse du récit, mais plutôt à faire nos réserves sur son exactitude. Car Saint-Simon a laissé de la scène deux récits, qui, conformes quant au fond, renferment de notables différences quant aux détails.

Nous reproduisons ici celui des Mémoires, le lecteur curieux pourra le comparer avec le récit, placé dans l'écrit intitulé : *Parallèle des rois Louis XIII et XIV*. Ce fut Chamillart lui-même, à ce que dit Saint-Simon, qui lui raconta à maintes reprises cette scène caractéristique, dont il trace une si vivante peinture, qu'on croit entendre parler les acteurs.

« Pour l'armée du Rhin, il fallut avoir recours à Catinat. Il était presque toujours, depuis son retour d'Italie, à sa petite maison de Saint-Gratien, par-delà Saint-Denis, où il ne voyait que sa famille et ses

1. Sourches, VII, 233.

amis particuliers, en très petit nombre, portant l'injustice avec sagesse et le peu de compte qu'on avait tenu de lui depuis son retour d'Italie. Chamillart lui manda qu'il avait ordre du roi de l'entretenir. Catinat vint chez lui à Paris; il y apprit sa destination. Il s'en défendit, la dispute fut longue : il ne se rendit qu'avec une extrême peine et par la nécessité de l'obéissance. Le lendemain, 11 mars, il se trouva à la fin du lever du roi, qui le fit entrer dans son cabinet. La conversation fut aimable de la part du roi, sérieuse et respectueuse de celle de Catinat. Le roi, qui s'en aperçut bien, le voulut ouvrir davantage, lui parla d'Italie et le pressa de s'expliquer avec lui à cœur ouvert de ce qui s'y était passé, Catinat s'en excusa, répondit que c'étaient toutes choses passées, très inutiles maintenant à son service, uniquement bonnes à lui donner mauvaise opinion des gens dont il avait paru qu'il aimait à se servir et au reste à nourrir des inimitiés éternelles. Le roi admira cette sagesse et cette vertu; mais il voulut néanmoins approfondir certaines choses, tant par rapport à justifier son propre mécontentement du maréchal, que pour démêler qui de lui ou de son ministre avait eu tort, pour les rapprocher ensuite dans la nécessité du commerce que le commandement de l'armée leur allait donner ensemble. Il allégua donc à Catinat des faits importants, les uns dont il n'avait rendu aucun compte, d'autres qu'il avait entièrement tus et qui lui étaient revenus d'ailleurs. Catinat qui, par sa conversation de la veille avec Chamillart, avait eu soupçon que le roi lui en dirait quelque chose, avait rapporté ses papiers à Versailles. Sûr de son fait, il maintint au roi qu'il ne lui avait rien tu, ni manqué à rendre à lui-même où à Chamillart un compte détaillé de ces mêmes choses dont le roi lui parlait alors, et le supplia de permettre à un de ces garçons bleus qui sont toujours dans les cabinets, d'aller chez lui chercher sa cassette sans que lui-même en sortit, d'où il lui tirerait les preuves des vérités qu'il avançait et que Chamillart, s'il était présent, n'oserait désavouer. Le roi le prit au mot et envoya quérir Chamillart. Le roi, en tiers, leur remit ce qui venait de se passer entre lui et Catinat. Chamillart répondit d'une voix assez embarrassée qu'il n'était pas besoin d'attendre la cassette de Catinat, parce qu'il convenait qu'il accusait vrai en tout et partout. Le roi, bien étonné, lui reprocha l'infidélité de son silence et d'avoir causé, par sa confiance en lui, l'extrême mécontentement qu'il avait eu de Catinat. Chamillart, les yeux bas, laissa dire, mais comme il sentit que la colère s'allumait: « Sire, dit-il, vous « avez raison, mais ce n'est pas ma faute. — Et de « qui donc, reprit le roi vivement, est-ce la mienne ? « — Non plus, Sire, continua Chamillart en tremblant, « mais j'ose vous dire avec la plus exacte vérité que « ce n'est pas aussi la mienne. » Le roi insistant, il fallut bien accoucher, et Chamillart lui dit qu'ayant montré les lettres de Catinat à Mme de Maintenon, parce qu'il jugeait que leur contenu, le même dont le roi reprochait le silence ou la négligence, lui ferait beaucoup de peine et d'embarras, elle n'avait jamais voulu qu'elles allassent jusqu'à Sa Majesté et que lui ayant insisté, qu'il y allait de sa fidélité à ne rien supprimer et à ne rien ordonner de soi-même comme venant du roi et de sa perte si cette faute si principale venait jamais à être découverte, Mme de Maintenon lui avait répondu de tout et défendu si étroitement de donner au roi la moindre connaissance de ces lettres, qu'il n'avait jamais osé passer outre. Il ajouta que Mme de Maintenon n'était pas loin et qu'il suppliait le roi de lui demander la vérité de cette affaire. A son tour, le roi, plus embarrasé que Chamillart, baissant aussi la voix, dit qu'il n'était pas concevable jusqu'où Mme de Maintenon portait ses inquiétudes pour aller au-devant de tout ce qui pouvait le fâcher et sans plus rien trouver mauvais, se tourna au maréchal et lui dit qu'il était ravi d'un éclaircissement qui lui faisait voir que personne n'avait tort; ajouta en général mille choses gracieuses au maréchal, le pria de bien vivre avec Chamillart et se hâta de les quitter et de rentrer dans ses derniers cabinets. Catinat, plus honteux de ce qu'il venait de voir et d'entendre, que content d'une justification si entière, fit des honnêtetés à Chamillart qui, encore hors de lui d'une explication si périlleuse, les reçut et les rendit du mieux qu'il put. Ils ne les prolongèrent pas, ils sortirent ensemble du cabinet, et le choix de Catinat pour l'armée du Rhin fut déclaré. Les réflexions se présentent ici d'elles-mêmes. Le roi vérifia le fait le soir avec Mme de Maintenon; ils n'en furent que mieux ensemble. Elle approuva Chamillart, mis au pied du mur, d'avoir tout avoué, et le ministre n'en fut que mieux traité de l'un et de l'autre[1]. »

Quoi qu'il en soit de la scène retracée avec tant de verve par Saint-Simon et des détails dont il l'accompagne, Catinat dut se soumettre et aller reprendre sa place à la tête de l'armée. Il le fit tristement, sans grand espoir de succès, se défiant de lui-même et se défiant sans doute aussi de ce retour imprévu de la faveur royale. Le maréchal dut refaire ses équipages qu'il avait vendus au retour d'Italie. Le roi, qui le savait peu riche, lui accorda une indemnité de 6.000 écus pour le couvrir de ces frais toujours considérables.

Dès la fin d'avril, le maréchal partait pour aller prendre son commandement en Alsace, bien résolu à faire tout pour satisfaire le roi et aider au succès des armes de la France, mais également décidé à ne rien compromettre et à ne rien risquer, fût-ce au prix de la faveur royale et de sa propre réputation.

Comme il l'avait prévu et redouté, Catinat, vieilli et découragé, fut tout de suite en Allemagne dans la même situation difficile et complexe où il s'était trouvé en Italie durant les derniers temps de son commandement. A la tête d'une armée beaucoup moins nombreuse que celle qu'il avait en face de lui, il lui fallait tout à la fois fermer l'Alsace aux

1. *Saint-Simon*, Boislis, le X, 119. *Écrits inédits*, I, 248.

incursions de l'ennemi et venir en aide aux rares alliés restés fidèles à la France de l'autre côté de la frontière. Parmi eux, l'électeur de Bavière était le seul prince vraiment puissant dont le secours pût être efficace. Mais il ne se pressait nullement d'arriver, et mettait à accomplir ses engagements à peu près la même mauvaise grâce, sinon la même mauvaise foi, que le duc de Savoie, en Italie, l'année précédente. Tant que l'électeur n'opérait pas une diversion sur les derrières de l'armée impériale, Catinat ne se croyait pas en mesure de prendre une vigoureuse offensive et, en fait, Villars ne la prit plus tard qu'après l'arrivée des Bavarois. A Versailles, on le croyait, ou on voulait le croire, beaucoup plus fort qu'il n'était et on le poussait toujours en avant.

Les troupes que Catinat commandait ne dépassèrent jamais, en effet, 21.000 hommes, alors que celles des alliés en comptaient 40.000. Le roi ne sut jamais, ou ne voulut pas savoir cette grande disproportion, qui paralysait les efforts de Catinat.

De nouveau le vieux soldat, si brave de sa personne, et si souvent victorieux, avait à jouer le rôle pénible de conseiller prudent, de sage, qui ne veut rien risquer et est décidé à ne jouer qu'à coup sûr. Mais, cette fois encore, il obéit à sa conscience avec une hauteur d'âme remarquable et rien ne peut le détourner de ce qu'il croit, à tort ou à raison, son devoir. Il résiste aux injonctions de la cour et à la douleur de ne pouvoir secourir Landau qui, après une défense héroïque menée par M. de Magnac, capitule avec les honneurs de la guerre. A ce début malheureux qui lui est très reproché, et que les critiques militaires ont depuis sévèrement jugé, Catinat oppose un calme invincible, mais aussi une fermeté dans la décision qui le montre aussi vigoureux de volonté à cette dernière étape de sa carrière militaire que dans les moments plus brillants. Le roi et son ministre Chamillart qui, de loin, voient un peu les choses comme ils désirent qu'elles soient, ont beau le piquer au jeu et l'exciter de mille manières, ils ne gagnent rien sur son parti-pris de prudence et de temporisation. A tort ou à raison, il ne se croit pas en mesure de rien risquer et est convaincu qu'il ne réussirait pas s'il risquait quelque chose, cela lui suffit pour dicter sa conduite dont rien ne le fera changer. L'intérêt personnel, l'amour-propre qui aurait dû le porter à saisir avidement cette dernière et unique chance de regagner tout ce que sa réputation avait pu avoir à souffrir de la malheureuse campagne de 1701, n'ont aucune action sur lui et n'entrent seulement pas en ligne de compte. Il faut le laisser parler lui même et citer quelques fragments de ses lettres pendant les débuts de cette campagne qui renouvelait pour lui toutes les amertumes de l'année précédente.

Ses amis de Versailles, qui ne l'avaient pas vu partir sans inquiétude pour cette nouvelle campagne, l'avaient, du reste, vivement engagé à sortir de sa réserve habituelle et à écrire directement au roi ses sentiments et sa manière de voir. Le duc de

Beauvilliers, qui lui resta jusqu'à la fin fidèlement attaché et l'appuyait de tout son crédit auprès de Louis XIV, crédit qui resta toujours très grand, lui écrivait avec la plus affectueuse insistance : « Si, pendant la campagne, il survenait quelque chose qui pût vous regarder personnellement, ne laissez pas vos fidèles amis dans la même ignorance que vous les laissâtes les années dernières, ce qui rend leurs bonnes intentions trop inutiles. Souvenez-vous aussi d'en informer le roi, d'entrer dans les détails qu'il aime et penchez sur cet article du côté du trop. Vous avez à être en garde contre le peu d'envie que vous avez de vous faire de fête par des choses inutiles. Pardonnez la liberté que je prends par les bonnes intentions qui me la font prendre.[1] ». Et, quelques jours plus tard, M. de Beauvilliers ajoutait : « Vous devez, ce me semble, continuer à représenter respectueusement, mais sincèrement et avec liberté, tout ce que le maître doit savoir par rapport au bien de son service[2]. » Cette fois, le maréchal fut docile aux avis de ses amis et il parla sans détour.

Le 27 juin 1702, Catinat écrivait au roi, qui le pressait toujours d'agir : « Je supplie Votre Majesté d'être bien persuadée que, dans les conjonctures présentes et, depuis deux mois, il n'y a nul moyen d'offensive et de défensive qui n'ait été bien approfondi et bien examiné. Elle me permettra de lui dire

1. B. N., f. fr. 7888, f° 283.
2. B. N., f. fr. 7888, f° 297.

que les gens qui sont sur les lieux voient mieux que ceux qui n'y sont point, et que, quand on ne parle pas de certains expédients, c'est que cela est rejeté et réprouvé comme chose à quoi l'on ne peut ni ne doit penser et qu'on a trouvé inutile d'en parler[1]. »

Un mois plus tard, le 17 juillet, après avoir exposé à Louis XIV toutes les raisons qui le déterminaient à se tenir constamment sur une défensive que lui imposait la supériorité numérique des ennemis, Catinat finissait par ces nobles paroles :

« Voilà, Sire, quel est mon sentiment. Si je parlais autrement à Votre Majesté, je n'aurais plus l'honneur de me conduire à son égard avec un esprit de vérité. Je sens bien que Votre Majesté n'est pas sans inquiétude sur ma conduite. Je suis sur les lieux et j'y fais du mieux que je puis, j'appréhende cependant que cela ne m'attire des ordres absolus très préjudiciables à son service. Je la supplie très humblement d'excuser la liberté avec laquelle j'ose lui parler ; je hasarde de la prendre parce que c'est avec zèle et bonne intention[2]. »

Avec Chamillart, Catinat n'était pas moins net, mais sa douleur de ne pouvoir remédier au mauvais état des affaires perce malgré lui : « Je suis très touché, lui écrit-il le 20 juillet, de la peine que le roi éprouve de l'état de ses affaires sur cette frontière, je serais bien fâché qu'il en souffrît autant que moi. Je vous supplie, Monsieur, d'être persuadé que

---

1. Pelet, II, 330. Dépôt de la Guerre, 1568, 27 juin 1702.
2. Pelet, II, 344. Dépôt de la guerre, 1569, 17 juillet 1702.

si j'avais entrevu quelque chose à risquer, je m'y serais abandonné [1]. »

Sans entrer dans la discussion des torts reprochés alors à Catinat, ni prétendre trancher entre lui et la cour, ou justifier entièrement sa conduite des reproches qui lui ont été adressés, il nous semble au moins équitable de faire remarquer que l'événement lui donna en fin de compte raison. Mais ce fut aux dépens de sa gloire personnelle, car un autre recueillit les fruits de cette prudente conduite, grâce à laquelle on put attendre l'occasion et saisir le moment opportun. C'était, en effet, Villars qui, cette fois, était aux côtés de Catinat et commandait sous lui. Dans toute la force de l'âge, entreprenant, plein d'idées de tout genre et de hardiesse pour les mettre à exécution, le futur vainqueur de Denain n'aspirait qu'à commander en chef, et ne cache pas dans sa correspondance son désir de remplacer le vieux maréchal, dont la prudente expectative n'est pas de son goût.

Si ce n'est plus la campagne ouverte menée par Tessé, l'année précédente, si les talents encore mal connus, mais déjà visibles de celui qui tient la plume, lui donnent le droit d'une critique que le succès devait bientôt justifier, le désir de remplacer son chef n'est pas dissimulé. Ces lettres de Villars où il ne ménage pas Catinat et se prononce nettement contre la défensive suivie par le maréchal,

1. Pelet, II, 352. Dépôt de la guerre, 1569, 26 juillet 1702.

surtout dans l'affaire de Landau, sont du reste curieuses, même à un point de vue littéraire. Le futur vainqueur de Denain s'y révèle déjà tout entier avec son esprit, son entrain, le mélange singulier de vantardise, de rodomontade et de légitime confiance en sa valeur, cette grande idée de soi-même que l'avenir devait justifier, et ces gasconnades à moitié comiques, à moitié sérieuses, où la plaisanterie spirituelle et la bouffonnerie parfois vulgaire s'alliaient si étrangement.

Il n'y a peut-être pas deux lettres de Villars, où il ne demande quelque chose pour lui-même, avancement, titre, pension, le tout dans le plus spirituel langage. C'est bien déjà en 1702 celui qui devait être le protecteur et l'amphitryon de Voltaire, qui devinera le grand écrivain dans le fils du notaire Arouet, tout en sachant bien aussi se faire payer sa protection à beaux deniers comptants de louanges et de compliments.

Peut-on, en effet, ne pas sourire quand on voit Villars finir ainsi une lettre à Chamillart, où il vient de combattre avec vivacité la temporisation prudente de Catinat, tout en exposant ses propres plans qu'il savait plus conformes aux désirs du roi ? « Ne voulez-vous point, Monseigneur, dans la guerre la plus difficile qu'on ait vue depuis trente ans, peser la différence qu'il y a d'un homme à un autre ? Et quel malheur n'est-ce point de n'avoir pu tirer de la plus fière de toutes les nations toujours victorieuse depuis le règne du plus grand roi qui ait jamais porté la couronne, un peu d'hommes capables de mener cette nation. J'ai tout le respect que je dois pour ceux qui sont à la tête des armées, mais cependant peut-être y aurait-il encore chez eux quelque chose à désirer? Faut-il que les raisons de cour, les protections, certains emplois déjà occupés, le grand âge, de longs mais froids services, l'habileté seule d'un homme qui, faisant son premier mérite de plaire à tout ce qui peut lui être utile, néglige ou peut-être ne peut avoir les autres talents plus importants à son maître, décident d'un choix? Faut-il que les hommes ne soient presque jamais choisis par les principaux motifs[1]? » Chamillart n'avait pas de peine à comprendre que Villars, jeune et plein de confiance, se croyait appelé à remplacer ceux que « leur grand âge et leurs froids services » n'en rendaient plus capables.

Dans ses Mémoires, Villars rapporte lui-même une conversation avec Catinat qui, si elle est exacte, car elle pourrait bien être un peu arrangée, peint à merveille les deux hommes et les deux natures morales. « Le marquis de Villars envoya divers projets à la cour pour ne pas abandonner complètement la campagne aux ennemis; mais le maréchal de Catinat, ne se croyant pas assez fort pour la tenir même derrière Haguenau, fit joindre le détachement du marquis de Villars. Celui-ci, discourant avec lui et parlant des gens de guerre, lui dit,

1. Dépôt de la guerre, 1568, pièce 216, p. 4. Le 25 juin 1702.

sans avoir l'intention de lui faire aucune peine
« qu'il arrivait quelquefois que les mêmes hommes
« ne pensaient pas toujours de même. » Le maréchal
s'appliqua le discours et, honteux d'une faiblesse
qui ne lui était pas naturelle, il répondit au marquis
de Villars, le prenant par la main et l'œil humide :
« Vous avez raison, Monsieur, les mêmes hommes ne
pensent pas toujours de même[1]. »

Villars, malgré tout son esprit, ne se doutait peut-
être pas en rapportant cette conversation que l'avantage n'était pas de son côté, que l'élévation et le
désintéressement du vieux soldat désabusé, même de
lui-même, était un beau et rare spectacle.

Si, en effet, Catinat persistait, peut-être à tort,
dans ses idées de prudence et d'atermoiement, il
était loin de contrecarrer son jeune et entreprenant
collègue. Dans ses lettres au roi, où il défend ses
idées avec une parfaite indépendance, il n'y a pas
une plainte contre Villars, pas une critique, rien qui
puisse être interprété comme un blâme personnel
ou un désir de le voir moins en faveur. Il se doutait
peut-être qu'on ne le traitait pas absolument de
même, mais sa personne, ses intérêts, sa réputation
même, ne sont jamais en jeu ; il ne songe, à cette
heure suprême de sa carrière militaire, où pour la
dernière fois la fortune pourrait lui sourire, à rien
d'autre qu'au bien du service du roi, c'est-à dire au
bien de la France. Le reste n'existe pas et ne pèse

1. *Mémoires* de Villars, Renouard, 1887, II, p. 21.

pas une once dans son esprit. Aussi lorsque le roi,
se rangeant aux raisons de Villars, lui ordonna de
joindre aux troupes commandées par Villars vingt
bataillons et dix escadrons et de se retirer lui-même
avec le peu de troupes qui lui restait sous les murs de
Strasbourg, Catinat n'a pas une plainte, pas une
récrimination, et les ordres sont exécutés avec la
plus grande diligence. « Je suis charmé, dit-il simplement en recevant les ordres du roi, qu'on ait
trouvé quelqu'un de plus capable que moi d'exécuter une opération qui eût pu me regarder[1]. »

Solidement établi autour de Strasbourg et fer-
mant l'entrée de l'Alsace aux troupes de l'empire,
Catinat assura les derrières de Villars. Celui-ci,
aidé par une diversion de l'électeur de Bavière, qui
avait fini par arriver, et à la tête des meilleures troupes
que la France eût sur cette frontière, battit, le
14 octobre 1702, le prince de Bade à Friedlingen
et y fut acclamé maréchal de France par ses soldats.
Ce jour-là, la temporisation prudente de Catinat ne
fut-elle pas complètement justifiée? En sachant
attendre et braver l'impatience du roi, il avait permis au jeune vainqueur de laisser venir l'occasion
et d'en profiter. Cela valait mieux même qu'un succès personnel, acquis au prix du véritable bien des
affaires. Cela valait surtout mieux que si, par désir
de plaire au roi, il eût risqué deux mois plus tôt, dans
de mauvaises conditions, sans entrain et sans foi dans

1. *Mémoires* de Catinat, III, 286.

la victoire, une affaire générale dont, sans doute, le succès n'eût pas été heureux. Mais, pour le comprendre et ne ressentir aucune amertume de se voir effacé par un autre, il fallait être Catinat.

Villars, dans toute l'ivresse de ce premier grand triomphe militaire, qui en présageait de plus grands encore, savait bien à qui il avait affaire quand il écrivait à Catinat de sa main sur le champ de bataille, sans aucun ménagement pour l'amour-propre de son collègue.

> « Au camp de Friedlingen,
> le 15 octobre, à quatre heures du matin.

« J'aurai l'honneur de vous dire en peu de mots, Monseigneur, que l'armée de Sa Majesté vient de gagner une bataille, laquelle a été assez vivement disputée. La cavalerie a fait des merveilles, et, malgré une très vigoureuse charge de la part des Impériaux, et qui nous a coûté cher par la perte de très bons et très braves officiers, la cavalerie ennemie a été entièrement emportée, et celle du roi l'a poussée plus de trois quarts de lieue du champ de bataille.

« L'infanterie combattait en même temps sur une montagne fort élevée dans un bois très épais; elle a défait et poussé à trois charges différentes celle des ennemis, et gagné son canon; mais un peu plus d'ardeur que d'ordre l'ayant menée trop en avant, celle des ennemis a regagné quelque terrain. Cependant il est aisé de juger de l'avantage qu'a eu notre infanterie pour avoir plusieurs drapeaux des ennemis, et n'en pas avoir perdu un seul des siens : pour notre cavalerie, dont les charges heureuses ont été soutenues jusqu'à la fin, elle a quantité d'étendards des ennemis, deux paires de timbales; elle n'en a perdu aucune des siennes.

« Le seul régiment de Fourquevaux a six étendards des ennemis. Voilà, Monseigneur, ce que je puis avoir l'honneur de vous dire sur cette action.

« Je vous supplie très humblement de vouloir bien me faire l'honneur de me mander, et par divers courriers exprès, à quels mouvements cette bataille et la prise de Neubourg portera l'armée des ennemis campée à Bruxevillers.

« J'ai l'honneur d'être, avec tout l'attachement et le respect que je dois, Monseigneur, votre, etc.

« VILLARS[1]. »

Dans la même journée Villars écrivait encore au maréchal une seconde lettre aussi de sa main sans chercher à diminuer en rien l'éclat de son triomphe et avec une joie naïve, qui eût pu blesser l'amour-propre d'un homme moins uniquement préoccupé du bien de l'État.

« Je vous félicite de tout mon cœur, lui répondait simplement Catinat, de vos succès brillants, mais je m'en réjouis sans m'en étonner; j'avais prévu

<hr>

1. *Mémoires* de Catinat, III, 193.

votre gloire et, ce qui me console dans nos malheurs, c'est que je crois que vous les réparerez[1]. » C'était se montrer bon prophète que de parler ainsi au futur vainqueur de Denain. Mais, n'était-ce pas aussi témoigner d'une singulière élévation d'âme que d'assister avec un si complet oubli de soi-même aux premiers feux de la gloire naissante d'un autre, alors que tout vous avertit du déclin de la vôtre.

Ces avertissements qui sont si durs à entendre et auxquels les plus grands sont parfois tentés de faire longtemps la sourde oreille, Catinat sut les écouter et leur obéir sans retard avec cette bonne grâce souriante qui donne tant de charme et d'empire à la sereine vieillesse. Il semble, en effet, que la vie ne puisse se résigner à abandonner et à dépouiller de l'attrait de la jeunesse ceux qui savent la quitter sans regret et ne font aucun effort pour la retenir. On dirait qu'elle y mette comme une sorte de coquetterie et que le temps fasse moins lourdement sentir son empire à ceux qui ne font nul effort pour y échapper.

A la fin de la campagne, ayant donné jusqu'au bout preuve de sa bonne volonté et s'être prêté à tout, excepté à conduire lui-même des opérations hasardeuses qu'il ne se croyait pas capable de mener à bonne fin, mais avoir contribué à leur succès de tout son pouvoir aux dépens même de sa propre réputation, Catinat se crut quitte. Il comprit qu'il

---

1. *Mémoires*, III, 286

ne pouvait plus rester à l'armée du moment qu'il ne la commandait plus. La cour le comprit aussi et le roi le rappela, se fondant sur ce que sa dignité de maréchal de France ne lui permettait pas de rester à Strasbourg, puisqu'il n'y avait plus d'armée autour de cette place, mais simplement une garnison destinée à la défendre.

Au mois de décembre 1702, le maréchal de Catinat quitta l'armée pour ne plus la revoir et entrer définitivement dans la retraite. Il annonça lui-même son rappel aux troupes en donnant comme mot d'ordre, la veille du jour fixé pour son départ, ces deux mots : « Paris et Saint-Gratien » ; c'était là, en effet, qu'allaient s'écouler dans le calme, mais non dans l'oisiveté ni l'indifférence, les années qui lui restaient encore à vivre et dont, suivant la belle expression du temps, il allait faire un intervalle entre la vie et la mort.

L'hiver à Paris, probablement dans une vieille maison du quartier de la Sorbonne, car son frère demeura jusqu'à la fin marguillier de l'église de Saint-Benoît, même après la vente de la maison de famille vendue en 1694 après des partages ; l'été à Saint-Gratien, dont il finit par ne plus sortir, Catinat, vieilli et fatigué par de rudes campagnes, mais toujours jeune par l'ardeur de ses sentiments et son intérêt pour les événements publics, eut bien vite une situation à part et devint une des figures qu'on se montrait ou qu'on cherchait à voir.

Le maréchal commença par aller à Versailles

souvent et régulièrement faire sa cour, comme on disait, afin de bien témoigner qu'il n'avait ni humeur ni rancune des traitements qu'on lui avait fait subir. Le roi, qui l'avait reçu assez froidement dans la première audience, immédiatement après son retour d'Alsace, reprit tout de suite, dès la seconde entrevue, son ancienne familiarité avec son vieux serviteur. Il le consultait, lui demandait son avis, enfin le traitait avec une considération marquée, qui, naturellement, ne passait pas inaperçue et lui rendait peu à peu tout son crédit. Mais une fois les choses établies sur ce pied, qu'on eut bien vu qu'il ne craignait pas de se montrer à Versailles, et qu'il le faisait volontiers, que son zèle pour le bien de l'État et la personne du roi n'était en rien diminué, et que les incidents de la campagne de 1701 n'avaient laissé aucune amertume en son âme, Catinat cessa peu à peu d'aller à la cour. Éloignant de plus en plus ses visites, il finit par ne plus y aller du tout, excepté lorsque le roi l'y appelait et quand il se présentait de ces circonstances obligatoires où son absence aurait été remarquée et aurait pu être mal interprétée. Sa place n'était plus là, en effet, sur ce terrain si changeant ; il était le premier à le comprendre, et, sans devenir ni sauvage ni boudeur, il se retira graduellement de plus en plus, au milieu de sa petite société intime fort choisie, mais très spirituelle et lettrée. C'étaient toujours les Beauvilliers et leurs entours, intimement liés avec lui ; M. et Mme de Coulanges, les correspondants de Mme de Sévigné, puis de Mᵐᵉ de Grignan ; le maréchal de Choiseul, le maréchal de Joyeuse, ses anciens compagnons d'armes ; les Vendôme, qui l'avaient soutenu, en leur qualité de militaires expérimentés, dans les moments difficiles, et qui, bien que différents en tout point du grave et sérieux homme de guerre, restèrent jusqu'au bout ses fidèles amis ; quelques autres officiers de mérite, tels que MM. de Liancourt et de Caraman ; des membres du Parlement, les Lepelletier, les d'Ormesson ; enfin, toute une petite société, restreinte peut-être quant au nombre, mais animée, occupée des affaires publiques, et des tristes jours que la France traversait alors, sans être ni frondeuse, ni malveillante de parti pris. Jusqu'à la fin de sa vie, Vauban resta également en relations régulières avec Catinat, qui ne lui avait pas gardé rancune un moment de ses critiques pendant la campagne de 1693. Leurs rapports dataient de leur commune jeunesse, et les mêmes goûts, comme les mêmes tendances d'esprit, les avaient rendus intimes et fréquents. Catinat aidait son ami dans ses recherches statistiques sur la fortune publique en France et chez les différents peuples d'Europe. Il avait la confidence des plans de réforme financière, d'amélioration du sort des classes inférieures, que Vauban ne cessait de rouler dans sa tête, et la fameuse *Dîme royale* dut lui être communiquée bien avant qu'elle ne parût et ne fît tant de rumeur. Ce sont ces rapports fréquents qui ont donné lieu à l'anecdote attribuée à Fontenelle et qui a été si souvent citée que nous ne la rapportons que pour mémoire. Un jour, Fontenelle, au moment d'ouvrir la porte du cabinet de travail de Vauban, le vit assis auprès de Catinat et causant familièrement avec lui. « Je refermai la porte avec respect, dit Fontenelle, honteux d'avoir pu déranger un moment un tête-à-tête si intéressant pour la France. »

Mᵐᵉ de Coulanges, la spirituelle amie de Mᵐᵉ de Sévigné, qui connaissait Catinat de longue date et resta liée avec lui jusqu'à la fin, en parle avec agrément dans ses lettres à Mᵐᵉ de Grignan. « Le maréchal, lui écrit-elle, le 10 mars 1703, est dans sa campagne plus philosophe qu'on ne peut vous le dire : il a raison de se plaindre que je le fais trop attendre. Nous n'avons plus de temps à perdre tous deux ; mais aussi nous sommes trop avant pour que le temps nous puisse faire tort, ni à l'un ni à l'autre. [1] » Quelque temps après, Mᵐᵉ de Coulanges écrit encore à Mᵐᵉ de Grignan, du château d'Ormesson, terre du président d'Ormesson, un membre de cette société de gens d'esprit, où elle se trouvait avec Catinat, ces lignes qui forment de lui à cette époque le plus agréable portrait et le peindront mieux que tout ce que nous pourrions dire.

« A Ormesson, le 7 juillet 1703.

« Mais, Madame, je m'amuse à vous parler des maréchaux de France employés et je ne vous dis rien de celui dont le loisir et la sagesse sont au-dessus de tout ce que l'on en peut dire ; il me paraît

1. *Lettres de Mᵐᵉ de Sévigné.* Edit. Hachette, X, 281.

avoir bien de l'esprit, une modestie charmante, il ne me parle jamais de lui, et c'est par là qu'il me fait souvenir du maréchal de Choiseul : tout cela me fait trouver bien partagée à Ormesson, c'est un parfait philosophe et un philosophe chrétien ; enfin, si j'avais eu un voisin à choisir, ne pouvant m'approcher de Grignan, j'aurais choisi celui-là ; il vous honore beaucoup et nous parlons souvent de vous et de M. de Grignan ; il ne lui arrive point aussi d'oublier M. le chevalier [1]. » Quelques jours plus tard, Mme de Coulanges ajoute encore, en parlant du maréchal, ces lignes d'une mélancolie un peu précieuse qui ne manquent pourtant pas de charme et sont déjà d'une autre époque.

« Paris, le 5 août 1703.

« Nous allâmes hier, Mme de Simiane et moi, chercher le maréchal de Catinat, il était déjà reparti : il avait passé quelques jours à Paris où il m'avait cherché aussi ; mais on ne se voit point à Paris. Je retourne incessamment dans la maison de Polémon (le président d'Ormesson), où je serai ravie de le retrouver : un héros chrétien est bien plus à mon usage maintenant qu'un héros romanesque. La maison que je vais habiter m'a vue dans ces deux goûts ; car, en vérité, je n'y étais soutenue dans ma jeunesse que par des idées très romanesques, ce temps-là est bien éloigné, les pensées solides sont assurément plus rai-

1. *Lettres de Mme de Sévigné*, édit. Hachette, X, 491.

sonnables et c'est par là qu'elles sont plus tristes [1]. »

Catinat resta le même jusqu'au bout, sans aigreur ni découragement. Il était toujours disposé à donner son avis, à prêter le concours de sa vieille expérience, quand on le lui demandait, lors même qu'on ne suivait pas ses avis, heureux des succès des autres et toujours prompt à excuser leurs fautes, sorte de *militaire consultant*, d'un accueil facile, sans fiel ni rancune. Les correspondances militaires de la guerre de Succession d'Espagne, publiées il y a déjà longtemps, le montrent tel et font voir un vieux maréchal de Catinat qui correspond bien à celui dont les contemporains nous avaient transmis le portrait.

Le roi, qui avait repris toute sa confiance en lui, le mandait parfois à Versailles, à Marly, à Fontainebleau et avait avec lui de longues conversations chez Mme de Maintenon. Il lui demandait son avis sur les affaires militaires et le laissait parler en toute franchise. En 1707, notamment, Catinat fut consulté à différentes reprises et dut rédiger plusieurs mémoires sur la campagne d'Italie, que Tessé, devenu maréchal, devait diriger contre le duc de Savoie, qui était depuis quatre années ouvertement passé aux ennemis de la France. Dans cette campagne malheureuse, qui débuta par l'invasion d'une partie de la Provence par l'armée ennemie et finit par la perte de Suse, que Tessé ne sut ou ne put couvrir, l'ancien adversaire de Catinat se trouva, par un retour

---

1. *Lettres de Mme de Sévigné*, édit. Hachette, X, p. 499.

assez piquant des choses humaines, exactement dans
la même situation, presque dans les mêmes lieux,
que celle dans laquelle nous avons vu se débattre
Catinat. Ayant peu de troupes et peu de moyens
d'action, Tessé ne put agir et son inaction lui
était reprochée avec une vivacité égale à celle qu'il
avait déployée autrefois contre son ancien chef par
un de ses lieutenants généraux, le comte de Médavi
Grancey, plus tard maréchal de France , qui, lui
aussi, correspondait directement avec la cour et ne
le ménageait pas.

L'occasion eût été belle pour Catinat de rendre à
Tessé, comme on dit, la monnaie de sa pièce et de
lui faire expier sa conduite à son égard en 1701. Il
n'en eut seulement pas la pensée. Durant la campagne de 1707, il envoie, pour être communiqués à
Tessé, successivement trois mémoires détaillés sur
les opérations que, suivant lui, l'état des affaires
permettait. Le roi s'en déclare publiquement très
satisfait et a, à plusieurs reprises, de longues confé-
rences avec le maréchal, à qui il fait régulièrement
communiquer les nouvelles des armées. On ne peut
se mettre avec plus de bonne grâce à la disposition
des autres que ne le fait le vieux maréchal et, du fond
de sa retraite, prendre un intérêt plus vif aux événements qu'il ne peut plus et ne veut plus regarder
que de loin. La seule allusion au passé que nous re-
levions dans ses lettres à Chamillart, se trouve dans
le passage suivant, où il se refuse, à la fin de la
campagne malheureuse de 1707, à donner de loin et

d'avance son avis sur la campagne prochaine. Le passage vaut la peine d'être cité, on y sent vibrer tout l'accent d'une douleur que le temps ne pouvait guérir. Le style de Catinat, d'ordinaire si sec, en devient presque animé et éloquent :

« Il ne m'est pas possible de faire un mémoire sur les dispositions de la campagne prochaine : ce ne pourrait être qu'un assemblage de paroles sur des idées, sans connaître précisément les faits, d'où il arrive souvent qu'un homme éloigné, sur un principe qu'il se fait, s'égare en longs raisonnements qui occupent d'écritures ceux qui sont sur les lieux et ne les instruisent pas. Je supplie qu'il me soit permis de dire que c'est à ceux qui sont chargés d'une guerre à dresser de pareils mémoires ; quoique la guerre se fasse dans un pays où l'on a été, les faits et les circonstances y deviennent si différents qu'il ne nous en reste qu'une idée générale, que je sais par expérience être sujette à faire penser à contre-temps et qu'elle est fort au-dessous des connais-sances de celui qui est sur les lieux et chargé des affaires. Il y a douze ans que j'ai quitté ce pays-là, dans le temps que j'y ai été, nous avons toujours été maîtres de Suse, par conséquent l'on doit présen-tement penser autrement sur les affaires de la Savoie, se proposer des postes suivant la manière que vous voudrez les soutenir. C'est une discussion qui ne peut être faite que par ceux qui sont sur les lieux [1]...

1. Dépôt de la guerre, 2040, pièce 212, le 17 octobre 1707.

« Je supplie que l'on fasse réflexion sur ce que je
me donne la liberté d'écrire ci-dessus; j'espère que
l'on connaîtra l'inutilité d'un mémoire de ma part;
c'est à M. le maréchal de Tessé que cela convient, il
doit connaître ce qu'il lui faut, ce qui lui manque et
le nombre de troupes qu'il juge à propos de demander
au roi.

« Si l'on me fait l'honneur de me communiquer
son mémoire, si en le lisant le long séjour que j'ai
fait sur cette frontière me donne quelque vue qui lui
soit échappée, je prendrai la liberté de le dire[1]. » Et
comme la note comique se retrouve toujours à côté
même des choses les plus graves, sur la lettre de
Catinat, Tessé, le Tessé de 1701, qui écrivait six ans
plus tôt ces lettres fulgurantes contre le pauvre
maréchal de Catinat qui ne faisait rien, dont la tête
n'y était plus, met de sa main l'apostille suivante
aux réponses de Catinat que lui communiquait le
ministre.

« M. le maréchal de Catinat est trop sage pour
parler ni penser autrement et se souviendra bien des
mémoires longs que le roi recevait et lui envoyait;
mais après avoir passé des nuits entières à déchif-
frer, nous ne trouvions ni instructions ni la plupart
du temps autre chose à répondre, sinon : Cela est
impossible[2]. »

En 1708, Villars commandant en Dauphiné, qui
était aussi un des terrains que Catinat connaissait

---

1. Dépôt de la guerre, 2040, pièce 142, octobre 1707.
2. Pelet, VIII, 537. Dépôt de la guerre, 2040.

le mieux, le ministre lui communique les lettres du général en chef et lui demande des mémoires sur la façon de conduire les opérations sur cette frontière, et Catinat s'exécute encore de bonne grâce, bien qu'il sache ce que le rôle de conseiller anonyme a d'ingrat et d'inefficace. Mais ce retour de faveur, qui n'alla jamais plus loin que des marques de considération et des demandes d'avis, ne fit pas renaître chez Catinat le moindre désir de sortir de la retraite; il était entré dans le port, se sentait fatigué, vieilli et, pour rien au monde, n'en fût sorti. A ceux qui eussent voulu le voir de nouveau à la tête des armées, il répondait invariablement qu'il était trop vieux, que « sa machine était détraquée », et laissait entendre qu'il lui faudrait bientôt subir ce qu'on appelait alors la grande opération, qu'il n'eût, du reste, jamais à affronter et dont il se servait uniquement comme prétexte destiné à faire taire les officieux.

Toujours rentré à son ermitage de Saint-Gratien « pour y recevoir le premier rossignol », dit Mme de Coulanges en parlant de lui, il y menait, sans aucune affectation d'aucun genre, la vie d'un bon propriétaire de campagne, heureux du calme des champs et jouissant en paix des charmes de la retraite. Simple de toutes manières, dans son costume, comme dans son train, qui redevint celui d'un bourgeois de Paris, dès qu'il ne fut plus en charge, Catinat savait garder sa dignité et même une certaine fierté qui donnait à son dévouement au roi, allant parfois jusqu'à l'abnégation, son véritable caractère.

Le bonhomme qui se promenait sans épée, avec un habit de couleur sombre, qu'on prenait pour un garde de sa propre terre, qui causait familièrement avec ses paysans au milieu des champs et s'asseyait le dimanche devant l'église au sortir de la messe à laquelle il ne manquait jamais, pour régler les différends et voir danser les jeunes gens, se retrouvait à ses heures le maréchal de Catinat, l'égal de pas un à la cour et n'ayant nul besoin d'aucune marque extérieure de distinction pour aller de pair avec les premiers. Le roi, qui le savait bien, ne l'en estimait que davantage.

En 1705, tous les maréchaux vivants furent faits chevaliers de l'ordre du Saint-Esprit. Catinat fut compris dans cette promotion, mais il n'accepta pas cette distinction parce qu'il n'était pas ou ne se croyait pas en état de faire les preuves de noblesse exigées dans la circonstance. On eût pu, sinon passer outre, car le roi s'était déclaré impuissant à le faire et lié par les statuts lorsqu'il s'était agi de Fabert, mais y suppléer; c'est-à-dire fournir des preuves auxquelles on n'aurait pas regardé de près. Les parents de Catinat le désiraient fort et y poussaient vivement, pensant que l'honneur de cette promotion rejaillirait sur tous les membres de la famille. Le roi en eût été bien aise, les membres de l'ordre le désiraient également et lui envoyèrent même M. de La Rochefoucault pour lui dire qu'il pouvait faire ses preuves et le prier de ne pas refuser un honneur dont il était si digne. Simplement, mais avec une invincible fermeté, Catinat refusa. Aux siens, qui prétendaient qu'il nuisait ainsi à toute sa famille, il répondait cette phrase devenue plus célèbre peut-être qu'il ne l'aurait voulu : « Si vous trouvez que je vous fasse tort, rayez-moi de votre généalogie » ; aux chevaliers du Saint-Esprit qui eussent aimé à le compter parmi les leurs, il disait sans aucune affectation d'orgueil plébéien, qu'il ne pouvait pas faire les preuves qu'on exigeait, et il ne fut pas chevalier du Saint-Esprit.

« Le roi, écrit Dangeau, le vendredi 2 janvier 1703 donna audience au maréchal de Catinat qui la lui avait demandée. Le maréchal le remercia fort de l'honneur qu'il lui avait fait de le nommer chevalier de l'ordre, honneur qu'il aurait toujours souhaité, mais qu'il ne voulait pas tromper Sa Majesté ; qu'il ne pouvait faire les preuves que de son père qui avait été doyen de la grand-chambre et de son grand-père qui avait été conseiller du Parlement. On a fort loué le procédé du maréchal[1]. »

Au sortir du cabinet du roi, Catinat s'en fut à Paris, dit Saint-Simon, et se déroba modestement à toutes les louanges. Ce refus d'une des distinctions alors les plus enviées fit, en effet, grand bruit et acheva d'attirer au vieux maréchal une popularité, nous nous servons à dessein du mot, que l'austérité de sa vie et son goût croissant pour la retraite ne semblaient pas devoir lui mériter. Mais depuis sa disgrâce de 1701, l'esprit d'opposition, qui grandis-

____

1. Dangeau, X, 222.

sait sans bruit, se plaisait à voir en lui une victime
de la volonté absolue du roi. Les détracteurs, cependant, et il ne pouvait pas en être autrement, ne lui
firent pas défaut ; on l'accusa d'avoir agi par orgueil
et avec ostentation, d'avoir saisi avec empressement
l'occasion de témoigner au roi son profond mécontentement de la façon dont il avait été traité. Mais
une fois de plus, Catinat laissa dire et ne s'émut
pas plus du blâme que de la louange.

« Sa vertu et ses services, dit encore Saint-Simon
qu'on ne peut s'empêcher de citer tant sa parole a
de vie et d'éclat, se trouvaient étouffés par les ruses
de la cour, il sut mépriser la cour et ses menées, et
s'envelopper de sa vertu dans la plus sage et la plus
honorable retraite qui rehaussa sa belle et utile vie [1] ».

Plus tard, les philosophes du xviii° siècle, Voltaire tout le premier, ont loué le refus de Catinat
avec une emphase et une vivacité qu'il n'eût sans
doute pas comprises. On voulut donner à un acte de
dignité personnelle, très naturelle à quelqu'un qui
se sent, comme on aurait dit autrefois pour exprimer
la conscience de sa valeur personnelle, toute la portée d'une déclaration de principes démocratiques,
sinon révolutionnaires avant l'heure, dont le fidèle
soldat et le sujet dévoué n'avait pas seulement l'idée,
qu'il n'aurait pas plus compris qu'approuvés.

Si Catinat refusait des distinctions honorifiques
qui ne pouvaient pas le grandir, il était tout aussi

1. Dangeau, X, 222, note de Saint-Simon.

rebelle à solliciter des secours pécuniaires, les grâces du roi, suivant l'expression consacrée alors, ce que les plus grands seigneurs croyaient pouvoir faire sans honte ni embarras. Jamais on ne pouvait le décider à demander le paiement de ses pensions, quoique durant les années de la guerre de la Succession, qui furent aussi des années de grande détresse financière, elles restassent souvent sans être acquittées pendant plusieurs quartiers. En 1708, Chamillart, voulant faire montre de bonne volonté à l'égard du maréchal afin de plaire au roi, lui envoya une ordonnance de paiement pour les arrérages de toutes ses pensions. Mais le lendemain, se trouvant à court d'argent pour un paiement des dépenses de l'État, il fit prier Catinat de ne point user tout de suite de l'ordre qu'il lui avait envoyé. Pour toute réponse le vieux maréchal brûla l'ordonnance de paiement sous les yeux du commissionnaire[1].

L'année suivante, 1709, la gêne universelle devint presque de la misère, grâce aux désastres de la guerre et à la rigueur d'un hiver demeuré légendaire par les maux qu'il amena avec lui, chacun en souffrit et les plus ordonnés durent réduire leur train de maison. Se voyant dans l'impossibilité de

---

1. Dans les lettres de la duchesse d'Orléans (*recueil Jœglé*, II, 68) l'anecdote est raconté, différemment. Madame dit que Catinat, « qui n'est pas le moins du monde intéressé », renvoya l'argent de ses pensions en disant que le roi était plus pauvre que lui. Cette version ne paraît guère vraisemblable et le fait eût été presque injurieux pour le roi, qui, certes, ne l'eût pas supporté en silence.

payer sa dépense courante, Catinat réunit ses domestiques, leur demanda de lui dire exactement tout ce qu'il leur devait, qu'il le leur rendrait, mais qu'il se voyait dans l'impossibilité de les garder tous à son service; qu'à son âge, il ne voulait pas commencer à s'endetter ni manger sa fortune qui devait revenir à des héritiers plus jeunes que lui. En conséquence, ils devaient s'attendre à ce qu'il les congédiât presque tous, sans aucun sujet de mécontentement. Grande fut l'affliction de ces pauvres gens, très attachés à leur maître, et qui avaient espéré le servir jusqu'à sa mort. Son maître d'hôtel, qui devait devenir plus tard le majordome du duc de Bourbon et était un homme d'une extrême probité, lui demanda respectueusement la permission d'aller trouver le contrôleur des finances, Desmarets, qui venait de remplacer Chamillart, afin de lui faire part de la situation de fortune où se trouvait le maréchal de Catinat dans ses derniers jours. Le maréchal y consent, et le maître d'hôtel va à l'audience de Desmarets, où il reste le dernier. Quand le ministre est seul, il s'approche de lui et lui dit simplement que le maréchal de Catinat est au moment de renvoyer des serviteurs qui ont trente ans de service parce que, ses pensions n'étant pas payées, il ne peut s'acquitter envers eux de ce qu'il leur doit : « S'il n'y a pas d'argent chez le trésorier, repartit vivement Desmarets, je vendrai ma vaisselle d'argent et le maréchal sera payé. »

On comprend sans peine qu'une attitude si noble,

si désintéressée, ait fait à Catinat, qu'il le voulût ou non, une situation toute particulière et fixé sur lui les regards du public. On parlait de lui, de sa pauvreté, de sa vertu et, petit à petit, se formait autour de son nom une réputation de sagesse et de grandeur que la légende n'allait pas tarder à embellir en la défigurant.

On trouve l'expression vivante de cette faveur de l'opinion dans tous les Mémoires et les Correspondances du temps. C'est ainsi que, même de sa retraite de Cambrai et éloigné depuis près de dix ans de la cour et de Paris, Fénelon écrit au duc de Beauvilliers, en parlant du militaire qu'on devrait mettre à côté du jeune duc de Bourgogne, pour aider et conseiller ses démarches lors de la campagne de 1708.

« Il faudrait qu'au lieu de M. de Vendôme, qui n'est capable que de le déshonorer et de hasarder la France, on lui donnât un homme sage et ferme, qui commandât sous lui, qui méritât sa confiance, qui le soulageât, qui l'instruisît, qui lui fît honneur de tout ce qui réussirait, qui ne rejetât jamais sur lui aucun fâcheux événement et qui rétablît la réputation de nos armes. Cet homme où est-il? Ce serait M. de Catinat, s'il se portait bien; mais ce n'est ni M. de Villars, ni la plupart des autres que nous connaissons[1]. »

Pendant les mêmes années, le poète satirique

1. Fénelon, *Correspondance*, I, 279.

Gâcon, qui n'a pas laissé une grande réputation, mais qui jouissait alors d'une certaine faveur, célébrait, dans une ode, les vertus de Catinat. Cette ode fit assez de bruit pour que Jean-Baptiste Rousseau, qui n'était pas encore banni, crût venger Catinat des mauvais vers qui prétendaient le célébrer et riposta par l'épigramme alors célèbre :

> O Catinat, quelle voix enrhumée,
> De te chanter ose usurper l'emploi ;
> Mieux te vaudrait perdre ta renommée,
> Que los[1] cueillir de si chétif aloi.
> Honni seras, ainsi que je prévoi,
>   Par cet écrit,
> Et n'y sais, à vrai dire,
> Remède aucun : sinon que contre toi
> Le même auteur écrive une satire.

Rien ne manquait donc à la retraite de Catinat de ce qui pouvait en adoucir l'amertume et lui faire comme un trompe-l'œil sur la tristesse et l'oubli des dernières années. Mais il n'était pas de la race de ceux qui aiment à se masquer, pour ainsi dire, les approches de la mort en s'accrochant jusqu'au bout aux illusions du monde et de la vie. Il était, au contraire, de ceux qui savent la regarder en face et veulent la voir venir. Après l'avoir bravé sur les champs de bataille, il voulut s'y préparer dans la solitude afin de ne pas être surpris.

Vers 1709, sentant qu'il s'affaiblissait et que sa

---

1. *Los*, vieux mot qui veut dire louange. (*Dictionnaire de l'Académie.*)

santé déclinait, il prit son parti avec sa simplicité et sa décision ordinaires que l'âge n'avait évidemment pas altérées. Abandonnant tous ses biens meubles de Paris, parts de propriété, meubles, etc., à ses neveux de Catinat et Pucelle, il refit avec soin son testament, dont les premières phrases méritent d'être citées et réduisent à leur valeur les soupçons d'irréligion répandus à dessein sur Catinat par ses adversaires, et renouvelés plus tard par l'école philosophique. Le maréchal débutait ainsi en écrivant ses dernières volontés : « Au nom du Père, du Fils et du Saint-Esprit. Mon Dieu, je vous recommande mon âme; faites-moi miséricorde et me pardonnez mes péchés par votre bonté infinie. Je fais ce dernier testament parce que ma situation a changé et que j'ai pris la résolution, sentant mes infirmités fort augmentées, de me retirer à Saint-Gratien, afin d'y finir mes jours où je puis tranquillement faire les réflexions dont j'ai besoin pour m'attirer les grâces et la miséricorde de Notre-Seigneur, ce que j'espère de sa bonté divine [1]. » Puis il se retira définitivement à la campagne, s'enferma à Saint-Gratien pour n'en plus sortir. En traversant pour la dernière fois les ponts de Paris, qui étaient depuis sa jeunesse sa promenade favorite, il s'arrêta quelque temps appuyé sur la balustrade et les yeux pleins de larmes, à considérer la vue, pleine d'un charme si particulier, qu'offraient alors et que, mal-

---

1. *Biographie générale*, Didot, IX, 210.

gré les changements apportés par le temps, offrent encore les quais de la grande ville et les monuments qui s'y échelonnent. Tous les biographes racontent le petit incident qui, chez un vieux soldat plus connu par son austère attachement au devoir que par ses rêveries mélancoliques, leur avait paru remarquable.

Le maréchal de Catinat vécut encore quelques années dans sa retraite de Saint-Gratien, entouré de ses neveux et recevant à merveille les visiteurs qui cherchaient à le voir, mais sans jamais quitter lui-même ce dernier asile. Versailles ne le vit plus, et le roi, qui le connaissait bien, ne se montra pas offensé de son abstention, que sa santé de plus en plus défaillante justifiait et au delà. C'était Helvétius, le célèbre médecin hollandais fixé en France, qui le soignait et qui devait, sur sa demande expresse, l'avertir du moment où le déclin de ses forces annoncerait une fin prochaine.

A la fin de 1711, Helvétius, fidèle à sa parole, ne lui cacha pas que son état empirait et qu'il n'en avait plus que pour quelques mois à vivre. Le maréchal reçut cet arrêt avec le même calme qu'il aurait entendu une nouvelle indifférente et sans témoigner le moindre trouble. Toutes ses dispositions étaient prises ; son testament qui, on l'a vu, commençait par un appel à la miséricorde divine et des legs pieux, était connu des siens et déposé en lieu sûr, toutes ses dépenses personnelles courantes réglées, il attendit le dernier moment sans rien changer à la régularité de ses occupations journalières. Au mois de février 1712,

Helvétius ne lui dissimula pas que le terme approchait, mais qu'il croyait cependant encore à un certain délai. « Je sens, lui dit le maréchal, que le blocus se resserre ; n'ayez pas de complaisance et dites-moi la vérité. — Non, repartit Helvétius, je ne vous impose pas, vous en avez encore pour quinze jours. » Lorsqu'il fut parti, Catinat dit tranquillement à son domestique : « M. Helvétius est un grand médecin, mais je pense que demain je ne passerai pas la journée. Laissez aller mes neveux, et vous, prenez vos mesures, qu'il n'arrive aucun désordre dans ma maison ; mes neveux ont confiance en vous. »

Le lendemain, en effet, le mal empira subitement et, en présence de toute sa famille rappelée en hâte, de son confesseur et de son médecin, le maréchal reçut les derniers sacrements et le saint Viatique, puis il expira ayant conservé jusqu'à la fin toutes ses facultés et répétant ces paroles : « Seigneur, je ne puis rien par moi-même, j'ai confiance en vous ; je m'abandonne à votre divine providence. » C'était le 22 février 1712, quelques jours à peine après la foudroyante fin de la duchesse de Bourgogne, suivie de si près par la mort du duc de Bourgogne et de celle de leur fils aîné le duc de Bretagne, qui avaient désolé le pays tout entier et semblaient mettre la monarchie à deux doigts de sa perte. Les jours étaient sombres et la victoire inespérée de Denain n'avait pas encore relevé les cœurs en sauvant la France.

Dans la tristesse et l'angoisse universelle, la mort de Catinat fut un malheur de plus : elle fut vivement ressentie par tous les survivants d'un passé qui commençait à devenir lointain et par Louis XIV tout le premier.

« On ne peut aimer l'État, écrivait Fénelon à un neveu du maréchal, sans regretter un homme qui l'a si dignement servi, ni honorer la vertu sans respecter la mémoire d'un homme qui en a donné tant d'exemples. Sa retraite lui a fait grand honneur, mais elle sera peu imitée[1]. »

Les restes de Catinat furent ensevelis sans aucun faste dans la petite église de Saint-Gratien, où, malgré le temps et les révolutions, ils reposent encore.

Mais, bien qu'on fût à une époque où le genre était encore si goûté, il n'eut pas d'oraison funèbre, peut-être aussi par la difficulté que l'orateur eût eu à traiter du vivant et devant le roi de la disgrâce du maréchal qui avait précédé sa retraite. Car, malgré lui et malgré ses efforts pour témoigner ouvertement d'une fidélité qui n'avait jamais reçu en lui la plus légère atteinte même en pensée, Catinat était devenu le héros involontaire de cet esprit d'opposition qui, faible et contenu tout d'abord sous Louis XIV vieillissant, n'en date pas moins de son règne et va aller grandissant pendant tout le xviiie siècle.

Le vieux maréchal de Catinat, disgracié et oublié, mourant pauvre dans une retraite austère, devint vite une victime de l'inconstance royale et de la haine des courtisans, succombant sous les intrigues de Mme de

1. Fénelon, *Corresp. génér.*, III, 505.

Maintenon; sa vie fut bientôt un thème pour les littérateurs, prêchant des idées nouvelles. On peut saisir pour ainsi dire sur le vif le développement de cette quasi-légende dans les différents portraits de Catinat tracés les uns après les autres à des dates différentes par les écrivains de talent fort différent aussi et fort inégal, qui se succèdent au siècle dernier. Voici d'abord le grand peintre de la cour de Louis XIV, Saint-Simon, qui, revenant une dernière fois sur le maréchal, nous en trace cette admirable et vivante esquisse, où se retrouve tout son talent et aussi ce singulier mélange d'idées aristocratiques outrées jointes à un besoin de réformes parfois révolutionnaires qui font son originalité propre.

« J'ai si souvent parlé ici du maréchal de Catinat, de sa vertu, de sa sagesse, de sa modestie, de son désintéressement, de la supériorité si rare de ses sentiments, de ses grandes parties de capitaine, qu'il ne me reste plus à dire que sa mort dans un âge très avancé, sans avoir été marié, ni avoir acquis aucune richesse, dans sa petite maison de Saint-Gratien, près Saint-Denis, où il s'était retiré, d'où il ne sortait plus depuis quelques années, et où il ne voulait presque plus recevoir personne. Il y rappela, par sa simplicité, par sa frugalité, par le mépris du monde, par la paix de son âme et l'uniformité de sa conduite, le souvenir de ces grands hommes, qui, après les triomphes les mieux mérités, retournaient à leur charrue, toujours amoureux de leur patrie, et peu sensibles à l'ingratitude de Rome, qu'ils avaient si bien servie. Catinat mit sa philosophie à profit par une grande piété.

« Il avait de l'esprit, un grand sens, une réflexion mûre : il n'oublia jamais le peu qu'il était. Ses habits, ses équipages, ses meubles, sa maison, tout était de la dernière simplicité : son air l'était aussi et tout son maintien. Il était grand, brun, maigre, un air pensif et lent, assez bon, de beaux yeux, et fort spirituels. Il déplorait les fautes signalées qu'il voyait se succéder sans cesse; l'extinction suivie de toute émulation, le luxe, le vide, l'ignorance, la confusion des états, l'inquisition mise à la place de la police : il voyait tous les signes de destruction et il disait qu'il n'y avait qu'un comble très dangereux de désordre qui pût enfin rappeler l'ordre dans le royaume[1]. »

Cinquante ans plus tard, dans le *Siècle de Louis XIV*, Voltaire parle à plusieurs reprises de Catinat et le comble d'éloges, mais il en fait déjà une sorte de philosophe guerrier, un sage antique sous la cuirasse, supportant sans une plainte les caprices de la fortune, objet de la haine des dévots et succombant sous leurs calomnies.

« Catinat, dit-il, avait dans l'esprit une application et une agilité qui le rendaient capable de tout, sans qu'il se piquât jamais de rien. Il eût été bon ministre, bon chancelier, comme bon général. Il avait commencé par être avocat et avait quitté cette pro-

1. Saint-Simon, t. XVIII, 185, éd. de 1840.

fession à vingt-trois ans, pour avoir perdu une cause qui était juste. Il prit le parti des armes et fut d'abord enseigne aux gardes-françaises. En 1667, il fit, aux yeux du roi, à l'attaque de Lille, une action qui demandait de la tête et du courage. Le roi le remarqua et ce fut le commencement de sa fortune. Il s'éleva par degrés sans aucune brigue, philosophe au milieu de la grandeur et de la guerre, les deux plus grands écueils de la modération ; libre de tous les préjugés et n'ayant point l'affectation de paraître trop les mépriser. La galanterie et le métier de courtisan furent ignorés de lui ; il en cultiva plus l'amitié et en fut plus honnête homme. Il vécut aussi ennemi de l'intérêt que du faste ; philosophe en tout, à sa mort comme dans sa vie[1]. »

Quand enfin nous sommes arrivés à la fin du siècle aux années qui précèdent immédiatement la Révolution, l'éloge du vertueux Catinat, persécuté par les grands et les prêtres, est devenu un lieu commun banal, une des déclamations favorites des philosophes humanitaires, qui rêvent de renouveler la société. En 1775, l'Académie française met son éloge au concours, après celui de Fénelon et de Vauban. Guibert, l'auteur alors connu de la *Tactique*, le militaire homme de lettres que les vers de Voltaire ont rendu célèbre, dispute le prix à La Harpe, le critique philosophe qui a joui si longtemps d'une grande autorité sur le Parnasse, Tous deux font assaut de

1. Voltaire, *Siècle de Louis XIV*, éd. 1785, p. 422.

belles phrases et de déclamation sur l'inconstance de la faveur, la philanthropie et l'amour des peuples. C'est La Harpe qui obtient le prix avec un morceau très caractéristique de l'époque tout rempli d'une éloquence verbeuse propre à émouvoir les belles âmes et à faire pleurer les cœurs sensibles. La renommée de Catinat est alors à son apogée et son nom revient sans cesse, sous la plume des écrivains de la nouvelle école, en attendant qu'on le trouve dans les discours des orateurs libéraux des assemblées de la Révolution. Mais, dès lors, elle commence à décroître, le jugement des militaires tacticiens des guerres de la République, puis de l'Empire, est beaucoup plus réservé, parfois même sévère. Bonaparte, le maître incontestable en ce genre, dit sèchement, avec un mépris peut-être trop catégorique, « qu'il a trouvé Catinat beaucoup au-dessous de sa réputation ». Et ainsi, peu à peu, la renommée du général a pâli chez Catinat beaucoup plus qu'il n'est juste. Peut-être un jour viendra-t-il où l'équitable histoire, qui, elle aussi, a ses préjugés et ses réactions, lui rendra sa vraie place? S'il n'eut pas ces éclairs de génie qui triomphent de tout et enlèvent les obstacles de haute lutte, il eut, en revanche, cette ténacité, cette force de volonté qui, jointes à la science des détails, à la netteté des vues et à la plus intrépide bravoure, font les solides généraux, ces capitaines prudents et décidés, qui savent attendre l'heure propice et ne la laissent pas échapper s'ils ne savent pas toujours la faire naître. La France, chez qui cette race de soldats est rare et qui ne les a pas toujours trouvés à l'heure où elle en avait besoin, lui doit sa reconnaissance et n'oubliera pas son nom.

Ce qui n'a jamais pâli et ce qui ne peut pâlir, c'est la beauté du caractère moral de Catinat, sa hauteur d'âme, son désintéressement, sa modestie, sa générosité, son dévouement, sa fidélité et sa fière indépendance dans la disgrâce et le malheur. Peu d'hommes arrivés par leurs seules forces au premier rang de la société surent supporter cette épreuve avec la même élévation d'âme et rester jusqu'au bout au-dessus de la fortune, de ses faveurs comme de ses retours inattendus. Par là, Catinat est demeuré un type dans notre histoire et à y regarder de près, on est bien forcé d'avouer que c'est avec justice.

TABLE DES CHAPITRES